古代歷史文化 研究輯刊

三十編

王明蓀 主編

第6冊

譚嗣同的經濟思想及其實踐之研究

周美雅 著

國家圖書館出版品預行編目資料

譚嗣同的經濟思想及其實踐之研究／周美雅 著 -- 初版 -- 新
北市：花木蘭文化事業有限公司，2023〔民112〕
目 4+192 面；19×26 公分
（古代歷史文化研究輯刊 三十編；第 6 冊）
ISBN 978-626-344-411-9（精裝）
1.CST：（清）譚嗣同 2.CST：學術思想 3.CST：文集
618   112010434

ISBN-978-626-344-411-9

古代歷史文化研究輯刊
三十編 第六冊   ISBN：978-626-344-411-9

譚嗣同的經濟思想及其實踐之研究

作　　者	周美雅
主　　編	王明蓀
總 編 輯	杜潔祥
副總編輯	楊嘉樂
編輯主任	許郁翎
編　　輯	張雅淋、潘玟靜　美術編輯　陳逸婷
出　　版	花木蘭文化事業有限公司
發 行 人	高小娟
聯絡地址	235 新北市中和區中安街七二號十三樓
	電話：02-2923-1455／傳真：02-2923-1452
網　　址	http://www.huamulan.tw 信箱 service@huamulans.com
印　　刷	普羅文化出版廣告事業
初　　版	2023 年 9 月
定　　價	三十編 15 冊（精裝）新台幣 42,000 元

譚嗣同的經濟思想及其實踐之研究

周美雅　著

作者簡介

周美雅，臺灣屏東人，1953 年生，淡江大學資圖系學士，中山大學中山所碩士，中山大學亞太所博士。基特分發高縣社教館幹事／兼組長、商調高師大圖書館組員／編審，甄陞文學院秘書。正修科大兼任助理教授。

研究專長：文化經濟學、經濟發展理論。學術深耕：「郊」在清代臺灣的經濟功能與社會公益上的貢獻（2014）、高雄城市意象成長的觀察（2020）。

人文參訪：北越／河內、馬來西亞／檳城。巡禮：日本黑部立山，馬祖東引攻略。城市學及文史素養等主題的拓展。

提　　要

本論文主軸在《譚嗣同的經濟思想及其經世實踐》之研究。由研究方法蒐集歷史資料啟動，透過文獻詮釋法多元方式交叉檢證的學術探討。譚學經濟思想演變的脈絡，融合中、西科學知識濟世的富創新性。

譚學內涵，發展資本主義工商企業，國內的全民財富均等、國外的通商與財富均衡。與商父盛宣懷交鋒，礦業推廣的景象。求經濟自由為主普遍性與特殊性，更求完整的世界觀，為變法維新運動的理論基礎。湖南新政，瀏陽賑災，引進鄉紳財力、「以工代賑」工程。軍隊管理，海軍「寓兵於礦、於商」、陸軍「寓兵於農」。厚植人文經濟基礎，學會組織知識救國。啟迪民智塑造新民，奠立新基礎。創設「保衛局」，維護社經秩序與安全。追求天下智士、智民雙智並行理想。戊戌維新變法的實踐事業，籌經費之道，實施保護經濟策略。民權帶動經濟發展，仕紳階級為社會中堅，紳權為促進民權的手段。

譚學研究，經濟領域為聚焦期學術論文增能，平實的學術態度為譚氏史學的定調。破除被誇大的效應，探索譚學裡層蘊含的精髓所在。以民權帶動經濟發展的願景，值得回顧與探勘。譚氏救國圖存的努力，表達的鋒芒畢露與充滿智慧的主張，具有很高的學術價值和現實意義。整體而言，譚學經濟理念遠遠走在當時的前頭。

誌　謝

　　本論文從計劃書撰寫，主題人物的確定，由衷感謝指導教授林晉士院長、翁嘉禧教授及口考委員蔡教授、杜教授、林教授的指導，提示及提供很寶貴的建議。

　　論文公開發表會，感謝研究所優秀的摯友群組，蕙如正妹、積亮學長、吉琳學長、芳新小美女的意見及提供珍貴的資料，及時傳送的學術養分，使論文內容結構更為充實，感謝亞太所所辦核心千宜秘書團隊大愛的燃燒，推動我前進的能量。更感謝高雄師大文學院廖前院長鼓勵我報考學位進修。

　　論文的學術比對 turnitin 系統的聖戰，比對系統對撰著者腦力激盪更豐富的原創性思惟，研究生們恭逢盛會感到榮幸。高雄師大圖書館及中山大學圖書館學術行政團隊良好的、完善的典藏系統，衷心感謝您們在職場角落奮力的耕耘，對研究資料使用者，提升求學環境總體的品質。

　　居家動態，承我娘家——親愛的淑女媽咪及兄長大人無上限的支持，婆家——高齡已破百歲的公公很多的鼓勵，家聚的溫馨，女兒、女婿、外孫子女小輩的乖巧，親情的擁護，安定的力量，我在一學與問一的修業期間，得以切實篤行。更暖心於我的閨蜜好友們玲珊、嘉莉、金蓮、淑鸞、素華、秀和，陳院長、蘇主任，以及山水俱樂部群組，於旅遊..、理財..生活激勵的品質，共同書寫幸福成長的篇章。

　　自己攻讀博班學位，撰著論文，在蒐尋資料及研讀作品時，迷失在資料的泥淖，慶幸指導教授、口考委員的鼓勵，寶貴的建議與補充，及時雨潤澤了乾涸的田園。在職進修，服務公職，環顧中山大學的專業領域與高雄師大的學術

氛圍，我修業的步履得以踏實前進。承蒙師長的關懷，與居家長輩、小輩共同成長，我自己喜歡的閱讀、旅遊，更確定行萬里路與破萬卷書的功能，適當的壓力逼出潛在的動能。感恩拜修業學習之賜，生命行囊得富盛。

美雅　2020.08.27　謹誌於高雄

第一章　緒　論

第一節　研究動機與研究目的

壹、研究動機

　　發現譚嗣同，筆者因整理「梁啟超訪察臺灣」資料的機緣；[註1] 從大陸學者白少帆對臺灣議題，範圍自清治時期臺灣割讓之前有林琴南（林紓）和譚嗣同。日治時期，有章太炎、黃遵憲與梁啟超等。各名流的學術見長：林紓的翻譯、章太炎的反滿、譚嗣同是戊戌史事的愛國志士、閃亮的彗星」。[註2] 從近代中國的歷史人物，發現了本研究的主人翁——譚嗣同；再深入探討，嗣同的兄長嗣襄來臺服務公職，遺憾嗣襄的英年早逝，嗣同對兄長的才華洋溢、兄弟的手足情深，筆者對嗣同的家世，愈發產生了好奇；相關脈絡的持續追蹤，研讀嗣同（譚氏）撰著的作品、信件、記事……，試爬梳其經濟思想演變脈絡、內涵及佐新政的管理及實踐，參與變法行列的實績與貢獻。

〔註1〕梁啟超 1911 年訪察臺灣的動機是應臺灣第一公民：林獻堂 1907 年口頭邀約，於 1911 年成行，稱續志五年。（梁啟超記事表示譚嗣同先生二度來臺）。

〔註2〕由學者翁聖峰著作：中國研究者亦有梁啟超至臺的詩歌研究，如白少帆〈海桑吟：梁啟超辛亥臺灣之旅〉《百年潮》，2001 年第 4 期，頁 77～78。朱雙一，〈梁啟超臺灣之行對殖民現代性的觀察〉，20 頁）。翁聖峰，〈民歌的紀實與改寫〉《臺灣學研究》第 14 期，2012.12，頁 53～72。〈https://wwwacc.ntl.edu.tw/public/Attachment/32815155084.pdf〉。檢索日期：2019.11.07。

　　依學者評述「以梁啟超當年的亡命日本之後，譚氏的撰著作品，得陸續公諸於世的珍貴性；譚氏的愛國情操、言論激勵、經世理念的創新性與豐富性。譚氏為『晚清思想界之彗星』偉大的思想家，他撰著作品的特質，冶科學、宗教、經濟、社會文化等為一爐，可謂極大膽遼遠的一種計劃。其論述之中雖有許多駁雜萌芽，初生之犢之論，但其盡脫舊思想之束縛，戛戛獨造，則前清一代，未有其比。」〔註3〕真人物的實至名歸，筆者在探討文獻作業，執行章節編排，一步一腳印，逐項歸納譚學的經濟旨趣。

　　筆者對當時譚學、梁學所透露的吸引力，梁啟超《飲冰室詩話》說：「當時所謂『新詩』，『頗喜搏扯』的特質」。目標設立「新名詞、標新立異」。青春紀行金色時光集中「光緒 22 至 23 年（1896 至 1897，丙申丁酉）間」，同好的群組「吾黨數子皆好作此體」。而提倡人物代表「夏穗卿（夏曾佑）。而復生（譚嗣同）亦蟇嗜之。」欣喜譚氏在榜上。依譚氏〈金陵聽說法〉〔註4〕的舉證：（1）喀私德-Caste（種姓）慎重連接綱倫（三綱五常）、（2）法令昌盛於巴力門 Parliamen（議會），當時的情境，政界、政學的沈醉於宗教的風尚，借《新約》奉如寶典的銜接世事，像洗腦神曲一般，於筆端（文章作品筆頭流露），風起雲湧。而當時確有幾位人士在人文社經及「文學領略詩界上閃放新的光彩。」〔註5〕有感當時的梁啟超、譚嗣同的新詩、新主題，借以宗教經世方式的語詞，富有力道且連續不斷地呈現，筆者為青年／少壯年時代的譚氏曾經閃現在學術上的亮彩而感動，感動之餘，更促進論文研究的勇氣與動能。

貳、研究目的

　　對譚氏撰著作品令人「目不暇接」的觀感，依循大陸學者李喜所的說法，對學界大環境的變遷及研究的成果上稱有長足的進步。筆者對譚氏撰著的作品，文獻探討的融會，是以為吸收穩定的、最新的研究成果，反映目前的經濟領域研究的狀況，是首先追求的目標。

　　其次，大陸學者李喜所的研究團隊，對中國的封建帝制宣告結束，社會經濟母體大環境的變遷，新興社會經濟力量的崛起，在世代的思想解放，新興世

〔註3〕 蔣廣華、何衛東，《梁啟超評傳‧譚嗣同傳》（南京：南京大學出版社，2005），頁 586。朱維錚，《梁啟超論清學史》二種，頁 74～75。
〔註4〕 〈金陵聽說法〉，《譚嗣同全集》，頁 485。
〔註5〕 胡適，《五十年來中國之文學》（臺北：遠流，1986），頁 93～94。

代具有而有沈穩善思與窮理明辯的長才的特質，以為年青學者的繼起，以及團隊人力聯合從事研究，似已成趨勢，應是值得推廣的方式。

　　以譚氏的細膩，講求「對待」與追求平等的層次，在中國近代歷史的發展與古今中外的爭議，經過了殖民帝國主義的入侵，中國走向近代化或現代化，「對待」古代和傳統的問題，從譚氏撰著作品的仁學界說，鎖緊在「對待」〔註6〕的區塊，層次的論述，解讀譚學在層次上的嚴謹，關關卡卡進展的介意。同時，譚氏對自由的追求表現得積極且奮進。請參照附表1-1〈仁學〉二十七界說。譚氏依序處理對待、追求自由與平等的議題。

　　研究譚氏作品的範疇，以有關哲思、宗教、史學、文學等領域，在臺灣的學術界很受肯定，而譚氏的思想理論跨越前賢，行動上亦領先群倫；且在經濟領域的理念與實踐，筆者試透過譚氏原撰著作品、學術專業期刊、研究博碩士論文、網際資訊等文獻的探討與比較，以及學術倫理比對系統的過濾，期望獲致更具體的拓展。

第二節　研究方法

壹、文本分析法（Textual Analysis Method）

　　本研究以多元方法交叉檢證（triangulation）為研究策略，透過蒐集、閱讀及彙整與譚氏經濟領域有關的文本，分析與研究主題有關係的文本，文本擇取高學術價值者，從事撰述與忠實表達，分項逐一進行整理。

　　第一手來源（primary），以譚嗣同全集，原著撰作品；

　　第二手來源（secondary），期刊文章（journal articles）、碩博士論文、專書（books）、及網路電子資料。依各章節需要，進行篩選、配置，資料順序的安排。

　　蒐集資料以與客觀評鑑過去事實的資料，考驗有關事件的因果、成效或趨勢，以利了解現在過去及預測未來。資料分析探究過去的史實。

　　社會科學情境，從指示型的解說，融入情境，昇華到反省性獲致結晶的

〔註6〕〈仁學〉二十七界說，十七至廿二，六個層次：17、仁一；對待，皆常破解。18、破解對待，面對參伍錯綜，處理交互錯雜的區塊。19、被交互錯雜的對，迷失而不知平等。20、參與交互錯雜而覺知平等。21、未遭受對待，覺知平等。22、處理遭受對待，然後萬物平等。

解說。套用文字廚房，透過料理食材的過程，從初次踏入廚房，了解烹飪的菜單，蒐選食材，食材處理，以及烹調手法，走到得出招牌料理呈現；過程中，即路徑上所遭遇的瓶頸、困於撞牆、迷途，挫折、困難、盲點，找不到出口的風險，企求智多星（專家）下凡解答之前，建置危機處理，獨立自行解套，一解套、再解套，迷宮一樣令人混亂，無法釐清態勢的局面；從一次、二次、三次……狀況掌握度的成長，試圖找到出口。筆者的實際行駛車輛，報考「汽車駕照」，從駕訓班上課、每堂必到至完課、精實了解關卡，筆試、模擬考、路考，心力專注，自我鞭策精實自我，接觸投入實境培訓，臨場感的多參與練習。

貳、文獻詮釋法（Documentary interpretation）

研究態度，從好奇心驅使、客觀進入研究情境，藉了解文獻的含義。研究方法，以譚氏書信文件分析方式，從文字訊息觀察出原撰者所要傳達的理念，有時候可能會有被忽略，或者並非撰者的原意的現象，所以，需作細項的研判。譚氏個案的內容分析探究，使用在現象與社會脈絡（context）不容易區分的情況，個案研求探究的路徑，在處理獨特的事件，在事件中可能有釐清「變數」的必要，所以需要依賴不同來源的證據。透過閱讀相關資料比對驗證，發現譚氏的經濟思想的脈絡越見有系統，而實踐事務的檢測，越有建設性。

資料的範圍，以資料內容與呈現方式，解讀及判定，研判信度與效度。

資料類型，紙本類型，到圖書館洽借的紙本圖書、舊典藏的學術期刊，逐序閱讀。從文獻中找文獻，參考的文獻再檢索，找出更多篇文獻。

資料文獻、學術期刊，碩博士論文的作者、出處、引用次數、撰寫年份、相關文章等資訊的查核，內文建置工程的細節，順序嚴謹的講求。

檢索方式，限於校園網路（Campus network，CAN）是一個在有限的地理區域相互連接的區域網路組成的網路。這是本研究在資料檢索比較特殊的方式。

透過 Turnitin 學術論文比對系統，防範抄襲，比對與收藏資料庫作品雷同之處，藉此管理學術研究之不端行為，注重學術倫理。在研究者對資料的熟稔與掌握，於學習心得提升有長足的助益。

第三節　研究範圍與研究限制

壹、研究範圍

一、譚氏的撰著作品原著為範圍

本研究主要根據以譚氏撰著作品的〈仁學〉〔註7〕、〈三十自紀〉、〈上歐陽中鵠書（含興算學議）〉、〈思緯氤氳臺短書：報貝元徵〉〔註8〕、〈報唐佛塵〉等信札。及〈壯飛樓治事─學會〉、〈治言〉〔註9〕，〈記官紳集議保衛局事〉等，於湖南施行新政業務，及其變法理論與實踐等經濟思想範圍為主，並從經濟策略、經濟數據演算作評述。

二、文獻探討範圍

探討譚氏原著為範圍，期程的安排，「甘特圖」的利用為比較有效的掌握方式。

貳、研究限制

第一，因為資料文字閱讀，本研究注釋加注音及解釋，譚氏適逢古文與應用的過渡時期，限制在文章結構堆砌、排比及標注新名詞創新的傾向。譚學相關的資料，帶有堆砌瑰麗排比的外顯包袱，在理解其詮釋層次的特質。與讀者之間，讓古文變得淺近一些。中西雙語呈現國際化傾向，中國文學改革的過渡期，中西雙語的文化激盪「譚嗣同、康有為、梁啟超的朋友之中，多人抱持改革的志願。在散文方面的成績，把古文變得淺近，轉以應用的範圍應可以更推廣。在文字運用所閃現的亮點，進行研究活動時作有效的管理。其次，閱讀簡體字、繁體字、脈絡檢索，閱讀資料文字，中文的簡體字，外文的原文書；考據資料言語意涵，在譚氏的言語意涵，用詞典雅，引經據典，旁徵博引，檢索資料庫（教育部國語辭典、萌典、教育百科、漢語網、維基百科維基詞典、百度百科、詩詞大全、成語詞典……），於釋義、注音、出處、對照等作業繁瑣，在學術精確的信效度的佐證，所花費的時間作記錄及執行正當性，倒是十分值得。

筆者在閱讀方向學習體會止於該止，從既定的框架出發，進行整理的作

〔註7〕〈仁學〉分上卷30篇、下卷20篇，共50篇。反映譚氏萌芽中的反清民主革命思想。

〔註8〕〈報貝元徵〉，詳明變法思想。

〔註9〕〈治言〉治國之言，譚氏自我批判具儒學特色具體的政治抱負。守聖人之道永遠不變，但是勢所必變，學習西方，戰守之工具的革新除舊。

業。定時的閱讀，包含書籍、電子書、論文、期刊、報導、網站資訊、影音資訊等。開始閱讀及記事，釐清自己的主題和方向及累積具體的心得。

第四節　研究架構與研究流程

壹、研究架構

　　從研究主題目標的確定，資料的蒐集，資料的處理，資料的分析、內文的探討，心得的歸納。本研究論文依章節順序，計緒論、思想演進脈絡、經濟思想的內涵，湖南新政佐理、變法思想及實踐，譚學對後世的影響，研究的結果及建議。

貳、研究流程（示意圖）

圖1-1　《譚嗣同的經濟思想及其實踐之研究》流程示意圖

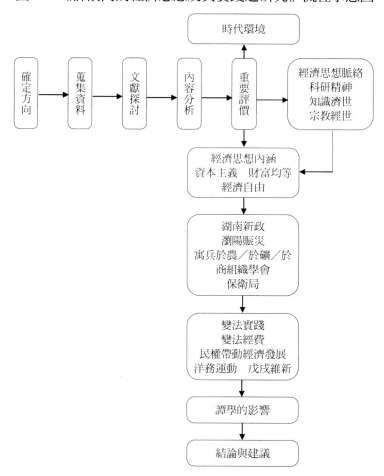

表 1-1　譚嗣同仁學二十七界說表

		仁學		
		仁學		
通之具：	以太（2）		通（1）	
	電			
	心力			
			道通（3）	
				通有四義：（4）
				中外通
				上下通
				男女內外通
				人我通
			名名（5）惡名	
			名亂（6）	
			通之象（7）	平等　體魄／業識（9）
				遵靈魂（8）、智慧（10）
			萬物之源（11）　唯心　唯識	
			寂然不動（12）	（感通）
			仁之體（13）	不生／不滅（14）
				生／新，滅／逝（15）
				過去　未來　現在（16）
				仁一，對待皆當破之（17）
				破對待參伍錯綜（18）
				伍錯綜對待迷不知平等（19）
				參伍錯綜對待然後平等（20）
				無對待然後平等（21）
				無無然後平等（22）
				平等生變化／代數方程式／用代數演之（23）
				平等致一／一則通／通　則　仁（24）
				仁學書、仁學讀本（25）
				算學、幾何學（26）
				格致、不可不知群學群教門徑（27）

資料來源：整理自〈仁學〉二十七界說，《譚嗣同全集》，頁 6～9。

第五節　文獻探討

　　依研究譚嗣同學術領域的時序，可分為早期、晚近、及譚氏思想成學演變的過渡時期，以科技領域，及仁學創新性等最近及更為大眾所注重的議題，對於出版實踐活動〔註10〕、報刊民史、國口說〔註11〕，更進一步研討的議題，得出湖南人（在地人）知湖南事（在地事）的傾向。本研究對大中國近代歷史新陳代謝的更新作用，變與不變衝決網羅的指標〔註12〕。李提摩太境外人士論證的持平性，以及具有的價值與意義。

壹、譚嗣同形象與特質

一、學者理論，歷史場景重現

　　（一）愛國情懷、重商主義傾向，對照李澤厚系列作品，如《李澤厚對話集》等。

　　（二）幽暗意識，追求理想，激勵的言論為主要訴求。

　　張灝系列（1992），《再論中國共產主義思想的起源》。張灝（2006），《危機中的中國知識份子：尋求秩序與意義》。張灝（1988），《烈士精神與批判意識》。張灝（1993），《梁啟超與中國思想的過渡 1890～1907》。張灝（1989），《幽暗意識與民主傳統》。

　　（三）真實感歷史人物的原音重現：黃得時（1967.05），〈譚嗣同與臺灣〉。

二、心力說、科學技術、湖湘文化

　　（一）心力說，珍視以太啟動，易經八卦解事，除舊布新；

　　姜華，（1998.05），〈試論戊戌時期維新派的『心力』說〉。

　　（二）科技觀、工業觀及湖湘傳承

　　晚近對中國近代史觀，在資本主義工商業拓展；西方科學，湖湘文化傳承，科學觀、工業觀。周輝湘（2002.02），〈湖湘文化的近代化與湖南社會的進步〉。

〔註10〕張玉亮，〈出版實踐活動的當下啟示〉《湖南科技學院學報》，第 40 卷第 4 期，2019.04，頁 30～33。

〔註11〕李濱，〈再論譚嗣同的報刊民史國口說〉《湖南師範大學社會科學學報》，2019年，第 1 期，頁 147～151。

〔註12〕陳旭麓，《近代中國社會的新陳代謝》（上海：上海人民出版社，1992），頁 166-1。

三、大中國近代歷史承先啟後

黃克武（1994），《一個被放棄的選擇：梁啟超調適思想的研究》。

余杰（2009），《徬徨英雄路，轉型時代知識份子的心靈史》。

蔣廣華（2005），《梁啟超評傳》。

李喜所（2008），《中國近代史：告別帝制》。

黃升任（2006），《黃遵憲評傳》。

四、知識濟世，數據實證

（一）真誠圓滿繼往開來

易經模式的通達：傅佩榮（2011），《一本就通：西方哲學史》。傅佩榮（2005），《孔子的生活智慧：真誠與圓滿》。傅佩榮（2010），《我讀易經》。傅佩榮（2006），《拓展生命的深度與寬度》。傅佩榮（2017），《傅佩榮的易經入門課》。傅佩榮（2005），《解讀易經：新世紀繼往開來的思想經典》。

（二）數據實證破除迷思

中室牧子（2016），《教育經濟學：用「科學數據」破除教育迷思》。

五、宗教經世策略，唯識宗思想衝擊

（一）宗教的競爭策略

賴建誠、蘇鵬元（2017），《教堂經濟學：宗教史上的競爭策略》。

鍾文榮（2014），《拜拜經濟學：有拜有保庇，大廟小廟香火盛背後的經濟性與趣味性》。

（二）唯識宗思想衝擊

王汎森（2012），《章太炎的思想兼論其對儒學思想的衝擊》。

胡珠生（1993），《宋恕集》。

貳、洋務運動、變法維新實踐

一、思想變革與比較

盛邦和（1987），《黃遵憲史學研究》。

菊地秀明（2017），《中國近代歷史》。

孟祥瑞（2009），《到「西方」寫中國大歷史》。

朱義祿（1999），〈西方科學與維新思想：論康有為、嚴復、譚嗣同的變革思想〉。

何磊（1996），〈從追求科學走向獻身變法的譚嗣同〉。

李國祈（2008.06），〈自強運動時期人物比較析論——曾國藩與左宗棠〉。

李娟紅（2009），〈淺析譚嗣同在維新變法時期的政治理想〉。

王樾（1990）《譚嗣同變法思想研究》；《現代中國思想家第二輯》。

易惠莉（1998），《鄭應觀評傳》。

何衛東（2004.07），〈譚嗣同是一位典型的改良主義〉。

以上的議題，係鎖定譚學於中西方經濟、經濟思想的科研精神、變法維新及承襲前賢智慧等的面向。

二、經濟倫理思想

周中之（2016），〈譚嗣同經濟倫理思想探究〉。

鍾啟順（2002），〈關於譚嗣同經濟思想的幾個問題〉。

周輝湘（2002.02），〈湖湘文化的近代化與湖南社會的進步〉；

林其昌（2000），〈試析譚嗣同的近代工業觀〉。

羅來瑋（2017），〈譚嗣同思想研究〉

以上的議題，討論湖湘文化湖南社會的成長，拓展圖存救亡（國富救國）和思想啟蒙（知識經世）雙重使命，實現『大同社會』等面向的引薦。

三、評傳佐證
（一）湖南新政

黃升任（2006），《黃遵憲評傳》對湖南新政的經營，提供主政者的策略及時空場景對民眾、官吏的受教育狀況，知識的灰色地帶，提供佐證之用。

（二）船山學／王學

船山學，譚早年私淑為船山弟子。謂「三代以下無可讀之書。船山先生是興民權微旨。影響的深入與多面向（道器、變易），清末時代變革風氣興起，王學之衝擊譚氏的思惟領域，君主由民共舉，可由民共廢，君權「可繼、可禪、可革」。西方科學觀，重視實用科學、反對巫術迷信。「一聖人死，其氣分為眾賢人」氣論、「知身為不死之物，雖殺亦不死，成仁取義，無憚怖於其衷。」戊戌變法譚的慷慨就義，不為死亡所動的胸懷，與王學關係的探究。

四、譚氏犧牲（殉國）後續的連漪效應

安豐林（2019），〈譚嗣同成了文抄公〉。

朱偉（2005.02），〈湘菜與譚嗣同的家書〉。

余世存（2012），〈值不值得譚嗣同〉《大民小國》。

在譚氏留予民眾的英雄壯士深刻的印象之外，得套用合適的模組，與時俱進予以修正及汰舊換新，俾深耕與提升學術專業領域的建議。

第二章　譚嗣同經濟思想的演變脈絡

譚嗣同是中國近代傑出的思想家，探討譚氏經濟思想的演變脈絡，首先，觀察他的科學研究精神，研究學問是關鍵核心，他充滿好奇、提升科學的人生觀，樂觀學習正能量的釋出。其次，探討知識濟世的功能，以太的特性，獨見譚氏融合中、西學科學知識，以太啟動為仁之開端，以太結合仁論，為譚學的創新性。第三，檢視宗教經世的任務，他持以內生動力，心力挽劫，推廣孔教（儒家）的優勢，傳授有益民生的策略。肯定歐洲宗教改革模式，期許吾甚祝孔教之有路德。宗教的腦力激盪，建構一個全球文明下的世界國家藍圖，得出譚氏是保守的自由主義者。

從推動傳統中國走向近代的轉變，譚學為一種無所不包的至大、至精、至廣、至微的境界，大公至正的博愛理想。譚氏思想的演變脈絡，就譚氏原撰著作品的意涵，探討學者的文獻理念進行研究作業，闡述其思想產生的背景及其特點。

第一節　譚嗣同的科學研究精神

以譚氏的救國熱誠，思辨策劃的能力，講求實學，倡導知識報國。認為要挽救晚清的時局，研究學問是關鍵核心，重視「鄙人深願諸君都講究學問，則我國亦必賴以不亡。所謂學問者，政治、法律、農、礦、工、商、醫、兵、聲、光、化電、圖、算皆是也。」[註1]的表述，包括領域、含農礦商務、醫學天

〔註1〕〈論學者不當驕人（南學會第五次講義）〉，《譚嗣同全集》，頁131～133。

文、化學運算等學問範疇，值得講究，值得信賴與真正學習，發揮效能，國家不致滅亡。學者以「科學對譚氏維新變法基本的主張及理論依據具有相當的影響力。」〔註2〕譚氏關注科學知識、科學主題，知識的倡導，提升科學的人生觀，厚植人文經濟的實力，值得稱讚。

學者提到「維新派『論變革』的科學有六個面向，其中，第一項為，觀察變化，天地之間可以用常識和經驗來說明的普遍現象」，譚氏的科學研究精神是符合本項的範例。維新派論變的特點，一個是「變」一個是「新」，〔註3〕譚氏詮釋為是「日新為革故鼎新」。〔註4〕譚學秉持變與新的元素與啟動力。

壹、譚嗣同述略

一、生平介紹

譚嗣同是長沙名人，清同治4年春二月己卯　（1865年2月13日）出生於京師宣武城南孀眠胡同郵邸第〔註5〕。清光緒24年（戊戌7月13日～1898年9月28日）為殉難日。譚氏字復生，湖南瀏陽人。戊戌維新運動的時代勇士，官僚世家，父親譚繼洵〔註6〕。譚氏少年時代卓越豪邁灑脫不受約束，懷有宏大志願，文章奇特奔放。他的學術以日新為主，把倫常舊說視為不足以他關注的事物，繼洵素來嚴謹檢點節制，引兒子的行止頗以為嫌惡；譚府父親的家教嚴厲。青年時代，游新疆、銓江蘇；還鄉湖南佐新政、南學會慨論時事。少壯年時代，光緒二十四年召入都……軍機章京建言獨多；……維新理念……爭端榮祿、袁世凱、西太后后黨收政權；友人勸東遊卒不去，留「不有死者，無以酬聖主。」〔註7〕，殉國志士終結34年的一生。

二、譚學思想期程的認知與發展

譚氏思想的演變期程，走過七個階段：

01～07歲，幼年啟蒙期；

〔註2〕苗建榮，《西方科學與晚清維新儒學的建構：以康有為、梁啟超、譚嗣同為例》（濟南：山東大學科學技術哲學博士學位論文，2019），頁136～143。
〔註3〕〈仁學〉十八，《譚嗣同全集》，頁34。
〔註4〕陳旭麓，《近代中國社會的新陳代謝》（上海：上海人民出版社，1992），頁167～175。
〔註5〕〈三十自紀〉，《譚嗣同全集》，頁205。
〔註6〕譚繼洵（1823～1901），晚清官員，官至湖北巡撫兼署湖廣總督。
〔註7〕楊家駱主編，《清史稿‧卷464譚嗣同》（臺北：鼎文，1981），頁12746。

08～20 歲，少年豪放期；

20～30 歲，青年訪學期；外來西學、基督教思想的影響，及傳統中國墨子、張載、王夫之、黃宗義等巨子思想的影響；青年，壯遊四方，楊仁山、吳雁舟導之禪學。注意學習外國史地知識和自然知識，創辦《國聞報》，宣傳新學，鼓吹變法。與西洋傳教士（傅蘭雅、李提摩太）研習科學，思慮為之日漸宏廣，思想因之日具差異。

31～32 歲，瀏陽興算期；

32～33 歲，金陵黑暗期；1895 年夏，譚氏與梁啟超結識。

33～34 歲，湖南新政期；

34 歲，京師變法期。

譚氏青年訪學，接受外來西學、基督教思想的影響，及傳統中國墨子、張載、王夫之、[註8]黃宗義等巨子思想的影響。依學者引敘「時空交會，1895年夏，譚氏與梁啟超結識學術交流。譚氏的撰著作品在譚氏逝世後得以發表，梁啟超熟悉譚學的要旨，稱康有為老師的《長興學記》及譚氏撰著作品作《仁學》，在梁啟超的思想形成具有影響力。」[註9]譚氏、梁啟超氏撰著的作品在中國啟蒙知識方面具有後續重要的影響力。

貳、譚嗣同成學的歷程

學習歷程演變，由譚府小輩[註10]整理長輩的知識根源及理念，歸納其經歷了三種變遷：1、少時，歐陽師、涂師實啟之，劉師充實之；2、青年，壯

〔註8〕同前註5，〈三十自紀〉，頁 204～206，譚氏五歲受書，十五學詩，二十學文，王志私淑船山也。

〔註9〕張灝，《梁啟超與中國思想的過渡 1890～1907》（南京：江蘇人民出版社，1993），頁 48。楊廷福，《譚嗣同年譜》（上海，1957），頁 28～79。

〔註10〕譚訓聰，《清譚復生先生嗣同年譜》（臺北：臺灣商務，1980），頁 10～11。訓聰父傳煒，譚嗣同遇難後，嗣同的父親譚繼洵正式把他二哥的兒子譚傳煒過繼給他，算是「兼祧」。嗣同的妻子李閨撫養孩子，在養子青年病故後，撫養兩個孫子，她活到六十歲才病故。摘自：夢裡蓬山路（2019.04.14），〈貴公子譚嗣同情深意重〉《每日頭條》。〈https://kknews.cc/history/5ne5x66.html〉。檢索日期：2020.05.10。

學者鍾艷艷評述譚氏的〈平等與富民：早期宗法禮制思想析略〉，譚氏爭取「兼祧，繼別為宗」的倡民權、興民生，將富民與民生問題置於禮教之先，呈現情禮並蓄人文色彩。父親譚繼洵正式把「兼祧」他二哥的兒子譚傳煒過繼給他。實質意義上，對譚氏而言，他算自我回饋，自家兒孫對他的福報。

遊四方，楊、吳導之禪學。與西洋傳教士（傅、李）研習科學，思慮為之日宏，思想因之日異。3、少壯年，逢康氏、梁氏言大同之旨，三世之義，其學日新又新，是譚氏思想的昇華期，還不是結晶期。〔註11〕請參考表 2-1，了解譚學各分區時期的特色。

表 2-1　譚嗣同成學歷程表

分區／特色	起迄年代	年齡	小計	記事
1. 幼年啟蒙期	1865至1871	01～07		1歲（1865），5歲受書，啟蒙老師畢蒓齋，8歲韓蓀農。
2. 少年豪放期	1872至1879	08～15	7	8歲韓蓀農，9歲歐陽中鵠，涂大圍，11歲隨父至北通州，.12歲（1876）北京發生大瘟疫，他曾短死三日而復蘇，其父為之取名為復生，五日母親、大哥、姐皆亡（五日三喪）。14歲，隨父至秦州〔註12〕，15歲學詩，師徐啟光
3. 青年訪學期	1880至1884 1884至1894	15～20 20～30	10	20歲學文,作「治言」為首篇政論〔註13〕，25歲（1889）授業劉人熙，得聞永嘉淵源；仲兄嗣襄－夏5月5日猝死異鄉（臺南府蓬壺書院）；27歲（1891），不能一下拋開傳統，學思道寓於器。〔註14〕28歲（1892）結識吳樵、傅蘭雅〔註15〕，思慮日宏，思想日異。中日甲午戰起（1894）的衝擊感憤時局靡爛，盡棄舊學，致力實學〔註16〕。
				21～30歲，曾南北六赴省試，未能中舉。壯遊四方，既行萬有餘里，堪繞地球一週。

〔註11〕譚訓聰，《清譚復生先生嗣同年譜》，頁 25。
〔註12〕譚氏至秦州（甘肅省），係譚氏上西北首次的行程。
〔註13〕〈治言〉是譚氏首篇政論，表達他對時局的關心及對中國處境的反省，這時帶著濃厚的中國本位色彩主義。《譚嗣同全集》，頁 103。
〔註14〕譚氏前期思想：中國本位，被傳統束縛，雖已聞王船山之學，道不離器、道寓於器。
〔註15〕傅蘭雅（John Fryer，1839～1928）英國根德郡海斯人，長期在江南製造局任翻譯。與譚氏的機緣，從此廣讀江南製造局與廣學會翻譯的自然科學與西洋史地政教之書，吸收新知更擴張其見聞。
〔註16〕譚氏感憤時局靡爛，傳統之道已不足以收拾殘局，於是盡棄舊學，一面整理舊學《東海褰冥氏三十以前舊學》，一面開始致力實學。

4. 瀏陽興算期	1895.5至 1986.7	31～32	2	31歲（1895），於北京與梁啟超交流，譚學一變；隔年任候補知府時期，以湖南仕紳提倡變法維新；結識夏曾佑；三訪傅蘭雅。
5. 金陵黑暗期	1896.7年至 1897.9	32～33	1	32歲，結識楊仁山（聞佛學）譚學又一變；《仁學》寫作期1896.8～1897.1（6個月）可稱思想顛峯期。
				譚嗣同以嶄新面目出現於中國的歷史舞台，在傳統解體的轉型中，扮演獨特且重要的角色。
6. 湖南新政期	1897.10～ 1898.7	33～34	1	湖南巡撫陳寶箴之邀返湖南推行新政。
7. 京師變法期	1898.7.24～ 8.23	34		奉旨入京，參與變法，維新失敗，彗星隕落。

資料來源：
1. 王樾，《譚嗣同變法思想研究》（臺北：臺灣學生，1990），頁20～43。
2. 林瑞明撰，《現代中國思想家第二輯　譚嗣同》（臺北：巨人，1978），頁207～249。

一、譚學思想經歷的演變

譚學思想的「三個趨勢：宗教心靈的湧現；思想領域逐漸開闊（影響與變化）；態度是愈顯激烈（由保守到激進）。」〔註17〕放棄舊學商謀新學的進化觀，近代科學對人們思想變化激起非常重要的作用。比較「康有為、嚴復、譚嗣同，為維新派核心代表，其變革意識的強烈，他們長期與西方科學的交集。康有為的體現於科學精神及理性之光。嚴復以達爾文學說，認為進化論與自由平等學說相結合，形成棄舊謀新的世界性潮流。譚氏以破除中外之見，衝決封建傳統多重的網羅。」〔註18〕

二、以破除中外之見，衝決傳統多重網羅

譚氏破除中外之見，衝決中國傳統封建多重的網羅，探討西學科技佔有實際的比重與動能，譚氏注重西學以太界定為世界的本體，融入中國學術範疇的仁論，提升和改造成精神上的實體，他對學科充滿好奇、以科學的人生觀，樂觀學習與正能量的釋出。

〔註17〕張灝，《烈士精神與批判意識：譚嗣同思想的分析》（北京：新星出版社，2006），頁273。
〔註18〕朱義祿，〈西方科學與維新思想：論康有為、嚴復、譚嗣同的變革思想〉《學習與探索》，第2期，總121期，1999，頁1～2。

研究譚氏的科技形象，學者認同「他在科學思想理路的深刻，農藝理論的出色，科技策劃行政傑出的表現種種。表述探討世界本原、宇宙發展、世界進化，科學等學術理論，使可以立足於中國十九世紀科學思想家之列」〔註19〕實至名歸。

參、譚嗣同的科技形象

一、注重學科分門別類

西方科學「以太 aether 或 ether」元素與中國傳統儒學「仁論」交相比附，建構新譚學的體系，他分析質點，學科挑戰的困難度，植物、礦物、動物、物理化學等學科的分門別類，注重質點單位（元素）質點不出乎七十三種之原質。他的觀察不僅看與想，不只透過感官，直接對事物的知覺，創造出觀察現象的意義與了解，嚴謹、清楚而有系統「……原質則初無增損之故也。」〔註20〕數據提供參考的必要。

觀察範圍從大自然外界到實驗室，到園藝苗圃到廚藝烹飪，注重順序環節銜接，廚藝以食材的特色、烹調的順序，刀法處理的異同，與舌尖相遇，與大腦連結及反應。學者評述「譚氏以傳統儒家仁論為基準，實現儒學的自我革新為旨歸，將中西文化熔為一爐，成為普世譚學，以西學以太界定為世界的本體，把中學範疇的仁論提升和改造成精神上的實體，讓本體以太等同於仁，實現譚學本體論的革新。即西學以太與中學仁論交相比附，建構的譚學體系。」〔註21〕譚氏科學體系呈現中、西元素的融合。

學科的分門別類，科學知識的啟動，含括宗教、礦學、醫學、物理、地理、氣象、天文等，的翔實載錄，物理能量不滅、化學分析原質取名，醫學（防疫），水（氫氧）、蠟燭（燃燒）、陶土（循環）。消化系統、物理變化、化學變化，融在自然科學與應用科學，引述輕（氫）氣養（氧）氣的解說。

地球科學的氣象、風，早晚、季節寒暑，山谷雲雨，深泉，河川漫溢、天空雲氣；陵谷變遷，滄海桑田，變化萬千。地球科學，地表沙漠綠洲，海岸線，植物、礦物、質地，赤道、南北極、軌道、地心、冰河期，進化史。天體，流

〔註19〕 肖玲，〈譚嗣同科技形象初論〉《南京社會科學——歷史研究》，總第 98 期，1997.04，頁 44～50。

〔註20〕 〈仁學〉十一，《譚嗣同全集》，頁 21。

〔註21〕 唐春玉，〈論譚嗣同的仁學創新〉《井岡山大學學報（社科版）》，第 40 卷第 3，2019.05，頁 62～68。

星、恆星、彗星，拋物線、遠近；譚氏以地球隕散的元素，期待「新星」的出現。

譚氏在地球科學領域具專家的氣勢，以物理、地理、地質、氣象、數學、化學、生物的角度研究地表。和人類的生活息息相關，「上通天文，下知地理」的學科，與人類息息相關土地，空氣，海洋，星辰、月亮、太陽、宇宙、為研究的對象，譚氏專業的展現，儼然一部天文百科全書的規模。

跨越學科的統整，譚氏私淑王船山學，結合易經的隱見，從易經卦爻的境界，體會中國社經禮制與民間變革損益的關係，需要身體與心靈結合，努力積極追求境界，佛教理論架構有多到不可計數「說亦不能盡。」〔註22〕……以科學救國輔以佛學因素是譚氏的基本思想之一。

從地球科學延展到宗教科學，譚氏擔憂治理天下的大事，譚氏對國人翻轉生與死的生理本源，對意義的操作，看透國人的疑惑、任性，明明知道是正義，不敢前進，迷惑於看不清楚的週遭，個體沒有定力，徬徨於正義戰勝不了死亡，唯退居自我取悅而已，質疑將如何來治理天下。

譚氏的注重科學知識，他於〈仁學界說〉稱格致包括四學為天文、地輿、全體、心靈四學，是群學、群教的研求學問入門的途徑，科學論述激發人們保衛祖國的愛國熱忱，於〈論全體學〉「頂天立地，做出一番事業」〔註23〕蘊含愛國精神；鑽研學門，包活天文學、地學、進化論、人體解剖學、生理學、數學、《幾何讀本》〔註24〕、化學、原子論、及 X 射線和算學器，展現科學知識的廣博性與先進性；科學精神的求實、創新、趕超世界先進的水平，他「嚴變法之術」對武器觀察「西人嘗以電氣施於槍砲，……電氣飛船……等行軍絕技」，看到曙光，奪西人之先機「今幸西人尚未精極，使中國從而精之，則可無敵於天下。」〔註25〕務實、超越、創新的科學精神。學者以「譚所展現的愛國熱忱、廣博、先進、務實、超越、創新為其的科學精神的特點，推動中國科學與中國社會的近代化的先行者。」〔註26〕科學研究精神保有積極的意義，譚氏是是中國近代深入研究西方科技傑出的思想家。

〔註22〕〈仁學〉十二，《譚嗣同全集》，頁 22～23。

〔註23〕〈論全體學〉，《譚嗣同全集》，頁 135。

〔註24〕〈石菊影筆識思篇、學篇 63〉，《譚嗣同全集》，頁 236。

〔註25〕〈思緯氤氳臺短書──報貝元徵〉，《譚嗣同全集》，頁 428～429。

〔註26〕徐振亞，〈譚嗣同科學思想淺析〉《中國科技史料》，第 21 卷第 3 期，2000，頁 228～234。

二、研究態度適量加入長進元素

從譚氏的科學研究精神，筆者有感譚氏起源於自然科學，結論於社會科學，科學知識的觀察用心，以他的挑戰之精神對照胡適博士的說法：「有關學科主題論戰，總希望作戰的人都能尊重對方的人格，都能承認那些和我們信仰不同的人不一定都是笨人與壞人，都能在作戰之中保持一種容忍（Toleration）的態度；值得規劃，總希望那些反對我們贊成新信仰的人，也能用『容忍』的態度來對待我們。用『研究』的態度來考察我們的信仰，我們要認清：我們真正敵人不是對方，而是他們的『成見』或是『不思想』，我們向傳統舊思想和舊信仰宣戰；其實，學界是誠懇地請求舊思想與舊信仰勢力之下的朋友，向『成見』或是『不思想』挑戰。凡是肯用思想來考察對方的成見的人，都是我們的同盟！」〔註27〕理念上，以容忍態度及主題研究精神來邀約同盟；譚氏在礦務規劃應專趨散利於民一類及發表其道有六，在湖南礦務的協商，邀約師長特別創開一種「衝決網羅之學。」〔註28〕融合了生涯的元素，破除對死亡的擔憂，慎戒身修等待天命，追溯譚氏的知識成長根源，及其對任務的論戰，點點滴滴，難能可貴。學習容忍態度的提示，在對於知識的層次加入智慧長進的元素，以提升創新及拓展為前題，本研究以十個面向的「自然主義科學人生觀」適量加入長進元素，期望促進人文經濟學的成長。請參考表2-2，提升「自然主義科學人生觀」建議表。

提升自然主義科學的人生觀，鼓勵將有把握的元素，適量地加入生活的節奏，估計有美，有詩意，有道德責任等，及充分運用創造智慧的機會，使促進人文知識經濟的運作及成長。以譚氏科學研究的精神，他思想特質是理想高遠，他思想的起發點是他對科學知識有很強的信心。

譚氏的科學研究精神，以創新，日新、恆動的元素，把仁、通運用於有機的整體；他科學研究的精確性，提出融合中西的新方案。以科學基礎建立一套完整系統，這種新知的信念，是他對未來充滿信心的重要基礎。對科學知識的關注、明瞭科學主題的分門別類，學者認同譚氏「追求科學，探索科學，立志富國強兵以洗刷國恥，不盲目崇洋，身體力行，帶頭學習西方科學文化知識，實事求是的科學態度，值得我們借鏡。」〔註29〕認識譚氏追求科學的堅持。

〔註27〕胡適，《五十年來中國文學（胡適文存第二集‧第二卷）》（臺北：遠流，1986），頁17～18。

〔註28〕〈報唐拂塵書〉，《譚嗣同全集》，頁442～446。

〔註29〕何磊，〈從追求科學走向獻身變法的譚嗣同〉《雲南師範大學哲學社科學報》，第2卷第5期，1996，頁53～58。

表 2-2　提升「自然主義科學人生觀」建議表

	根據學科主題	可延展空間	加入長進元素
1	天文學和物理學	空間無窮大	增加宇宙的美感
2	地質學、古生物學	時間無窮長	明瞭祖先的創業惟艱
3	一切科學	宇宙萬物運行變遷皆是自然	天行之有常，及增加駕馭大自然的力量
4	生物的科學	生物界具有生存競爭的浪費與殘酷，因此，明白「好生之德」的主宰的假設是不能成立的	「因果論」的由因求果，由果推因，解釋過去，預測未來，運用智慧，創造新因以求新果；於生存競爭觀念，格外增加對同類的同情心，格外深信互助的重要，格外注重人為的努力及減免天然競爭的殘酷與浪費等
5	生物學、生理學	了解人是動物的一種，和別種動物是程度的差異	
6	生物的科學及人類學、人種學	了解生物及人類社會演進的歷史及演進的原因	
7	生物及心理學	一切心理的現象，係都事出有因	
8	生物學及社會學	了解道德禮教的變遷，變遷的原因是可以用科學方法尋求出來	
9	物理化學	判斷物質不是死的，是活的；不是靜的，是動的	
10	生物學及社會學	了解「小我」、「大我」的異同、「為全種萬世而生活」是宗教，境界最高的宗教；替個人謀死後的「天堂、淨土」是自私自利的宗教。	

資料來源：摘自胡適，《五十年來中國文學（胡適文存第二集‧第二卷）》（臺北：遠流，1986），序—頁 18～21），吳稚暉《科學與人生觀》。

第二節　譚嗣同的知識濟世觀

　　科技救國，知識報國的任務趨使，學者論稱「譚氏是中國近代資產階級思想家，對自然科學情有獨鍾，出於他要認識世界追求真理，要改造中國政治經

濟,及要建構科學觀和資產階級人性的需要,是以科技救國,知識報國的任務使然。」〔註30〕譚氏以進化論、世界觀表現他的科技報國、知識濟世觀,學者評述「譚氏重視西方科學,在變法改良的設計中,始終將科學元素考慮在內,政濟的科學運用,在他決策激起不小的作用。」〔註31〕憑藉擁有自然科學的強項,以言救世。譚氏抨擊老子的言靜戒動、言柔毀剛,主張以心力救國,日新變化,強化整體,培養全民的獨立、自主、自尊、自強的個性,具有積極向上,昇、恒、昌的精神面貌。

壹、科學救國的樣貌

救國的科學,(加減乘除)代數方程式運算「平等生萬化」的層次,展現科學運算之道。以提升經濟成長內生變數(Endogenous Variables)理論來推導社會的進步,心力是社會歷史發展的動力。譚氏以西方科學的進化論,用生存競爭來激起中華民族自強保種的意識。他廣泛閱讀自然科學書籍,對於十九世紀起近代科學「以太」的特性,他充滿好奇。

一、中國傳統學術的元素步調積極結合民生多元的樣貌

譚氏在中國傳統學術的元素,除了崇拜王學。於君子恆動,衍伸治國的面向,指出李耳者言靜而戒動,鄉愿格式而百端廢弛,唯恐正當的動能消失,他的經世科學,積極為國人導入嶄新的世界觀與方法論。以譚氏的視野對官場劣習改進的建議,拓廣全天下人的胸襟;建議:官場高層對財務觀要開闢利源,士兵管理要注重朝氣,他指出國人靜止不前進的劣習,要求步調積極,結合民生多元的樣貌:招攬通商,傳教佈道,報館譯書,學堂,醫院等實務的推廣;軍事為兵戈、槍礮、水雷、鐵艦等大幅度的創新,為維新運動改良派的特色之一。

二、漲力(除舊)與擠力(布新)的氣勢與日積月累的才智謀慮

在甲午戰爭之前,西方科學已經傳入中國,維新派了解西方科學的類別,譚氏的進化觀,他認為人類有它演化的進程,即逐漸地由野蠻人演衍為文明人,演化到當今,是強大的西方人與弱小的中國人在競爭的趨勢「中西爭雄,中國日弱

〔註30〕黃少卿,〈譚嗣同為何酷愛自然科學〉《滄州師範專科學校學報》,第 17 卷第 4 期,2001.12,頁 28~30。

〔註31〕苗建榮,《西方科學與晚清維新儒學的建構:以康有為、梁啟超、譚嗣同為例》,頁 1~2。

而下，西人日強而上。」〔註32〕學者強調譚氏的懸念「如果局勢老是這樣下去而不去變更的話，中國就會有亡國滅種之虞，與嚴復一樣，譚氏也利用生存競爭來激起中華民族自強保種的意識。嚴復的資訊來源是原版，譚氏所得的知識來源是譯製後的資材，但是，譚氏的主張與節奏是比嚴復激進得多。」〔註33〕譚氏觀察西人喜動為常態，男女均等，男士崇尚體能，貴婦侈華遊歷，學者探討「就當時根深蒂固傳統習俗的湖南省區，倡導運動休閒與旅遊推廣，具有清新的文明風氣。當時傳統社會建置學會及活動開展，革除封建社會的習俗、提倡資本主義文明的色彩，移風易俗、改造陋習，多元開發帶動城市的新風尚。」〔註34〕近代仁人志士以科學報國，知識濟世、救亡圖存的熱誠，值得讚譽。

譚氏「心力學」的主張，以心力是衝決網羅、普度眾生、拯救民族厄運的根本力量，挽救劫運以力學具體的凹凸力，譚氏以最發達和最準確的力學形式來進行他的挽救國運的工程。除了營造救世的工程，譚氏的治學計劃，諄諄勸勉惟學，具備兩力，漲力（除舊）與擠力（布新）的氣勢與日積月累之才智謀慮，展現盛大威儀與恭敬美好，也是維新改良派的特色。譚氏的救國熱誠，思辨策劃的能力，講求實學，倡導知識報國。認為要挽救晚清的時局，研究學問是關鍵核心，包括社科領域、農礦商務、醫學天文、化學運算等範疇，講究學問，值得中國信賴與真正學習，國家才可以不被滅亡。

貳、譚學本論革新說

譚氏以傳統儒家仁論為基準，實現儒學的自我革新為旨歸，將中西文化熔為一爐，成為普世譚學，以西學以太界定為世界的本體，提升和改造中學仁論成精神的實體，讓以太本體等同於仁，實現譚學本論的革新。以太本體仁論實體。推廣譚學理念，當時「南學會」定期集會擔任專題講座，拓展知識報國的生涯。

一、結合「以太」的仁論為譚學的創新性

融合中西文化為一爐，實現譚學本論的革新「日新之本，以太之動機」〔註35〕，譚氏的生涯受吳鐵樵影響，廣泛閱讀西洋自然科學書籍及天文領域

〔註32〕〈石菊影廬筆識・思篇十五〉，《譚嗣同全集》（臺北：華世，1977），頁 253。

〔註33〕朱義祿，〈西方科學與維新思想：論康有為、嚴復、譚嗣同的變革思想〉，頁 1～2。

〔註34〕周輝湘，〈湘楚文化的近代化與湖南社會的進步〉《衡陽師院學報（社會科學）》，2002.02，頁 67～72。

〔註35〕〈仁學〉十九，《譚嗣同全集》，頁 36～38。

圖書，聞道先後，術業專修；他觀察山川雷雨、和時豐年，「以太一動，……期謂仁之端也。」學者肯定「譚氏拜以太的啟動的自然學科，融合了中西文化為一爐，實現譚學本論的革新。」〔註36〕譚氏落實日新、以太、仁論的結構。

對照《在五十年來的世界哲學》〔註37〕的德國邏輯學家-赫爾曼-洛茲（Hermann Lotze）〔註38〕，當時，他從機械論入手，指出近代科學承認一切現象由於「元子」的交互作用，這些「元子」是無數「力的中心」，洛茲同樣以為元子（以太）也是有生命的，並不是「死的」的主張。本研究在對照了歐洲的十九世紀，中、西近代的科學家對元子、以太的特性，同樣的有認同的理論依據，但是，獨獨顯見譚氏融合了中、西學科學知識，以太啟動為仁之開端，「以太」結合了仁論為譚學的創新性。

二、活躍《南學會》講堂

南學會講堂機制與開啟動力，譚氏得適時開展—以言救世，知識報國—的生涯。

（一）保衛湖南獨立南中國不亡的機制

1895 年中日甲午戰爭後，譚嗣同團隊理念「思保湖南的獨立」，使南中國「可以不亡」，組織《南學會》。長沙設總會，各府廳州縣設分會。主要的以講演活動推廣，《南學會》與時務學堂互相表裡，又有《湘報》配合宣傳，思想甚為活躍，影響也相當廣泛，對促進湖南推行新政，轉變社會風氣，激起了重要的作用。

（二）譚氏擔任天文（自然科學）講堂主講，開展以言救世、知識報國的生涯

應陳寶箴巡撫之邀，湖南佐新政時期，南學會講座，每七日集會講學一次；專題講座的安排：01 皮錫瑞主講學術，02 黃遵憲主講政教，03 譚嗣同主講天文（自然科學），04 鄒代鈞主講輿地等〔註39〕。譚氏得適時開展他—以言救世、知識報國—的舞台。

〔註36〕 唐春玉，〈論譚嗣同的仁學創新〉，頁 62～68。

〔註37〕 胡適，《五十年來中國文學（胡適文存第二集‧第二卷）》，頁 158。

〔註38〕 赫爾曼‧洛茲，（1817～1881）德國哲學家和邏輯學家。他擁有醫學學位，精通生物學。認為如果物理世界受機械定律支配，則宇宙中的關係和發展可以解釋為世界思維的功能。他醫學研究的發現是科學心理學的開創性著作。譚氏的理念是與西方社會醫學科學的同步。

〔註39〕 黃升任，《黃遵憲評傳》（南京：南京大學，2006），頁 422～423。

參、譚學創新結合《易經》模式

譚學革新本論以《易經》模式建構譚學的創造性

一、兼顧物與人反應

（一）兼顧物、人的層面

他對雷、電、山川、大自然「物」觀察氣勢，加上觀察「人」民眾對大自然的反應。以風雨天象的變化，導入光彩亮麗的景況，以太啟動至無極限的境界：對以太的應用於自然科學所具的本體性，來論證仁作為萬物的實體，是他建構譚學的創新性。

（二）《易經》模式啟發奮進圖強

採納《易經》模式，抨擊李耳「言靜戒動、言柔毀剛」不合時代律動。

1. 君子處世、自我力求進步

譚氏崇拜王船山學，藉易經說明君子處世、自我力求進步，剛毅堅卓，發奮圖強，動為常態，永不停息，易經可貴於有主動抉擇的核心能力及責任感「天行健，自動也。天鼓萬物，鼓其動也。輔相裁成，奉天動也。」〔註40〕

2.「君子之學恆動」易經模式運作，衍伸完善治理天下，有道可依循。

學者傅佩榮以「《十三經注疏》是古人智慧的集合，中華文化的寶庫，《易經》首列其位，肯定萬物的起源發展、變化到結束，其有陰陽、爻卦象等多項元素組合，真實人生的處境並非簡單就能掌握，《易經》在助人因應特定狀況的同時，提醒人們世事無絕對，人們贏得學習擁有主動抉擇的能力與責任。」〔註41〕譚氏汲取《易經》精華，核心能力與責任感的善治天下，經古人智慧、中華寶庫的洗禮。

3. 社會亂象，切勿飽暖安逸淪於「禽獸動物」模式及戒慎李耳的靜柔

觀察譚氏「得《易經》啟示，處於逆境，想到否極泰來；遇前去無路，希望剝極而復；看到社會的亂象，要求革故、鼎新。」〔註42〕當時的社會亂象，譚氏主張革故鼎新，導入勤勞，運作振興，除舊佈新，觀察民眾的所有作為，只求衣食溫飽安逸居處，擔憂恐怕淪為動物（禽獸）模式為第一項；其次，針

〔註40〕〈仁學〉十九，《譚嗣同全集》，頁36。

〔註41〕傅佩榮，《解讀易經：新世紀繼往開來的思想經典》（臺北：立緒文化，2005），頁1～3。

〔註42〕傅佩榮，《拓展生命的深度與寬度》（臺北：天下遠見，2005），頁9。

對靜的議題，依學者分析「『靜』，要了解安靜與平靜，安靜指外在環境，外在環境的安靜能促進內心世界的平靜；而平靜，屬於內心世界，內心平靜有時缺乏活力。寧靜是有活力的平靜，屬於一種被動化為主動的心靈力量。」〔註43〕社會的亂象或內心平靜有時缺乏活力的景像讓譚氏的反彈，譚強烈抨擊道家始祖李耳〔註44〕的理念，抨擊其標榜的柔順，毀損了剛毅的本質，在心靈力量的缺乏了活力、缺乏了動力，柔順毀損了剛毅，導致不靈活的缺憾，觸發行為主義的追求動能。

4. 譚氏介意百端廢弛的癥結在「鄉愿格式」

譚氏救亡圖存，介意因鄉愿格式導致百端廢弛，憂心動能的正當性逐漸消失，觀察政事上，孤陋寡聞人士的行事舉止，自私自利及其未具有正當性。孤陋寡聞人士表現得保守的傳統農家的生態模式，術業專攻並未予突破與擴充，鄉愿的學子術、士大夫術、天下術，積多年來的顯示，類似忠信、類似廉潔，沒有諷刺，沒有是非，沒有自己的主見，沒有表達自己真正的情感，「鄉愿格式」〔註45〕一成不變的揭示「學術寧靜、治術安靜」。所以，譚氏對他們（鄉愿）處事態度的不妥善之處；懼怕動能正當性被逐次消失，鄉愿天下的鄉曲之士，處事唯只圈定己身小我區塊作小事，未能以國家總體經濟大我為念，未能核算是非，未能有所作為，又禁止更新張羅，又不准許為喜事創新確立名目，於是舉國百事廢弛……，譚氏作了激烈的抨擊。

（1）企求家國更為安康樂利

譚氏批判鄉愿的方式非常直接，按學者的說明「鄉愿，這種人很會察顏觀色，但是，這種人的聰明完全用在應付別人上面，沒有自己主見，沒有表達自己真正的情感，同時也在說明儒家不喜歡被群眾的影響。要求一個健全的人格，最好規範是：年幼時，謙遜友愛；年長時，做好事值得讓人稱讚；活得再老一些時，為別人樹立榜樣。而鄉愿好像似好人，事實上又沒有真正內心的意願及動力去堅持行善的途徑，建言在擇善固執之前，要放開心胸，明白為什麼自知要超過知人，行動更勝於言語，懂得人我之間相互為主體的道理，自我陶

〔註43〕傅佩榮，《拓展生命的深度與寬度》，頁224。

〔註44〕李耳，春秋時期人，中國古代思想家、哲學家、文學家和史學家，道家學派創始人、代表人物，與莊子並稱老莊道教中被尊為始祖，稱太上老君。唐朝追認為李姓始祖。主張無為之說。

〔註45〕〈仁學〉十九，《譚嗣同全集》，頁37。

冶過程之中，懂得掌握人的正直本性，並且需要以禮的教化來配合。」〔註46〕
這些掌握人的正直本性，自我陶冶，放開心胸，人我互為主體都展現譚氏理念
的精髓。

　　譚氏抨擊老子，主因有二：其1、老子尚柔；其2、老子尚儉。老子「崇
尚柔靜」，導致中國程度的落後。以譚氏的價值觀，追求變化日新喜動、尚動，
對老子的尚靜、貴柔大大地加以鞭撻，按譚氏的認知，西方人喜動、尚勤，做
事講求主動積極，是進取心的表現，也是應對世界變化日新的需要。老子的柔
靜之術，使中國人喪失了勇猛無畏的進取精神，導致中國的貧困衰微。以國學
救亡圖存，知識報國的表現，「老子尚儉」阻礙中國經濟的發展。譚氏與中國
近代所有的啟蒙思想家一樣懷有「富國強兵」的夢想，國富兵強與工商業的發
展密切相關。

　　譚氏重視發展的經濟，認識到經濟發展中存在著激烈的競爭。他尤其意識
到，在國與國弱肉強食的生存競爭中，商戰激起到了舉足輕重的作用。學者以
「譚氏大膽否定中國歷史『二千年來』的悠久，他臧否中國人物，比他推崇多
於貶損。荀子和韓愈採用亦褒亦貶的態度，批判老子的用意，傳承中國本土的
文化以更優質的要求。老子荀子被大膽且激進的批判，應視為以國學救亡圖存
的表現，不是否定中國的傳統文化。他代言近代學者專家群組對國、對家有著
共同的願景和相同的心聲，以知識報國，以科技濟世為訴求。」〔註47〕以珍惜
的態度對待傳統文化。

　　（2）中西研究方法的異同，中方求垂訓西方求真理

　　追求真理視為以國學救亡圖存的表現為宜。對照另一位學者以「比較中、
西科學研究的差異的比較，指出在研究方法及研究對象的不同，中國學者的
焦點注重漢學／國學的『考據學』，是歷史研究方法，對歷史揭示的『前言往
行』遇有矛盾處要加以修正，因為這些『前言往行』為後世所要取法的，主
要的功能不是求真，是在於垂訓之用。」接著「十七、十八世紀的西方科學
的聚焦，是對付自然界的物（論理、物理、倫理、超物理、自然科、動、植
物），西方人是追求得一定的法則，以便後人操縱為人生之用，重點要征服大

〔註46〕傅佩榮，《孔子的生活智慧：真誠與圓滿》（臺北：洪建全基金會，2005），頁
　　　　136～139。
〔註47〕魏義霞，〈論譚嗣同對傳統文化的態度：以老子、荀子和韓愈為例〉《中共福建
　　　　省委黨校學報》，第12期，2016，頁1～2。

自然是也。」〔註48〕譚氏的以西方科學要克服大自然，熱切追求真理的範例為他的知識救國的指標。

5. 抨擊人力資源策略管理

譚氏以當時朝廷晉用人才的規則，被多層的被卡關，少年壯志，而等到握有權柄時刻到來已經衰老；有關的管道，少年時光被上位（高層）耗費，有所主張建言被高層埋沒，而被美其名（實為不著邊際）稱為「希望恩澤」，清點自己的工作量，有所理想被高層扭曲而美其名為「露才揚己」，譚氏謙和地表示，或他自己的才華洋溢不小心時被錄取了，但是升遷的管道又被阻絕，既按年資晉用，評選等第的嚴厲，又被關關卡卡不平等的被對待，譚氏具體抒發自己的見地。

（1）用人的改革，持柄權頹暮之說，梁啟超持以同樣的論調

梁啟超《說動》：「用人不問賢不肖，而多方遏抑，少年意氣之論典，柄權則皆頹暮矣」，與譚氏同樣的用詞，人力資源的運作，指出當朝的柄權落在老暮之輩的現象，任用人力應以青年才俊為棟樑；梁啟超《說動》的繼續引用，同樣不滿於在高層用人策略的差異對待。

（2）差異對待感同身受

在遭受差異的對待，回顧當時維新派的儘管按出身條件，經學淵源和思想傾向等狀況，卻有這樣、那樣的差異，但主要是按照各自依靠對象錯綜複雜地團聚在一起的。當時朝廷存有兩大軸心，一系以清流派翁同龢、張之洞等為依靠對象，例如張謇、康有為、梁啟超、唐才常、黃紹簀、汪康年等人，另一系以洋務派李鴻章等為依靠對象，例如嚴復、王修植、孫寶瑄、鍾天緯、張煥綸、章炳麟、宋恕等人。〔註49〕兩大軸心成員的理念互異，遭受差異的對待。

譚氏的對待應戰之道於〈仁學界說〉十四、十七至廿三〔註50〕，展開了八個項目討論，突破對待，追求平等，以不生不滅的佛法方式註解，含括持仁以一，對待一詞，坦　穿透，交互錯雜，佛性本具平等不二，境界昇華，以知識報國救國，科學濟世，（加減乘除）代數方程式運算，得出「平等生萬化」歷程的層次，展現其科學運算之道。

請見表 2-3 得出「平等生萬化」代數方程式（科學運算之道）。

〔註48〕張東蓀，《知識與文化》（臺北：仲信，1988），頁 103～104。
〔註49〕胡珠生，《宋恕集》（北京：中華書局，1993），頁 2。
〔註50〕〈仁學界說〉，《譚嗣同全集》，頁 6。

6. 抨擊職場的僵固性，鼓吹總體經濟的主張

財務開闢利源，士兵管理注重朝氣，譚氏指出高層官員職場上的僵固性，擔心下屬開闢有利的財源；士兵管理不注重朝氣；環顧整體政治生態的大環境，職場總體上下計四萬萬人的活動場域，職場上建議開放風氣，指出承辦人員的手腳被拘禁、耳目被汙染、進入職場制式契約的簽署，一成不變，抨擊不事移動老好人的鄉愿格式，譚於〈仁學自敘〉積極的表態：「強聒（喧嘩）不舍，以速其衝決網羅。」〔註51〕譚氏抨擊職場的僵固性，強勢宣告不捨棄、而奔走及呼籲，以最迅速去「衝決傳統網羅」，袪除官氣，宣導革新，譚氏在人力市場競爭觀念，主張開放，不認同以填寫契約「盡驅以入契」〔註52〕的方式，宣導社會經濟革新的主張。

依學者指出「在十九世紀，法國、德國等國家學習英國的法制、法律等規範，分析這些法律對於經濟發展及分工演進的關聯，這些法律在中國和日本在十九世紀後期才出現，或追溯得更遠，中國在宋代就擁有進行一場成熟的工業革命所需的科學知識和機械能力，而且中國已發展了非常複雜的契約和非常有經驗的商業組織，遺憾是，只是，但沒有在那時進行一場工業革命。」〔註53〕譚氏對複雜的契約行事且一成不變的鄉愿（老好人）格式，感到有必要改進、有必要開放、有必要擴展而建言。

7. 西人喜動為常態，文士尚體能，婦女侈遊歷

（1）譚氏好奇西人喜動及他們突出的興致

譚氏以總體經濟為念，抨擊四萬萬之鄉愿以為國，鄉愿治國的積重難返，而必需革新為國效命，知識救國，質疑「保教」亡失，家國如何能保留，譚氏引西人喜動的常態，全球雄霸五洲，即使被調教得溫馴，男女平等，斯文士子們可以崇尚體能培訓，名媛閨秀們可以侈華外出遊歷，譚氏好奇及積極地追蹤西人們的興致。

（2）譚氏的主張與貢獻

A、婦女可侈（鋪張）遊歷，推動婦女（貴婦團）的旅遊

B、長沙組織推開「禁纏足」的序幕

〔註51〕〈仁學自敘〉，《譚嗣同全集》，頁4。

〔註52〕入契，買賣寫入契約。

〔註53〕楊小凱，《發展經濟學：超邊際與邊際分析》（北京：社會科學文獻出版社，2003），頁188。

譚氏尊重婦女，在婦女的議題有多項的開發及討論，其中，《擬湖南不纏足會嫁娶章程》，成立湖南不纏足會，對湖南社會往後的進步有具體影響力。追溯 1898 年 4 月，譚嗣同、梁啟超、唐才常、楊毓麟、黃遵憲等在長沙組織的，提倡禁纏足。

隨著近代西學東漸，纏足束縛戕害女性身心健康的陋俗，有識之士多予關注。清末維新運動時期，「不纏足」的變革內容，為維新派所大力推動。

譚嗣同撰不纏足會嫁娶章程（十條）顯示經營組織的綱領性文件資料，具有行業（或業務）的規範性和組織約束力。有其準則性及憑辦的依據。

C、譚嗣同主張男女同為天地之菁英，應性別平等相均

譚氏的撰著作品表述，從男女平等的文化視角看待纏足，認為用纏足束縛婦女，從根本上講，是來自封建文化造成的男女不平等。在一個浸透著封建陳規腐習的社會裡，學者肯譚氏「於習俗根深蒂固傳統的省區領域之中的倡導運動，是為省區注入一股清新的文明風氣。」

另外，在學會組織的創立，計延年學會、湖南不纏足會、戒鴉片煙學會等，帶有明顯革除封建社會習俗、蘊含提倡資本主義文明的色彩，在移風易俗、改造陋習的機制上，翻轉一些城市的律動，形成了嶄新的風尚。」〔註54〕學會厚植經濟發展的基礎，帶來湖南氣象新。譚訓聰轉述「皮錫瑞對譚氏在倡辦『延年會事』，延年會者勉人起居有節，習作有時，展現律己的關注。」〔註55〕都是正向肯定的佐證事例。

8. 譚氏的「強心」任務與行動創新

譚氏環顧中國境內，哀憫中國將滅亡於靜止不前進，他沈痛自省：因為常被審定為事情無關緊要，上級的不痛不癢頑鈍又無恥，但是他仍然在行動上，以軟硬兼施的方式，或危言聳聽，或謙順勸誘……或大聲疾呼。於行動上，以通商來招攬，以傳教來遊說，以報館、譯書資材來教誨，以學堂、醫院來拯救，從逼到不得已時，為陸海槍礮軍備等來大大地開創新局。但是，中國民眾的反應，有盲然不知不覺的，有凶悍不予顧念的，有整體自開始到結束，都還沒有動靜的。譚氏主張破除靜止不前進的現象，物質實體與精神層面執行佈置定點，與民生日常動態多所結合：於通商，傳教，報刊譯書，拯救靈魂與生命的學堂醫院，槍礮鐵艦的軍事主軸等，予以革新及大創建。

〔註54〕周輝湘，〈湖湘文化的近代化與湖南社會的進步〉，頁 67～72。
〔註55〕譚訓聰，《清譚復生先生嗣同年譜》，頁 49。

感受職場的管理人員不是很冷淡就是很兇悍，未有正面的回應，譚氏很期待官員的活力、主動與回應。

學者的評述「如何強心的任務，是以當時中國境內社會的亂象，人民心力的耗弱冷漠與民心不思振奮。在譚嗣同、康有為、梁啟超、譚嗣同等愛國志士，稟賦了以時代的高瞻遠矚，以深遠敏銳的眼光檢視，在中國幾千年來封建專制的統治，而落得嚴重的禁錮了民眾的思想，在天命君權、三綱五常等封建思想的長期束縛下，多數的民眾被培育成聽天由命的心理及奴隸性（甘心受奴役、受箝制），以致失去獨立自由的意志，對國事、家事、天下事的冷漠、麻木、缺乏熱忱、缺乏動力，以致處於旁觀者冷淡的心態。民心耗弱與民族精神萎靡不振是當時維新派所面對的一個嚴重的社會現實。而且不只是一般民間民眾，職場士大夫階級的知識分子沒有二致。

引進如何『強心』的中心議題，成為維新派思想家亟需迫切解決的要務。」〔註56〕維新人士在扭轉時人的不當觀念，力求務實之學，振興百業來救國救民。

譚氏推崇「以太」的動機，促進日新的變化，真摯誠懇的行動未因旁人反對而停止「夫固未有能遏之者也」〔註57〕譚氏信奉科學濟世，知識救國，信心源源不絕的能量，以太的動機，日新自我革新、主動進德修業，一向如此不會因為外來因素的干擾而有所停止，得自內在力量的奮進。

9. 譚氏宗教熱血澎湃態勢所向無敵不同於老子的寧靜山林

譚氏對待偏離佛法旨趣的九十六外道，以佛家善用動能，普度眾生，善學佛者的特質奮厲而雄強、剛猛且勵精圖治，不同於老子主張的山林寧靜，以善念轉靜即動，境界提升，知識文化重在學，道德修養重在修，使崇尚氣節、講求操守、追求崇高思想境界，始終是中華民族生存、繁衍和不斷發展的內在動力和源泉，善學佛的功夫呈現，擁有宗教的正當性的驅使，寓意青壯年的奮厲雄強剛猛的態勢，熱血澎湃，所向無敵。

〔註56〕姜華，〈試論戊戌時期維新派的『心力』說〉，《求是學刊，紀念戊戌變法一百周年》，1998.05，頁36～39。

〔註57〕〈仁學〉十九，《譚嗣同全集》，頁38。

表 2-3　譚嗣同「平等生萬化」代數方程式（科學運算之道）

甲＝乙	甲＝乙
不×甲｜不×乙＝不×乙｜不×甲	乙＝滅
不×甲＝二不×乙｜不×甲	乘＝不
不×乙＝二不×甲｜不×乙	不×甲＝不×乙
不×甲｜甲＝不×乙｜乙	乙＝不×乙
不×甲＝不×乙｜甲	不
甲＝不×乙｜乙｜不×甲	甲｜乙＝不×乙｜不×甲
乙＝不×甲｜甲｜不×乙	不 → 不
乙｜甲＝不×甲｜不×乙	不×（甲｜乙）＝不×乙｜不×甲
	不×（甲｜乙）＝不×（乙｜甲）
	甲｜乙＝乙｜甲
	甲＝一乙｜甲
	乙＝一甲｜乙

資料來源：整理自譚嗣同〈仁學界說〉十四，《譚嗣同全集》，頁 8。

肆、譚嗣同的心力學

推導中國社經進步的模型，譚氏借以太、電、心力，推動成通達的第一要義，溝通的工具，借以太、電、心力的名義，內化、優化及彰顯天生的資質「借其名以質心力。」〔註58〕對於民眾的一技之長的著墨，以惜時的含義重大，有很大的影響。範例師取（1）治水有功的大禹、（2）東晉名將陶侃搬磚鍛練體魄，上自日理萬機的天子，下至有技術之長的庶民，全民動起來的工作建構圖，都是惜時理想的好榜樣。

譚氏深沈感嘆時間的耗去，狀況豈只從亡國感、與即將到來的亡種感，或只留存於一念之間，他以「儒家」孔子七十而從心所欲，不逾越規矩；「大乘佛教」佛家善財菩薩的例子，善財從平凡人的修煉，完成了發願的功德，修成的證果，獲得「惜時」（機器工業化節省工時）的精義，達到「成佛成聖」，發揮到極致的境界，從其內化的成長發展至極致的元素，不擬向外界去訪求的「極之成佛成聖而莫能外。」〔註59〕惜時（時間）管理係出自內在的驅動力。本研究譚氏藉內生變數（Endogenous Variables）模型，覺察到善財的證果及全民惜時的意象，提出譚氏的經濟成長模式以「內生變數理論」推導社會經濟的進步與成長。

〔註58〕〈仁學界說〉之二，《譚嗣同全集》，頁 6。
〔註59〕〈仁學〉二十四，《譚嗣同全集》，頁 46～47。

一、心力挽劫是道德本體與功夫本事的雙重性格

以心挽劫，譚氏「衝決網羅」對人類社會發展的原因和動力關係是相聯繫的，他主張心力是衝決網羅、普度眾生、拯救民族厄運的根本力量，他借用「心」來改造客觀世界，實踐內在的驅動力，即是人的主體意志。他的覺查及領悟了心源的功能可以超度眾生的苦惱「以心挽劫者」〔註60〕，計劃範圍以救治中國及極強盛的西國的心機，持平以待，譚氏把心力看作社會歷史發展的最大的動力，而對於人類社會演變的動因，當時晚清的黑暗社會處於的狀態，但是見識到西國人外在的機械在製造貨物，而華人內在的製造心機，勸誡華人「劫運心造，可自心解之」〔註61〕「以心挽劫」的靈丹妙藥，就是佛家的願力，即慈悲之心。只要充分發揮慈悲心的作用做到「上下通、中外通、男女內外通、人我通」〔註62〕。學者鄭鳳嬌解釋「可以化解『機心』，譚氏『以心挽劫』心力說，強調個人的主體意志的聚焦，放大個人的主觀精神力量，是一種唯意志論的表現，譚氏企圖用脫胎於佛教的方法挽救人類社會的劫運，也保留了是不是不切實際的幻想。但是，他運用心力來揭露批判封建專制主義，強調人在社會歷史的主體地位，突出個體意志自由和主體創造性，具有反天命論、反獨斷論的思想啟蒙的意義存在，其中蘊藏的啟蒙精神卻體現了時代的要求。譚氏『以心挽劫』可謂對這思潮的響應，一方面稟賦儒家倫理道德的因素，又一方面融入西方近代倫理精神，具有道德本體與功夫本事的雙重性格。」〔註63〕檢核其本體與本事的修習；在客觀方面，心力是以太的精神性的實體，具有形而上的本體意義。在主觀方面，心力是宇宙最具平等之仁，賦予個體的自由意志，具有實現仁的方法意義〈仁學界說〉之七至之十五，〔註64〕共八種樣貌，討論追求平等，溝通（通達）之現象為平等，尊重靈魂、體魄、智慧、業識、智慧仁論、萬物之源唯心力唯知識、仁者的穩健，天下通暢、不生不滅的本體、平等、過去、未來……等多層次樣貌的展現。

心力的彈性，也可善也可惡，其中「機心」為惡，「願力」為善，解救社

〔註60〕〈上歐陽瓣薑師書〉二十二，《譚嗣同全集》，頁316～317。

〔註61〕〈仁學〉四十二，《譚嗣同全集》，頁73。

〔註62〕〈仁學界說〉之四，《譚嗣同全集》，頁6。

〔註63〕鄭鳳嬌，〈論譚嗣同及其《仁學》對蔡和森和救國思想的影響〉《湘潮》，第3期（總第452期），2015，頁326。

〔註64〕〈仁學界說〉，《譚嗣同全集》，頁6～7。

會劫運的「願心」慈悲之心「慈悲為心力之實體。」〔註65〕仁是宇宙個體稟賦的德性，仁是平等的人道主義精神，學者檢測「譚氏以仁的規範和引導心力，把心力引向正確的方向，使心力趨吉利避凶害，而且朝向社會國家有利的方向發展，這樣一種以仁為價值取向的善良意志可以感化他人，淨化道德，發揮個體的意志自由，本質上為善良意志的心力，成為社會進步的動力。」〔註66〕譚氏在治理與教化上的信念，就當時國情的時空，依筆者的檢測與時程表試排，催促的力道與大環境的景況是神聖的任務與挑戰。

二、挽救國家劫運以力學呈現

以力學具體的凹凸力呈現，譚氏屬於利用自己掌握的自然科學來推演社會科學理論的典型，學者黃少卿強調「譚氏推廣的報刊，當時維新派所辦的各種報刊，宣傳自然科學知識的內容佔比較大的比重，譚氏以及組織成員他們深信自然科學知識對人們思考具啟迪作用，利用《湘報》及《湘學報》的專欄刊載，為民眾提供解答新知識熱點問題，介紹西方的人口、民族、政黨、政體、議院、文教、經濟等社會的動態，及科技發展的新知，西方強盛中國落後的癥結的專門課題等，具啟發性與導向性，作比較、分析及附圖說明。譚氏研求專業及面對自然科學，物理力學等主題的鑽研，花費了不少的心力。他推展仁學心力的動因，在時代遭受大難題，所依賴的辦事能力，以力學（凹凸力），挽救劫運，內生變數及干擾變數的變化萬千，併凹凸力（力學）而應用之於譚學領域，以西方自然科學理論致用於社會科學實務的典型。」〔註67〕藉由腦力激盪，研究如何運用了自己內隱的知識，使活化、使外顯，推而廣之，從事精實的實踐事務。

譚氏的心力（凹凸力＝力學）的呈現，從他的科技背景，表述的方式「以力學家凹击力之狀狀之」持以「凹凸力今略舉之，約十有八」〔註68〕對照專業「力學是物理學的一個分支，研究能量和力以及與物體的平衡、變形或運動的關係。」〔註69〕譚氏以最發達和最準確的力學形式來進行他的挽救國運的工程。精髓在愛國主義、變革精神、經世致用、敢為天下之先。請參考表2-4譚嗣同「凹凸力」十八力一覽表。

〔註65〕〈仁學〉四十三，《譚嗣同全集》，頁74。

〔註66〕唐春玉，〈論譚嗣同的仁學創新〉，頁62～28。

〔註67〕黃少卿，〈譚嗣同為何酷愛自然科學〉，頁28～30。

〔註68〕〈仁學〉四十五，《譚嗣同全集》，頁80。

〔註69〕Wight, J. T（魏特）原著，呂譓譯，《圖解力學》（臺北：臺灣商務，1970），頁1～7。

表2-4 譚嗣同「凹凸力」十八力一覽表

1. 曰「永力」，性久不變，如張弓然	10. 曰「韌力」，阻制馳散，如遊絲之節動然。
2. 曰「反力」，忽然全變，如弛弓然	11. 曰「擰力」，兩矯相違，如絞網而成繩然。
3. 曰「攝力」，挽之使近，如右手控弦然	12. 曰「超力」，一瞬即過，如屈鋼條而使躍然。
4. 曰「拒力」，推之使遠，如左手持弓然	13. 曰「鉤力」，逆探至隱，如餌釣魚，時禽時縱然
5. 曰「總力」，能任群重，如槓桿之倚燕然。	14. 曰「激力」，雖異爭起，如風鼓浪，乍生乍滅然。
6. 曰「折力」，能分條段，如尖劈之斜面然。	15. 曰「彈力」，驟起擊壓，無堅不摧，如弩括突矢，突矢貫札然。
7. 曰「轉力」，互易不窮，如滑車然。	16. 曰「決力」，臨機立斷，自殘不恤，如劍鋒直陷，劍身亦折然。
8. 曰「銳力」，曲而能入，如螺絲然	17. 曰「偏力」，不低即昂，不令相平，所以居己於重也，如碓杵然。
9. 曰「速力」，往來飛疾，如鼓琴而弦頂然	18. 曰「平力」，不低不昂，適劑其平，

資料來源：整理自〈仁學〉四十五，《譚嗣同全集》，頁80～81。

　　合併凹凸力（力學）而應用之仁論，譚氏利用自己掌握的自然科學的優勢來推演社會科學的理論，祭出宗教語言，慈悲、親民及打造他精實的救世工程。而營造救世的工程上，譚氏的「惟學計劃」，諄諄勸勉具備兩力，漲力（以除舊）與擠力（以布新）的氣勢與日積月累的功夫，越看好的才智、謀慮、聲氣、生計，展現內外裕如的雄厚，進場榮升不勞請求於旁人，退場榮退不困乏於自己，往上前進在朝廷當官，職場卸下要務歸隱鄉野養老，盛大威儀與恭敬美善，發政施令，朝廷任用正直賢良之士，罷黜奸佞邪媚之人「直舉而措之可也。」〔註70〕的企求，反求諸己，是以有過度膨脹地追求精神力量理想主義的傾向。

　　譚氏的積極為國人導入嶄新的世界觀與方法論，以及與有質感的生活樣貌作結合，通商，傳教，譯書，學堂，醫院等實務的推廣；民生的安全保衛，軍事武器等大幅度創新的設計，是以提升了城市總體意象的榮景。

〔註70〕〈仁學〉四十一，《譚嗣同全集》，頁72。

評述譚氏「以心挽劫」的社經命題，學者「強調主體的自由意志是成就道德的內在動因，以心挽劫，在中國近代社會成長歷史上具有舉足輕重的意義。」〔註71〕有其光彩的正向的意涵。但是，學者評述「提到譚氏『心力說』是存在著嚴重的理論缺陷，就社會的發展逐步最終就是由人的精神意志力量決定的。他們不是在現實物質世界中尋求拯救中國的物質力量，而企圖通過超越人們的『心力』來實現他們的改革目標，有過度膨脹地追求精神力量，把複雜的社會改革問題做了簡單的處理。『心』和『心力』探求科學的認識和理解，崇拜『心力』，神化『自心』，把『心力』看成是純粹的精神實體，是脫離社會存在而又決定社會存在的神秘之物。追溯中國從清朝中葉龔自珍開始，有了這種包袱的壓力，幾代新學家都希望通過發揚個人的主體意識，來建立國民的獨立自主，自尊自立的個性，肅清奴隸隸屬的『心力說』在中國近現代思想史上於外顯、或內隱的有巨大的影響力。譚氏以科學濟世，知識報國，企求掙脫國民思想的長期束縛，整體培養國民身心健康，屬於積極向上的精神面貌。」〔註72〕為國人導入嶄新的世界觀與方法論，積極向上，為他強心任務行動的創新。

三、譚氏貴知貴行的理念

知識濟世的主題，以心挽劫的理念，譚氏對「真知」意義及的優先順序知行說、知行合一，譚氏與人辯論，非難者，以你陳述的意義太清高，既然不能執行，滔滔空談有何益處？優先順序上，是以譚氏第一階段的答覆是注重知識為主題。靈魂主知肢體主行，落實孔子名言「知之為知之，不知為不知，是知也」。至於空間上，行動記憶有限，知識悟性無限；行動估量不如認知精確，而「僻儒（見聞狹隘淺陋的儒士）所患（憂慮）能知而不能行者，非真知也，真知則無不能行矣。」〔註73〕譚氏以真知無敵，在科普知識的社會化（Socialization）、內在化（Internalization）、結合（Combination）、外顯化（Externalization）的運作與成長，譚氏實際作了比較。落實自身的知識基礎，啟動對總體競爭力影響甚大的核心知識，將可有效地移轉個人的知識到組織之中，並擴大個人與組織的知識基礎，進而創造延展出更多的知識文化。知識文化上，肯定貴知貴行的理念。

〔註71〕唐春玉，〈論譚嗣同的仁學創新〉，頁 62～68。
〔註72〕姜華，〈試論戊戌時期維新派的『心力』說〉，頁 36～39。
〔註73〕〈仁學〉四十八，《譚嗣同全集》，頁 88。

四、知行的增能

譚氏務求史官了解自己任務的重要性，知行理念的落實於行政管理，關注史官的知行能力。譚氏的理念，注重典籍記事的徵考，強調史官務必對自己任務的認知。譚氏評斷對兩漢時代的史官的缺失，史官務必運用自己內隱的知識，使活化工作功能、使功能外顯，推而廣之，使精實的行政事務發揮效能。

譚氏批評史官失職於史事的記載，因為史官的愚昧，礙於政治因素而有所顧慮，沒有落實自己的工作任務。首先，譚氏著眼大動亂時期的軍事管理，總軍力的數量，動輒百萬、數十萬的軍力，以有歸順投降的大兵人數的作為估計的基數；其次，譚氏重視技術之長，使用的兵力舉目都是沒有從事過農業的經營的訓練，都是無業游民。憂心軍制狀況，假設有一天，軍隊除役歸鄉退休，需要規劃安置、慰勞、招延，安定及集中的機制，即將操持的治理之術，使有執業技能者的安排，足以自給才不致造成動亂，為當時最大、最艱難的事務與挑戰。

認定史官的工作，對軍隊管理的活動狀態一個字都不提及，史官工作的功能，真的沒有智識之明。譚氏為國政的設想，往前追溯的舊史記事，倘若沒有前朝史料可資徵詢，後代世族勢必無從搜索典故，對後代事務交代，務必慎重明確的堅持。這是一件嚴肅的事，以當年王船山曾經嘗恨以兩漢史官昧於政體引為憾事，舉證史官對自己的任務沒有智識，直接指出將被耽誤的要務，後世如何考證典故「於古既無所徵，後世遂百思不得其故」〔註74〕的介意，主張貴知貴行及強調史官任務的重要性，展現譚氏政事施行的實務作風。譚學精髓在變革精神、經世致用、以及愛國主義以及開創勇敢為天下大事的先行者。

第三節　譚嗣同的宗教經世觀

檢視譚氏宗教經世的任務，內生動力，心力挽劫，推廣孔教（儒家）優勢，傳授有益民生的策略。他肯定歐洲宗教改革的模式，及期許吾甚祝孔教之有路德。為宗教的腦力激盪，建構一個全球文明下的世界國家藍圖，譚氏是保守的自由主義者。學者探討「在譚氏30歲前後接觸基督教（耶教），與傅蘭雅、馬尚德、李提摩太等傳教士交往，從基督教思想引進了一些觀念，仿效基督歌頌、禮讚的形式。譚氏有感家庭壓抑及官場弊端，擬利用宗教元

〔註74〕〈仁學〉四十六，《譚嗣同全集》，頁83。

素來改革社會，教育民眾宗教的思惟。」〔註75〕愛國情懷與宗教思維，譚氏得躋身時代的前列。

壹、宗教元素的界定

譚氏借宗教推導他的理念，佛學元素形象具體，儒學（孔學）出發佛學唯識宗基礎闡發社經改良主義，以耶學（基督教）理念建構全球文明世界國家藍圖，冶中國儒學（孔學）、佛學與西方耶教為一爐。

一、佛學元素形象具體

譚氏本著繼承往昔廣開未來，負有知識份子的使命感，感嘆事務執行不明智、不適宜。他引援西人為例子，指出西方人樂於活動為常態，西方人堅忍不屈不撓的啟動力，源自於耶教的救世心，追溯耶教的救世心，反觀中國孔教也有，佛教元素更是具體，計『威力』『奮迅』『勇猛』『大無畏』『大雄』等原則為效率的法則，擷取獅子外型的形象，言語上要求亨通顯著，修為行止要求大方和諧是共同的景象。

晚清佛學對近代社會思潮的影響，學者以「入世性，批判性，思辨性，寓意性（積存宗教文化的實厚），科學性。等指標」〔註76〕檢測譚氏宗教元素推廣他的革命事業，他感受到變法的重要，變法先要有變法的憑藉，從算學、格致入手。變法的主張，有籌措變法之費、利變法之用、嚴變法之衛、求變法之才等幾個面向進行。而變法當注意者為「善於運用，不可擾民；講求新方，不可落伍；籌足款項，禁止淫祭；留意教育，培養人才。」〔註77〕的原則，推廣經世宗教為社會經濟發展有了安定的力量，企求國家整體的進步。

二、以佛學唯識宗闡發社經改良主義

譚氏撰著作品含濃厚的傳統色彩，學者張灝評述譚「其中心思想大半來自傳統的儒、墨、道及大乘佛教思想；理解大乘佛教傳入中國，強調的無明意識（觀念），像基督教的原罪意識一樣，對生命陰暗面是作正面的彰顯與直接的

〔註75〕張天杰、肖永明，〈譚嗣同仁學與基督教思想〉《世界宗教研究》，2008 年第 4 期，頁 43～50。

〔註76〕摘自周行之，《譚嗣同的「仁學」與佛學》國立成功大學中文系教授專文。〈http://wwwold.hfu.edu.tw/~lbc/BC/4TH/BC0404.HTM〉。檢索日期：2019.04.03。

〔註77〕譚訓聰，《清譚復生先生嗣同年譜》，頁 16～17。

透視。」〔註78〕而大乘佛教的興起，於光緒後期佛教思想在楊文會的大力提倡下，在中國知識份子之間復起，尤其是『唯識宗』引起知識份子相當的研究，對中國傳統文化的內部都造成相當程度的激盪。」〔註79〕破除被誇大的效應，學者王汎森以「譚氏實際的經世精神所在，嗣同以唯識的微生滅（量變）的思想，以佛學唯識論為基礎，建立近代哲學體系的事業在先，後續由章太炎完成。章氏的種姓、轉俗成真思想皆與唯識相關聯，在中國佛學史上，作為社會經濟、政治改良主義的理論依據。而另一位歐陽竟無〔註80〕的『菩薩行』落實為社會經濟、政治改良的實踐動力。」〔註81〕理論思維上呈現了具體的分流，同時，卻是為社會經濟發展上，具有安定的力量。

三、耶學（基督教）理念建構全球文明世界國家藍圖與博愛理想

譚氏從經世的宗教觀，持以內生動力，心力挽劫，推廣孔教（儒家）優勢，傳授有益民生的策略。在歐洲宗教改革模式，期許「吾甚祝孔教之有路德也。」〔註82〕譚氏與宋恕的腦力激盪，學者歸納其「建構一個全球文明下的世界國家藍圖。追求『仁』一種無所不包的至大、至精、至廣、至微的境界。」〔註83〕在一種全球文明的經濟社會，推廣的大公至正的博愛理想。

貳、譚嗣同的宗教思想的演變脈絡

譚氏學思的啟蒙師承佛學導師抨擊顧炎武的名實相反

一、啟蒙的師承與佛學導師

依學者楊一峯評述「以譚氏的時代，可說是中國最不幸的時代，內則內政腐敗，新舊兩黨復互相傾軋，外則外侮日亟，大有岌岌不可終日之勢。」〔註84〕他出身官宦世家，啟蒙師承：第一位塾師畢蒓齋先生、第二位塾師雲南楊先生、第三位塾師韓蓀農先生；少年時期，歐陽中鵠先生，為譚氏師承

〔註78〕張灝，《幽暗意識與民主傳統》（臺北：聯經，2000），頁 22、178。
〔註79〕王樾，《譚嗣同變法思想研究》（臺北：臺灣學生，1990），頁 131。
〔註80〕歐陽竟無，即歐陽漸（1871〜1943），江西宜黃縣人。歐陽漸於 40 歲以後改字竟無。50 歲前後，在南京金陵刻經處，自修成就法相唯識之學，門人弟子及學術界逐次譽其為歐陽竟無大師。
〔註81〕王汎森，《章太炎的思想兼論其對儒學思想的衝擊》（上海：上海人民出版社，2012），頁 41〜42。
〔註82〕〈仁學〉三十，《譚嗣同全集》，頁 55。
〔註83〕顏德如，〈論譚嗣同思想的內在邏輯〉《河北學刊》，2000.05，頁 106〜109。
〔註84〕楊一峯，《譚嗣同》（臺北：中央文物供應社，1959），頁 25。

排序的第四位老師，歐陽師係影響譚氏思想比較關鍵的一位；第五位老師涂啟先〔註85〕第1至第5位師承，屬於算學、格致的領域。

　　與佛學導師結識的因緣，從譚氏《金陵聽說法詩》〔註86〕的表述，佛學理念因緣際會，首位導師為吳雁舟先生（嘉瑞），第二位為楊仁山先生（文會）；光緒22年（1896）6月，譚氏奉父命任「同知候補知府」，〔註87〕學者趙世瑋以「譚氏佛學經世，師誼思想交流雙管齊下，在南京居留，與佛學先進結識，互動語輒有微契，堪感欣慰。」〔註88〕與導師的情誼筆硯切磋，譚氏有感品質精實的成就感。

二、博覽書目清單經世佛學的存菁去蕪

　　從譚氏撰著作品〈仁學界說〉之廿五，顯示他的書目清單，包含王船山〔註89〕（王夫之）、黃梨洲（黃宗羲）之書。在這個階段尚未提及顧炎武。譚氏治學的積極，譚氏推崇黃梨洲的繼往開來，機會並非偶然。對當時顧炎武，與黃宗羲、王夫之齊名，抨擊顧炎武的名實相反，背道而馳，譚氏勇於建言，指出顧炎武的沿襲程朱，而程朱則為荀子的後繼者，充其量君主傳統而已，顧炎武的戀棧⋯⋯「嗚呼，盍亦反其本矣！」〔註90〕顧炎武固然為清學「開山始祖」，開清代樸學風氣，⋯⋯但是，譚氏勇於建言，在指出顧炎武的君統沿革、變易隆古、輾轉攀附戀棧，顧炎武的不思脫其軛⋯⋯表達之中已經帶有—何不衝決網羅（舊有傳統束縛）—的勇氣。

　　彙整譚氏經世目標的管理，譚氏在30至32歲，即光緒20至22年（1894～1896）這三年之中，有兩件事物值得敘述；首件，是思想的感觸：他感到變法的重要，變法先要有變法的憑藉，即從科技精密的算學、格致入手。其次，是落實的執行：變法維新主張，含括「籌變法之費、利變法之用、嚴變

〔註85〕譚與涂啟先（涂大圍）學習，1877年，在瀏陽向涂啟先老師學習中國的典籍，開始接觸算學、格致等自然科學。此後又到蘭州，在他父親譚繼洵的道署中讀書。

〔註86〕〈金陵聽說法詩三首〉，《譚嗣同全集》，頁485。

〔註87〕楊一峯，《譚嗣同》，頁14。譚父早年為嗣同捐一個候補知府官職，嗣同任候補官時（1896年32歲）養心讀書，與俗吏斷絕往來，譚氏自謂：作吏一年無異入山。

〔註88〕趙世瑋，〈譚嗣同師弟關係考辨〉《文與哲》，第16期，2010.06，頁442～481。

〔註89〕王船山，明末清初思想家，與顧炎武、黃宗羲並稱明清三大思想家。

〔註90〕〈仁學〉三十一，《譚嗣同全集》，頁56。

法之衛、求變法之才」，對於「泰西天算、格致、經濟政治、社會歷史之學」努力耕耘。〔註91〕經世宗教（佛學），在華嚴、心宗、相宗的影響。學者趙世瑋稱譚氏是「對佛學要義的有所選擇、有所吸收，來從事他的創造佛學工程。」〔註92〕譚氏在經世佛學的存菁去蕪，藉以創造經世新知，擴大未來行動的可能範疇，對於產學經濟知識的累積，觸發新觀念，開拓救國的大事業的企圖。

參、以佛學推廣經世事業

內生動力，機心為惡，願力為善，譚氏的主張以內生動力來挽救國家的劫運、普照慈悲、體會民眾嚮往（福、祿、壽、喜）、「通之義，以『道通為一』為最撰括（總括、概括）。〔註93〕」內生動力，以印度教及佛教宇宙觀的術語，學者評述「宣導心力挽劫的理念，譚氏導出機械（動力）製造出的產品，中國劫運、西方機械的內與外認定的不相同，心力是可善可惡，機心為惡，願力為善，能解救社會劫運是願心，即慈悲之心。」〔註94〕譚氏觀察今人的機心之根由於疑忌，外來之禍患可以袪除，劫運由內心造成，路徑可以由內在去求解除……「緣劫運既由心造，自可以心解之。」〔註95〕譚氏藉由心靈改革來解除劫運的寄望。擴大了宗教經世濟民宏遠的願景。

譚氏為戊戌維新殺身成仁的革命先烈，依學者王樾的條理「在譚氏殉難的前一年，撰著完成，蘊含『精探性天之大原』，矯正中國『數千年之禍象』、『掃蕩桎梏，衝決網羅』，救國圖存，實現民主，乃至『全球之治』的《仁學》，及「譚氏壯烈殉國之後，《仁學》最初發表的重要園地，是梁啟超在日本橫濱發行之《清議報》。譚學的思想體系將科學、宗教、政經科學，冶為一爐，而更使適於人生之用。」

從晚清佛學與近代社會思潮描述的特徵為「有入世性，揚棄出世思想，形成當時『經世宗教（佛學）』；審視社會評價現實批判性；專注於孔教、佛教、耶教的哲學性及衍變流程的思辨性，最終『變不同，同於平等』的追求；典故寓意性，譚氏的『虛空、以太』；以己意進退佛說的產物，為社經革命添置了

〔註91〕楊一峯，《譚嗣同》，頁14～15。
〔註92〕趙世瑋，〈譚嗣同師弟關係考辨〉，頁481。
〔註93〕道通為一，〈仁學界說〉之三，《譚嗣同全集》，頁6。
〔註94〕唐春玉，〈論譚嗣同的仁學創新〉，頁62～68。
〔註95〕〈仁學〉四十二，《譚嗣同全集》，頁73。

戒刀和禪杖等的工具利用及人物傳說的元素；」〔註96〕始於精探性天大原，矯正國家數千年禍象的路徑，成於變不同，同於平等的追求，宗教寓意及科學素養，譚學種種的思惟條理秩序井然。

一、黏合論新人新物的寄望

譚氏以宗教的智慧討論「黏合理論」，企求人類的往生之後，有新人、新物而展現新的風貌，譚氏引進孔子論生死，主張『不生不滅』的智慧（精靈），以化學、醫學專家的角度分析人體，概念由幾種營養物質組成；質點黏合成人，對人的往生，因為破舊而分散解體可以捨棄，但是，仍然還有質量不滅，還原等運作，有其組織與目的，成就了新人、新物的寄望，展現新的風貌「復他有所黏合而成新人新物。生固非生，滅亦非滅。」〔註97〕譚氏的物質觀念，還原與運作，企求經過洗禮，品質有所提升及改造。

二、宗教的運作

學者賴建誠講述「宗教的社會演化，視宗教為一種『社會器官』（social organism），因為宗教代表一種集體心靈（group minds），是一種軟體，是一種社會器官，協助整個有機體運作，在物競天擇的過程中勝出，但是並不是所有的組織都對社會的演化有助益，而宗教是具有一種善性的社會黏著劑，在共同的信仰的教義下，能把原本四散的善能量，集合成有組織有目的、及有向上力的團體。採用的方式，大多數的情況下，不需要公共財的資助就能有效運作，在市場與政府同時失靈時，宗教的力量顯得特別耀眼。」〔註98〕在宗教競爭的善能量，如果適時的釋出，是有益於社會全體的運作，如同譚氏的黏合理論，捨棄破舊，還原有機、質量不滅的運作，成就新人、新物的寄望，學者賴建誠補充了有組織、有目的，及有向上力的善能量，所以，社會經濟的生命展現了新的面貌。相信靈魂（智慧）與慈悲為懷及生死豁達，譚氏探求體魄內隱的智慧精靈，工序嚴謹，雖然無法親眼目睹生與死（滅）的景象，引述莊子處理生死的智慧，這是學習入聖境界的基石，張橫渠的『太和』說、王船山論說一聖人死，其氣分為眾賢人，徘徊耶教的靈魂（永生）；佛教的輪迴（死此生彼）。

〔註96〕王樾，《譚嗣同變法思想研究》，頁35。《仁學》寫作期，自光緒22年（1896）陰曆七月同年陰曆十二月成書／西元1896年8月至1897年1月。

〔註97〕〈仁學〉十三，《譚嗣同全集》，頁24。

〔註98〕賴建誠、蘇鵬元，《教堂經濟學：宗教史上的競爭策略》（臺北：貓頭鷹出版社，2017），頁282～283。

存疑儒學孔子沒有這類資料典故的失傳。書冊式的圖書資料《繫易》知曉鬼神的情狀，及輔以外國的例證（英國人士韋廉臣）的代表作《古教彙參》內容是龐雜深奧，保留內文的精微及蘊含文義的灰色地帶；目標的落定於公理相同有二個範例：一稱為慈悲，一稱為靈魂。敘及慈悲靈魂，兩者的相輔相成，於進程次序得以運行。

從地球科學延展到宗教理論，譚氏相信靈魂智慧與慈悲為懷。醒悟佛教果報輪迴，內隱條件靈魂慈悲體現的續曲，譚氏醒悟靈魂慈悲，破除對死亡擔憂，慎戒身修俟天命，輪迴果報，譚氏觀察靈魂與慈悲共進，輾轉天堂、地獄之間；趨吉避凶，於佛性，於道力不足，任由世事險阻的期望。以中國禮俗於畏、壓、溺的三不弔的告誡，愈死且愈生（以創造力破除對死亡擔憂）及勉力修身（君子安心處在平易的地位，等候天命的到來）肯定輪迴因果報應諸說。西學與中學對譚氏的智慧各有所啟發。

三、輪迴因果報應的認同

明瞭天堂地獄之分，西方與國人的比較，對譚氏的條例了然於心，沒有詭辭欺世，不放縱及要自我遷善兢惕，成仁取義，而不再恐懼，此生來生，袪除國人好生惡死的觀念，覺悟西方人武力訴求的槍砲（船堅砲利）與居心，袪除民眾的困惑，以善報惡報的定義操作，譚氏表現是以創興而盛行實務的作風。

譚氏的今生來生理論，今生來生同為一個我的前塵往事，佛教的無始劫，耶教的末日審判，檢討道力不足之人容易被憤怒所刺激，從好生惡死轉念為惡生好死，掙扎於業力所糾纏，追求功力層次的救濟。提及不宜弔祭的事項，對照修身君子居易以俟命，即君子安心處在平易的地位，等候天命的到來，小人卻是冒險去妄求非份的利益，確認輪迴因果報應「而輪迴因果報應諸說所以窮古今無可詘（同「屈」委屈）焉。」[註99]通過科學知識的自信，審視內在，超越政經、倫理的層次，含括仁者的愛人求道力，耶學的審判，佛學的融會無始劫，譚學遵循的邏輯，統攝儒學、佛學、耶學，熔為一爐的人生體系。於輪迴因果報應經營理念的胸襟坦蕩蕩。

四、生民同於平等境界

譚氏追求宗教境界的理想，企求生民同於平等的境界，領會佛教、孔教、

[註99]　〈仁學〉十三，《譚嗣同全集》，頁23～25。

耶教的教義，對佛教的未來及挑戰，主張籠眾教合一，培植兼容連貫的實力，祈使教（或作變）所適宜，窮極地球之上所有的群教群經、諸子百家，名理建構，格致落實「無不異量而兼容，殊條而共貫。」〔註100〕兼容並蓄的空間彈性，條件特殊脈絡共同連貫，生命共同體的榮辱與共，福禍相倚。請參考表2-5譚嗣同觀察西方、東方宗教知識異同表。

譚氏倡議孔教可偏治全球的建言「孔教何嘗不可偏治地球哉」〔註101〕的主張，三教猶如行星的軌道順序，佛教出生最先，其次孔教，其次耶教，對於感受耶教推廣已昌明，孔教引以為繼續傳承，審視佛教仍晦盲在衍變，其中的變異，三種教程的殊途「其差如此，而其變不平等教平等則同」〔註102〕而企求最終平等的同歸。

體會國人目光的侷限，譚氏以一種「愛真能助」的心情，不願意在舊社會中的隨波逐流以超然的自適，疏導國人切莫流於目光短淺又畫地自限的愚昧。人生短暫數十年，心光的投射，雖然經過萬百年的變遷，「仍走不出男女、貨利、名位的網籠」〔註103〕大眾蒼生受人（君主制度）玩弄的景況，令他很為悲傷之餘，進言激勵國人需克服遭逢瓶頸的階段，力圖振作。

表2-5　譚嗣同觀察西方、東方宗教知識異同表

編號	西　　方	中國（東方）
1	靈魂	慈悲
2	耶說：靈魂永生	佛說：輪迴（中國山海經：靈魂不死說）
3	讀物《古教彙參》雜陳東西古今之教	讀物《繫易》原始反終，故知死生之說，精氣為物，游魂為變，是故知鬼神之情狀
4	科學 v.s 宗教	哲學 v.s 宗教
5	耶曰：末日審判	佛說：無始劫之事、輪迴因果報應

資料來源：整理自〈仁學〉十三，《譚嗣同全集》，頁23～25。

〔註100〕〈仁學〉三十九，《譚嗣同全集》，頁68。
〔註101〕〈仁學〉四十，《譚嗣同全集》，頁69。譚氏指望孔教的推行。表明孔教的時空，全國士、農、工、商階級的機會平等。
〔註102〕〈仁學〉二十七，《譚嗣同全集》，頁50。
〔註103〕〈仁學〉十三，《譚嗣同全集》，頁24。

肆、推廣孔教的優勢

孔教的拓展地球之治，翻轉國人陰柔、沈悶個性為陽光活力動能，洋人來華列強的盤算，湖南長沙民智開啟，建言執政當權及時省思。

一、孔教的拓展地球之治

譚氏的建言，孔教可偏治地球，他觀察中國與其他國家不同的情形，其它宗教都嚴謹地事奉其一教之主，俾定於一尊，中國民眾的嚮往智、喜、祿、壽、福的景象，求智慧、求子嗣，財祿、長壽、醫療，道德信念統一，風俗相同。指出「中國則不然，府廳州縣雖立孔子廟，惟官中學中人，乃得祀之；至不堪，亦必納數十金鬻一國子監生（太學生），始賴以駿奔執事於其間」……令鄉野老農夫們無法參與的情況「徘徊觀望於門牆之外，既不睹禮樂之聲容，復不識何所為而祭之，而已獨不得一與其盛」徒讓老農夫們心中納悶「孔子廟，一勢利場而已矣」〔註104〕指望孔教將如何推行。表明在孔教的時空，士、農、工、商的機會平等。

如果消費者僅需要從徒具形式的需求，供給方也就會創造徒具形式的商品，來繳費捐金；……將金錢的世俗性格，做了神聖性的轉化，使信徒們得以藉著金錢譚氏的質疑，如同學者鍾文榮指出「信仰是經濟上交換的關係，從市場經濟來看，如果消費者僅需要方從徒具形式的需求，供給方也就會創造徒具形式的商品，來繳費捐金；……將金錢的世俗性格，做了神聖性的轉化，使信徒們得以藉著金錢奉獻行為確證自己的宗教虔信度。」〔註105〕是以，譚氏引捐贈（金錢）的世俗性格做了神聖性轉化，列為追究的必要性，宗教的裡層實質意義並未進入民心，而表層以商品形式化、儀式化的供給。對於宗教的神聖意義表裡合一的探求。

二、翻轉國人陰柔、沈悶個性為陽光活力動能

譚氏十分有感來自西教表象明顯的壓力，西教西人的讚揚方式具體表述，形之於外，及取代教誨中國儒學的表態，孔教統治層層的關卡，中國人孔教的豐盛，儒學為孔教的一端，但是中國人的個性太過陰柔、太過沈悶，依譚氏的觀得：西方人具體的形之於外的現況，包括尊奉耶穌的虔敬，耶教

〔註104〕〈仁學〉四十，《譚嗣同全集》，頁70。
〔註105〕鍾文榮，《拜拜經濟學：有拜有保庇，大廟小廟香火盛背後的經濟性與趣味性》（臺北：時報文化，2014），頁050～075。

徒們群體榮耀歸功於救主耶穌的榮美，領會他們的宣告與揚頌，具體而且有績效。

譚氏指出儒教一路的萎靡，孔教（儒教）始終沒有思慮要教育人民的反省，自漢朝之後，孔教的領域、功能已逐次被佛教擴散，而耶教擬取代儒教的地位，具體的表態，展現的野心，堂而爍之地宣告可取代教育民眾等作為，譚氏已預防及揭示，提醒民眾耶者越俎代庖的來者不善。

三、體認洋人來華列強的盤算

當年的湖南士紳皮錫瑞已體認為洋人來華的目的在通商與傳教，所以製求抵拒的辦法，在西人的講求商務，弘宣聖教，以及列強在各地強開租界和劃分勢力範圍的舉動，對湖南士紳已造成了極大的現實壓力。說要以自己講求商務，發展自己的商業來抵制外商的經濟侵略，以廣開學會，宣揚孔教，使國人都信服自己的聖教強於西方的宗教，來抵制外教的宗教侵略。而要講求商務，宣揚聖教，關鍵在於變法。由此可見，維新派的「抵拒之法」實際上就是通過變法，達到自強的目的，以抵禦列強的商品侵略和宗教侵略。

作為中國的知識分子譚氏對孔教充滿信心，學者探討「他在研究了基督教，提出儒學需要更宗教化，要運用基督教的傳教方式來傳播孔教，還寄語要像基督教的宗教改革一樣，澈底改革孔教，推動孔教何嘗不可偏治理地球，譚氏引用述「基督教傳教士的活躍及動能的用心。」〔註106〕譚氏極愛國情懷致力提升版的孔教的推廣。

四、湖南長沙地區民智開啟的耕耘

學者彭平一指出當時在湖南自保與文明排外策略，對「當時，湖南長沙維新派士紳認為：『亂民』與『愚民』相關。因此，除非要武力消弭內亂，還要消除『亂民』之心，然後要開啟民智；要使民眾不再『仇洋鬧教』，並懂得『交涉公理』，更要開啟民眾的智慧。維新派士紳花了很大的功夫放在開啟民智，開放民風之上。

另外在「南學會」的集會演講活動之中，皮錫瑞，譚嗣同等都耐心勸導紳士不要『打教』，這實際上就是開啟民智的方法之一。維新派提名以立學堂，開創學會，籌辦報紙來啟迪民智，尤其是啟迪民智，皮錫瑞認為『中國之患，在上、下之情不通……不相通則相疑，上憲苦心為民，而民不信』。欲『求通

〔註106〕張天杰、肖永明，〈譚嗣同仁學與基督教思想〉，頁43～50。

官民之情，端賴紳士之力，所望諸君子讀書明理，深觀今日時局，有不能不變之勢，將一切利害得失，詳悉曉導『愚民』，庶使可與樂成，難與慮始者，不致滋擾生事。』〔註107〕按經過的事例，啟迪民智，集結紳力，學者以「譚氏選擇仕紳階級作為社會的中堅，有計劃地培育紳權，消極地以防列強瓜分，積極可伸張民權。」〔註108〕知識與宗教的結合，譚氏與唐才常行政團隊苦心經營，堅持達成維新自強的目的。

五、中國民心太渙散建言執政當權及時要省思

譚氏關注全民生活的動靜與作息習性，才得迎合其時機及因勢利導的指向而中國民心太渙散「饑者易為食，渴者易為飲」〔註109〕的痛處，執政當局仍然不考慮有所作為之餘，譚氏感慨民眾的沒有被教育的遺憾，民眾悲苦，無所系屬，又豈止又愚又賤沒有被教育的狀況。只要哪位狂妄之人所倡導地處偏遠風俗鄙陋的教派，民眾都手足伏地爬行去投靠跟從，譚氏對國人的生涯教育歷程，遭受沒有教育的規劃，民眾落得又愚又賤的下場。寄語執政當權及時要省思的建言。

主張心力得以發展最大，開發格致、化電、醫學、算學、治理等各學科學門學習的興盛與遭受的困難度，譚氏的努力積進，勸誡世人切莫自我設限、自我阻隔切莫因畏難而偷安，切莫因為防止危害而不興利，迴避不當的學習西法，以全盤大局為願景，切勿以「頭痛當醫頭，腹痛當醫腹」的局部被動的應付，藉願力講求以胸懷氣度，以言服人，推廣救世的大愛，發揮宗教的蘊含的「慈悲（慈是與一切眾生樂；悲是拔眾生苦）為心力之實體。」〔註110〕譚氏指出局部被動的應付為病態，優質建構，整備精實，以總體為念。

譚氏肯定歐洲宗教改革模式，關注耶教的起源，不恥羅馬教皇的私天下控制人民的作為，期許甚祝孔教之有路德，觀察王室的儀節及宗教改革的模式，從耶教之亡，反觀孔教，激發譚氏誠心的祝福，祝福孔教改革運動有路德人士出現的心聲「吾甚祝孔教之有路德也。」〔註111〕譚氏對孔教的推廣的潛在動力，改革的動力，多所祝福與期待。

〔註107〕彭平一、馬田，〈論湖南維新運動中的『湖南自保』和『文明排外』策略①〉《湖南工業大學學報（社科版）》，第16卷第1期，2011.02，頁116～119。
〔註108〕王樾，《譚嗣同變法思想研究》，頁117。
〔註109〕〈仁學〉四十，《譚嗣同全集》，頁71。
〔註110〕〈仁學〉四十三，《譚嗣同全集》，頁74。
〔註111〕〈仁學〉三十，《譚嗣同全集》，頁55。

伍、譚嗣同與宋恕的經世理念

一、中國的馬丁路德宋恕的自許

在改革上，晚清中國孔教改革者的出現，宋恕〔註112〕自許為中國的馬丁路德，學者胡珠生以譚氏及宋恕的「托孔子之古，進行變法。」〔註113〕借宋恕的復教說〔註114〕王汎森評述「托孔子之古，進行變法，落在佛教上，造就譚嗣同的烈士精神。」

落在政治上，造就章炳麟的反滿革命。落在學術上，造就儒學的近代復興。」〔註115〕譚氏、宋恕他們共同理念，在變法志士發現強權政治原理阻礙社會經濟的溝通。重建社會經濟的溝通，實現人們在社會經濟中的價值就成了要求變法的出發點。宋恕說：「『通明為聖』，古訓也。周朝以前所稱之『聖人』與周朝以後所稱之『通人』」〔註116〕。宋是以他自己定義的「通人」自居的。他認為「惡者恒懼風俗之趨於通，必曲為『通不如陋』之說，託之義理以阻通力。而善者多為其所愚，亦群附和之，以為通不如陋，至死不悟。於是阻力盛而通力微，萬古長夜，哀莫大於是矣！」〔註117〕看出了阻力與通力相互擠壓的空間，宋恕自稱通人，表達改造的志向。

二、溝通與共識的建立

主張建立溝通的共識，打通社會與政治之間的溝通障礙正是清末變法家的共識。即為譚氏撰著作品之一的《仁學》所反映的主題，以「仁以通為第一義」，而通的四層含義「中外通；上下通；男女內外通；人我通。」〔註118〕對中國社會內部的溝通的障礙，堵塞了中國與世界的溝通管道，因此，主張要建

〔註112〕 宋恕（1862～1910），即宋衡，近代啟蒙思想家，與陳黻宸、陳虬並稱「浙東三傑」。家有良田二千畝，宅旁有花園、假山，號稱萬全（地方）首富。自幼資質穎異，有神童之譽。浙江瑞安／孫鏘（1856～1932）賞識宋恕的才華，將愛女許配為婚姻。孫鏘與宋恕係岳婿的關係。

〔註113〕 胡珠生，《宋恕集》，頁 2。

〔註114〕 宋恕「復教說」是以西方宗教革命為參照並把日本儒家古學派作為奧援／有力而可靠的後援，宋恕將日本視為東亞王道的中心從而翻新了東亞的國際道德。這樣，通過重建傳統中國的國際道德，宋恕獲得了推動變法的雙重主體。

〔註115〕 王汎森，《章太炎的思想兼論其對儒學思想的衝擊》，頁 42～43。

〔註116〕 胡珠生，《宋恕集》，頁 502。

〔註117〕 胡珠生，《宋恕集》，頁 69～79。

〔註118〕 〈仁學界說〉之四，《譚嗣同全集》，頁 6。

立「通學」、「通政」、「通教」、「通商」的世界。〔註119〕這個「通」意味著文明的對話與文明的功能互補，指向文明融合全球的秩序。

三、東洋學者以譚氏仁學主張是十九世紀末中國的人權宣言

關注民權拓展與民治思想及推動經濟的發展，日本學者島田氏認為《仁學》是「明明白白的革命思想」。〔註120〕《仁學》是十九世紀末中國的人權宣言，抨擊君權，關注民權改良舊法的防患於未然，自救要靠「自心」的主張，彰顯的功能所在是預防非分阻止罪惡。

有論者表示譚撰著作品之《仁學》是十九世紀末中國的人權宣言。〔註121〕譚氏已認識到民權觀念是當時的國際道德與君權制度不能相容，廢除婦女纏足的政策「纏足之酷毒，尤殺機之暴著者也。」〔註122〕及對專制政治下的人民只是國家安全的被動主體「民與國已分為二，吾不知除民之外，國果何有？」〔註123〕他們看到人民們沒有享受國民的待遇，而要人民們愛國，實是要人民們服從以保國為名的君主權威。「民」與「國」二元對立的公式，抨擊君權「君主之禍，所以烈矣。」〔註124〕中國沿襲君主制正面交鋒，譚氏留下民權與政治實現的課題，關注民權，拓展的民治思想，後續以民權帶動經濟發展的願景。譚嗣同與宋恕一脈相承民權的觀念，從宗教路徑上，改良舊法持以研讀「於佛學當通華嚴及心宗相宗之書。」〔註125〕，這是譚氏的基本思路之一；至於，章太炎的革命思想是從中觀經《起信論》再向唯識的轉變中產生出來的。章太炎的自救要靠「自心」的主張，這個論調與譚嗣同、宋恕是一脈相承的。大乘佛教的興起，在光緒後期，在楊文會大力提倡下，在中國知識份子復起，學者王樾強調：「尤其『唯識宗』引起知識份子相當的研究，對中國傳統文化的內部都造成相當程度的激盪。」〔註126〕而探討心法戒體的觀點，是在精神上構成一種預防非分阻止罪惡的功能之一。

〔註119〕〈仁學〉四十一，《譚嗣同全集》，頁 71。
〔註120〕參見島田虔次，《中國革命の先驅者たち》（東京：筑摩書房，1965），頁 222。
〔註121〕參見譚嗣同著、吳海蘭評注《仁學》（北京：華夏出版社，2002），「評介」頁 11。
〔註122〕〈仁學〉十，《譚嗣同全集》，頁 18。
〔註123〕〈仁學〉三十二，《譚嗣同全集》，頁 58。
〔註124〕〈仁學〉三十六，《譚嗣同全集》，頁 65。
〔註125〕〈仁學界說〉二十五，《譚嗣同全集》，頁 9。
〔註126〕王樾，《譚嗣同變法思想研究》，頁 131。

譚氏的變法從改變為西服為開始，意味要改變中國禮俗，追溯譚嗣同的反名教思想自是來源於甲午戰爭的衝擊，依他的感知，體認到戰爭背後的法源。譚氏完全贊成宋恕變法「必自易西服始」〔註127〕主張並進一步把「易西服」與反君主制結合起來。師取日本政風，譚氏認為君主制是落實在繁重的禮俗上的「亟當效法者，莫如日本。」〔註128〕改變西服是要改禮俗的意涵，改變禮俗則是向君權制度宣戰的表徵。譚學君主制是落實具體效法，正向擷取日本的規格。

四、潔治心源的活水源頭
（一）超度世人的氣度弘大

譚氏以救人為事業和功績，佛法救國潔治心源累積功力消解權力欲，潔治心源推廣宗教救國，佛教濟世，認為「心源一潔，眾生皆潔。」〔註129〕潔治心源的源頭活水，講究源頭，從個人的良知良能轉向集體的良知良能，譚氏主張靠佛教的倫理可以達成的信念。執行的方式需要累積的功力，譚氏積極又熱心，很具體地以金錢、以行動作為比喻，是可以達成計劃的，因為毅力與信念的鍥而不捨，質與量並重，追究程度的慎重，經世宗教的執行力，具體而且非常精微超度世人的氣度弘大「度人者勿以善小而勿為可矣。」〔註130〕講求日積月累的功夫。

（二）保守的自由主義者，推動傳統中國向近代化翻轉

學者以「譚嗣同、宋恕的變法家類型既非保守的傳統主義者，又非激進的反傳統主義者，是沿著孔子的理路，在汲取傳統資源，著力於變法的氛圍，是保守的自由主義者。推動傳統中國向近代轉變。譚氏的良知觀念具有全球倫理高度的東亞國際道德，內在倫理生命的『複生』。感受到來自內在、外在的雙重暴力，走上皈依佛教倫理，剔除專制實現自我更新之道。」認同「譚嗣同、宋恕是基於儒家傳統的秩序預設，主張『地球之治也，以有天下而無國也』〔註131〕預言西方列強將受到的政治衝擊，以世界法取代國際法。」強調「在譚嗣同與宋恕所構想『全球文明下的世界國家藍圖』。這一藍圖是變法

〔註127〕 胡珠生，《宋恕集》，頁502。
〔註128〕 〈仁學〉三十四，《譚嗣同全集》，頁61。
〔註129〕 〈仁學〉四十九，《譚嗣同全集》，頁88～89。
〔註130〕 〈仁學〉四十九，《譚嗣同全集》，頁88～89。
〔註131〕 〈仁學〉四十七，《譚嗣同全集》，頁85。

的指導原理。在沒有人權保障的國度，獲得權力是一種自我保障的方式。

譚氏肯定法國的民主改革運動，對君主之禍的抨擊，強調禮義之邦的品質，宋明朝代某些迂腐的儒家思想，譚氏對朝鮮的心態，朝鮮係中國傳統漢武帝東征朝鮮時代的思維以「朝鮮〔註132〕乃地球上最愚闇之國，而亦為是言」〔註133〕君權制度成為禍害，普世眾生無人可以承受。比照「釜底抽薪」的說法，係從源頭斷絕。學者楊際開以「佛法扮演消解了對人性內在中權力欲的重要角色」〔註134〕，在開導民眾從內在的消解權力欲，潔淨心靈與平和，獲致安穩，企求安定中求進步，社會富強繁榮，百姓的安居樂業。

佛法普度眾生，超度眾生的理想，譚氏撰著《仁學》下卷末篇，譚氏自勉，即使為維新改革當時的種種挑戰而犧牲，譚氏對未來的嚮往，描繪超度眾生的理想輪廓，佛系言語超度全體眾生「又說『卒無有一眾生得滅度』者，亦盡亦不盡也。」〔註135〕譚氏思想屬於實用主義傾向，發揮極致無所不包的境界，譚氏調和整體眾生與佛緣的增減，均衡事物的考量及接受度上限下限區間的規範，以及功利倫理，譚訓聰整理了長輩的遺書（條例要點），變法當注意事項：「善於運用規則，不可擾民，及講求新方，不可落伍。」〔註136〕有其操作的正當性及依循的規範，異中求同，不違害全民、不強制及尊重的空間，具實用主義傾向：「天下之勢，其猶川之決乎。一逝而萬古不合，此《易》之所以始乾而終未濟〔註137〕也。」〔註138〕譚氏深深的感嘆，人生自始，剛健奮發，自強不息，最後難免，不圓滿之處；世間的流轉，客觀的事實，祈願依然遍地充滿佛法的境界。

〔註132〕 古朝鮮歷史，從公元前 194 年衛滿推翻古朝鮮准王建立衛滿朝鮮。公元前 109 年，中國漢武帝東征朝鮮，設立漢四郡。直到九世紀末統一新羅分裂，有高句麗、後新羅和後百濟。

〔註133〕〈仁學〉三十四，《譚嗣同全集》，頁 60～61。

〔註134〕楊際開，〈晚清變法思想中的漢學與佛學（下）〉《二十一世紀——網絡版》，2004.12 號，總第 33 期（2004.12.31）。楊際開係杭州師範大學國學院專任研究員。

〔註135〕〈仁學〉五十，《譚嗣同全集》，頁 89～90。

〔註136〕譚訓聰，《清譚復生先生嗣同年譜》，頁 16～17。

〔註137〕天道忌盈，卦終未濟，人人對於事情都想求得美滿的結果，若能夠不用盡全力，留下幾分餘地，則造物者也不會加害。摘自聖印法師著〈日日日出——菜根譚的智慧 I〉《七葉佛教書舍》，網路《奇摩知識》。檢索日期：2019.11.07。

〔註138〕〈仁學〉五十，《譚嗣同全集》，頁 89～90。

陸、譚學銜接《唯識論》的濟世精神

一、以佛學獨幸運的信念熱忱推動經世事業

依譚氏的宇宙觀和生命觀，格物致知，正心誠意，培養本心，經歷人心轉化成道心的過程，提升人的心靈境界，在這種心靈境界的燭照下，宇宙變成萬物一體的渾然之全，而個人的生命也就融化在宇宙的渾然之全，發揮這種宇宙觀和生命觀，也受到某些儒家以外的思想的影響，在譚氏撰著的作品之中，有時把的人心與道心的區別和基督教的肉體與靈魂的區別混為一談。與楊仁山研究佛學，在大乘佛學的強烈影響下，儒、佛在「心學」的會通。對大乘相宗的「轉識成智」，經琢磨其天真，漓濾其本樸，及吸納了精華，救贖世人。排序中國歷史，君統（據亂世）、天統（升平世）到元統（太平世）領略「惟佛獨幸，……故得畢伸其大同之說於太平之世而為元統也。」〔註139〕持以佛學獨幸運的信念與熱忱來推導他的經世事業。

譚氏的宗教元素是有所選擇、吸收，從事他救世創造工程的構架為特徵。佛家世界，闡明劫難、慈悲、民眾的嚮往（福、祿、壽、喜）、以心力最大、道通為一為理想境界；佛、孔、耶各教的亮點，就他的認知，努力分析，流程自初始，排列優先順序結合天文科學的表述，以行星的序列，佛排列最先，孔教次之，耶教又次之；對於耶教推廣興盛昌明，孔教接力引進同樣到位，質問佛教仍然晦盲幽暗愚昧一如往日，從衍變中的流程分析差異，最終追求「變不同，同於平等」的實現。

譚氏呼籲國人的心理建設，宣導當上位的民權及庶民的全民教育，共謀中國富強的大計。企求孔教革命，祝福路德人物的出現。一再勉勵，面對改革的種種挑戰，譚氏對未來寄予無限生機的嚮往，充滿了生命力。融合了中國元素俠的衝決叛逆，墨的博愛平等，儒的道德理想、濟世精神裡混合佛的慈悲、救世情懷蘊含強烈的批判意識。

二、與唯識宗關係密切

譚氏與唯識宗的關係密切，學者王泛森指出「譚氏以佛學唯識論為基礎，建立近代哲學體系的事業，傳承由章太炎完成。章太炎的種姓及轉俗成真思想皆與唯識相關聯，在中國佛學史上，唯識一支的暢盛動態，有其轉折成長的歷程，譚氏以唯識的微生滅（量變）的思想作為社會政治改良主義的理論依據，

〔註139〕〈仁學〉二十八，《譚嗣同全集》，頁52。

歐陽竟無發揮『菩薩行』作為社會政治改良的實踐動力，以佛學系統運作，回歸西方科學元素「乃以太中自有之微生滅也。」〔註140〕的理論奉行於世。章太炎改造成革命宗教，維繫行動者的革命道德，以及唯識建構人的體感，眼見、耳聞、鼻嗅、舌嘗、身觸之外，加上「心思，轉業識而成智慧」企求「真理出，斯對待不破以自破。」〔註141〕學者「以譚氏在奮力追求真理的後續，推展出個體主義與相對主義的色彩」〔註142〕，章太炎、歐陽竟無的分流系統，譚氏在宗教經世的學理上，銜接並拓展了新功能的運行。

三、還給中國近代思想彗星學術的空間

依學者評述「譚氏在中國近代思想史上，被梁啟超稱為『思想界一彗星』的譚嗣同，莫被革命的光環遮掩，被後世的研究者難以避開革命的慣性；譚氏博雜的思想，對他思想的真面目罩上一層面紗；從學術角度看，學界關注譚氏撰著作品《仁學》的研究，忽略他的思想發展的前後的邏輯與演變脈絡。建議重新構築其價值中心的基石；譚氏的企求訴諸於變革，調整現有的儒教體系，平衡權威的內在緊張。譚氏外顯無意於翻轉整個社會。實質上，譚氏思想為實用主義的傾向，他壓制著其高遠的烏托邦精神。」以及「並非表明他擬假借儒家的核心概念『仁』來發揮儒家思想的功利倫理；而是相反的，他研究『仁』的呈現，蘊含一種無所不包的至大、至精、至廣、至微的境界。」〔註143〕探析譚氏從科學的研究精神，協同創新，日新、恆動的元素，把仁、通有機整體的運作；對譚氏而言，仁論是一種驅動和生成的宇宙力和進化的趨勢，通論則臻至精、廣、微及發揮到博大精深的境界，通商理念是以仁為成本，此與彼的拿捏，得出到最大的效能為他的訴求。

晚清民國時期是中國社會由古代形態向現代形態轉化的過渡階段，譚氏以科學「以太」元素與中國哲學「仁」交相比附，建構新譚學的體系，以中國維新派變革的理想，西方科學對他們實際影響力。譚氏從醫學、化學的角度，對還原質點的黏合理論，期望有機體塑造的新人、新物、新風貌。從地球科學延展到宗教科學，相信靈魂（智慧）與慈悲為懷及生死豁達，譚氏科學研究的精神，他思想的特質是理想高遠，在知識上對科學有很強的信心，而邏輯是統

〔註140〕〈仁學〉十五，《譚嗣同全集》，頁28。
〔註141〕〈仁學〉十七，《譚嗣同全集》，頁34。
〔註142〕王汎森，《章太炎的思想兼論其對儒學思想的衝擊》，頁41～42。
〔註143〕顏德如，〈論譚嗣同思想的內在邏輯〉，頁106～109。

攝了儒、佛、耶，熔為一爐的人生體系。

譚氏持「日新，以太之動機」〔註144〕，君子「恆動」的元素，深根在儒家及新儒家的宇宙論之中，對照譚氏的思想，在傳統中國倒很少出現的「動」與「新」，這是活水源頭，策勵的活力；更重要的，譚氏與西方的機緣，將西方在近代世界位居的主宰地位，歸因於有這種活力、願力與心力的存在。走過經世粹勵的來時路，譚氏感嘆，人生自始，剛健奮發，自強不息，最後難免不圓滿的地方；世間的流轉與客觀的事實，整體循環祈願遍地充滿佛法喜樂的境界。

〔註144〕〈仁學〉十九，《譚嗣同全集》，頁 36。

第三章　譚嗣同經濟思想的內涵

　　本章討論譚嗣同經濟思想的內涵，分為發展資本主義工商企業，譚氏的辦礦六道、拓展機器工業的成長、礦務產業的策略、推廣旅遊的理念等節說明。其次亦論及在均衡理念檢測譚氏的救國理念及宣導，國內全民財富均等、國外通商財富均衡；礦務產業與商父盛宣懷的交流，礦產業推廣續航的景象。第三，衡議以經濟自由為主題普遍性與特殊性之爭議。

第一節　發展資本主義工商企業

　　譚嗣同的經濟思想，是他救國方案中極重要的一節，致力湖南礦務，主張湖南之礦務是創始非守成，強調散利於民，開放風氣，提升總體經濟為念，在發展資本主義工商企業理論的十九世紀末，譚氏的經濟思想逐步由重商主義轉變為主張發展大機器工業，他宣導機器生產的優勢，批判頑固派的守舊思想，譚氏辦礦之道在散利於民、開放持股與商民聯合、鼓勵通商開礦，奮興商務。

　　譚氏以中國自然的天利，地大物博，鼓吹憑藉小我的能力，啟發國家大我被覆蓋的財源，收獲普及大眾，廣施德惠，救助眾人的終極效用。呼籲開源是可以一日一日更亨通，預見節流是一日一日會困乏，疏導節流始於困及旁人最後困及自己的盲點，拓墾國家資源，建立共識，「引稽天之澤，蘇渺茫之原，人皆蒙惠，而己固在其中矣。」[註1] 發展資本主義工商企業，為近代資本主

[註1] 〈仁學〉二十一，《譚嗣同全集》，頁 41～42。

義在中國的拓展與推廣抒發慎重的心聲，譚氏開導勸戒世人，即使以治理教化豐隆社會進步的歐美國家，仍然有爭議於貧富平均主義的黨團，將如何感召坐擁豐厚家產心胸偏狹的富戶們，以輕賤己身的性命以與富戶們爭議，為陷於為難「則儉之為禍，視靜彌酷矣。」〔註2〕譚氏點出儉靜為禍的癥結，破除頑固派儉靜守舊的傳統。獨具時代的特色。

　　譚氏的經濟思想，學者羅來瑋以「譚氏『尚奢』來促進生產發展，挽救農工商賈，在圖存救亡（國富救國）和思想啟蒙（知識濟世、宗教經世）雙重使命下，提倡平等思想，實現『大同社會』，付出諸多的努力以及接受挑戰的勇氣。」〔註3〕。推展機器工業成長型態，屬於發展總體經濟的成長內生成長模式。學者林其昌評述「譚氏提出機器工業發展的構想，在中國近代經濟思想史上占有重要的地位。」〔註4〕負有圖存救亡（國富救國）和思想啟蒙的雙重任務，在對傳統經濟政策的批判，他是中國總體經濟成長的推手。

　　譚氏在變法維新運動中，積極、激進地展開各層面的改革作為，學者曾建誌以「在政治上，刪改則例，汰除冗員，撤除疊床架屋的中央機構；允許大小臣民上書言事，准許旗人自謀生計。在經濟上，設農工商局、開墾荒地、提倡實業、獎勵創造發明、舉辦郵政、改革財政、編制國家預算。在文教上，廢除八股取士，改試策論；設京師大學堂，各省舊式書院一律改為現代學校，設譯書局；派人出國留學考察。軍事上，裁減綠營、力行保甲、訓練陸海軍、改用洋槍、洋炮、改練洋操等的措施，改進舊有傳統的制度，讓清朝能夠與當時世界環境接軌。」〔註5〕譚氏的成績單，在政治經濟、在社會文化等面向都有其辛勞的耕耘與貢獻。

壹、辦礦散利於民

　　譚氏「辦礦六道」為湖南地方自治推行的理念，其大要為：縣級辦礦權；售礦權、利的區分，設成本；遍與洋人交流，伸民權、開放持股商民聯合鼓勵

〔註2〕〈仁學〉二十一，《譚嗣同全集》，頁 41～42。

〔註3〕羅來瑋，《譚嗣同思想研究》（哈爾濱：黑龍江大學中國哲學博士論文），2017，頁 1～2。

〔註4〕林其昌，〈試析譚嗣同的近代工業觀〉《南寧職業技術學院學報》，第 5 卷第 3 期，2000，頁 27～31。

〔註5〕曾建誌，《「北京法源寺」救國思想對民族教育重建之研究》（高雄師大國文系中國文學碩士論文），2000，頁 96～97。引自康咏秋，〈戊戌維新散記〉《湘潭師院學報》第 4 期，1997，頁 2。

＼

礦務推動；持股比例及借貸機制及礦沙業務歸縣局等編入法制。

一、企求國民經濟以私人資本的活動為創造條件

辦礦之道，譚氏力排社會輿論的非難，企求國民經濟各部門中以私人資本的活動為創造條件，回擊社會上種種論調中，主張「散利於民」，推動發展資本主義工商企業的經濟思想，鼓勵通商、開礦，西人以工商立國，中國不能不奮興商務，即以其人之道，還治其人之身，大聲疾呼：今日天下窮極，非從礦務，商務下手，萬不能救窮，施行的策略「上焉者，獎工藝，惠商賈，速製造，蕃貨物，而尤拖重於開礦。」〔註6〕中國變法從湖南行省開始拓展，重點在開礦、辦廠、開路、造橋等層面進行改革。譚氏於《報唐佛塵書》〔註7〕對於安的馬尼礦事，表述其辦礦的堅忍絕倫的挑戰，但為最得意的宗旨「稱歸官辦，……中國之所以不可為者，由於上權太重，民權盡失。」爭取民權，折衝官辦商辦專趨散利於民的主張。

（一）所獲之利，除納稅外，舉歸本縣興辦一切有益公事。

（二）辦礦之權歸縣局。

（三）售礦權、售礦利區分；推展廣泛與洋人交流，伸民權

　　1. 經費成本合計：售礦權與利權機制，省運費、省局縣局人事溝通；

　　2. 推展礦產業務啟迪民智輸以開通的觀念。

（四）開放持股限制鼓勵商民聯合積極推動礦產業務。

（五）持股比例限制及借貸機制。

（六）商股借貸交易運作企業化，商股利息的設限每年照本得二分或三分，代墊款歸還制度，礦沙業務歸縣局等條文入法，借貸辦法的明文法制化「至山之或全買或買龍口，統歸縣局出本。」

辦礦六道，為湖南的地方自治，所提倡的礦權、礦利、成本；鼓勵遍與洋人交流，伸張民權、開放持股商民聯合礦務推動；持股比例、借貸機制及礦沙業務條例規範編入法制化。法規是落實政策的工具，透過良好的法制作業，方能建構完善的法規體系，進而提升品質，針對經社情勢變化及未來發展需要，編定年度施政計畫，作為社經成長系統的比較。

〔註6〕〈仁學〉二十三，《譚嗣同全集》，頁45。

〔註7〕〈報唐佛塵書〉，《譚嗣同全集》，頁442～446。

二、鼓勵開礦預防私辦被壟斷

　　鼓勵通商開礦，學者龔明才評述「譚氏批評清政府對工商業的束縛，對外商貿易沒有長久之計，因此，中國貿易方面沒有競爭能力，他呼籲伸民權，抑官權，發展資本義工商業，不斷提高對外競爭能力。」〔註 8〕市場機制的檢測項目，例如，供求、價格、競爭、風險、及金融市場、勞動力市場等考量，核審譚氏的實用主義。散利於民的方針，絕非壟斷於一二家之私辦可比擬，是以私辦方式是未能明白天下的大計，預防市場運作因私辦被壟斷，倡言通商、開礦的主張具正當性。

　　審核國民經濟各部門中為私人資本的條件，學者龔明才以「中國之商，大抵皆沒有深遠的見識，見利益即趨前，不顧其後，甚至於已所本有利拱手退讓之於人，而從轉援求以其剩餘的，各口通商，動輒為西方人所劫持，譚氏呼籲成立商部，給民族資本家以政治上保護，伸民權，抑官權，發展工商業資本主義，不斷提高對外競爭能力。也就是鑑於當時中國失去了關稅自主權，無法實行保護關稅政策，他極力呼籲廢除『協定關稅』，『奪回稅務司包辦海關之權』。並主張『開公司』，『招民股』，以舉辦製造、開礦、銀行、鐵路等資本主義的企業，要求在國民經濟各部門中為私人資本的活動為創造條件。」〔註 9〕是以譚氏積極爭取民權，發達資本主義的工商企業為目標。

　　對照西方人礦務、鐵路及諸製造等經營的策略，採用開放辦理礦務，有山、有地、有錢財為先決條件，追求富與強，首先，辦礦、鐵路及諸製造，開放自主之權，鼓吹風氣，在趨利之勢的猛烈，人民得以一天一天的富有，國勢也因而蓬勃興盛，為歐洲各國政府引以為倚賴的策略。但是，發現劉淞芙的主張是夾在各列強之間，與他們爭民富國強，尚未追求速效的顧慮，於是作積極、主動導正的建言。

三、同意自由競爭引進資本投入

　　譚氏主張競爭形式的前半段，同意自由競爭可以自由地進行資本投入、轉移和商品買賣的競爭。實質是自由地追逐剩餘價值利益的競爭。這是 16 世紀至 19 世紀 70 年代，壟斷前資本主義的基本特徵。而社會主義的市場經濟，依據價值規律，在宏觀調控下採取自由競爭的形式，優勝劣汰，以促進

〔註 8〕龔明才，〈譚嗣同經濟思想芻議〉《益陽師專學報》，第 15 卷第 1 期，1994.01，頁 98～101。

〔註 9〕龔明才，〈譚嗣同經濟思想芻議〉《益陽師專學報》，頁 98-101。

經濟的發展。

（一）譚氏寓意地盡其利，物盡其用的方向

理論上，學者李隆生評述「資本主義應該帶領人類從競爭的天性，從社會限制裡釋放出來，透過市場加以控制，以產生動能而且進步的社會體系，為全體人類的福利而運作。而因為壟斷性競爭或獨佔性競爭，破壞了快樂的均衡狀態」〔註10〕保留部分產能，譚氏關注是市場的控制，以維持均衡的狀態。

在爭富強及求速效的主題，譚氏的理念，學者王樾評述譚「以樂利、追求財富與潤的觀念，開發富源，創造財富來解決經濟問題，追求人人可奢，人之性盡，物之性盡，以謀經濟的改革及至於人性的提昇。」〔註11〕在礦務六道經營的路徑當中，陸續得出譚氏往「地盡其利，物盡其用」的方向前進。

（二）發達國家資本，節制私人資本

譚氏預見的弊害，指出有富、有財者始能創辦事業，但是民富者愈富，將近富可敵國甚至超過國家，奸富壟斷，積心處慮坐收營利，及相率把持行市的狀況，譚氏預見富民富可敵國的弊害，寓含節制私人資本的主張。

譚氏以湖南之礦務產業是創始非守成，而對世界資本主義的壟斷壓迫已有認識，但他認為這些弊害可以預防的，而且尚不宜急於著手防止，而是應該致力於「散利於民」，「散利於民」的「民」，不是廣大的人民百姓，而是指有財富條件的富民；譚氏提出更有系統的興辦近代民族工業的思想，以湖南的礦務是創業的開始，不是墨守成規思想保守，強調散利於富民，開風氣，引發風尚，提升總體經濟為念。發達國家資本，節制私人資本。

（三）振興工商業改善僵固現象

譚氏扭轉時人觀念不足之處，拓展淞芙的看法，要重視所處情勢的大小，不是侷限一隅之見，企求實務之學，振興工商業為救國，提升總體經濟為前瞻。礦務採官辦模式，是順應時勢之舉，預排返縣作實地勘察，改善僵固的現況。公務上，譚氏採官辦之餘，鼓勵團隊經營共相發明，特別開創一種衝決網羅之學，以突破實況。並且建言返還縣區作一遊訪活動，實地勘察與協調及商議，

〔註10〕David Harvey 著，李隆生等譯，《資本社會的 17 個矛盾》（台北：聯經，2014），頁 140。

〔註11〕王樾，《譚嗣同變法思想研究》（臺北：臺灣學生，1990），頁 81。

以佛家語方式「君具上等根器〔註12〕之再來人〔註13〕也，」的尊重淞芙〔註14〕
友人與恩師瓣薑師的思惟及佛心的考量，提示兩位的沒有到位之處，提議邊作
邊學返還縣區作一遊訪，擬藉旅訪活動，實地探勘研析並陸續補充不足之處。
譚氏「共事以成盛業、共相發明」原則，研發「衝決網羅之學」，集思廣益，
共同研議，改善僵固的實況。

1. 共事成盛業、共相發明的原則，表層的存異求同

譚氏與師友團隊群組，研發共構衝決網羅的盛業，年輕的生命裡擁有奮
進、君子坦蕩蕩，心底無私，充滿仁愛，天地自然寬廣，不同於小人的心機太
重，利慾充斥，患得患失，洋溢仁心坦蕩蕩及通達動力的理想。譚氏「共事以
成盛業、共相發明」相互尊重的胸襟，「以能力用於世，品德成於己，譚氏從
儒家的視野，在知識的傳導與互動，對生命成長經驗，體現五同的認知：同鄉
（地緣關係）、同學（課堂切磋）、同事（工作夥伴）、同道（志趣信仰共同）
及同遊（山川遊賞），隨遇而安及相互尊重的胸襟。」〔註15〕執行之中有了真
誠與圓滿。繼以學者傅佩榮認同「君子是『求同存異』的原則，及尊重差異，
避免誤會產生猜疑，有限的生命付出心血，要經營美好的事務之上。」〔註16〕

從礦務六道的經營路徑，陸續得出譚氏往「地盡其利，物盡其用」的方向
前進。譚氏預見富，而民富可敵國的弊害，寓含節制私人資本的主張。個體經
濟，表層的行事節奏，裡層於師、於友相互尊重的胸襟，「結集生活的智慧」
〔註17〕譚氏的思考與成長當中，成就了他個人獨特的生活模式。

2. 共事成盛業、共相發明的裡層探討，對待異同的關係是削異求同

就譚氏裡層的理念，學者指出譚氏「秉持『同』的原則之外，還有一個空
間需要領悟，即是『和而不同』的道理，歸結譚氏致思的方向全力集中在消除
一切差異的絕對平均，而且在其價值旨趣上『惟同是尚』。換句話說，譚氏最
大的特徵，他表現在不能辯證對待異同的關係，而是削異求同；他的追求，在

〔註12〕上等根器，佛家語。具上等根器者。亦泛指天資、才能極高的人。
〔註13〕再來人，是佛菩薩再來的化身。
〔註14〕劉淞芙（劉善涵），劉氏三傑，清末民初，湖南瀏陽的善涵、善澤、善渥三兄
　　　　弟各有顯著的政績。
〔註15〕傅佩榮，《孔子的生活智慧：真誠與圓滿》（臺北：洪建全基金會，2005），頁
　　　　158～161。
〔註16〕傅佩榮，《傅佩榮的易經入門課》（臺北：九歌，2017），頁124～125。
〔註17〕傅佩榮，《孔子的生活智慧：真誠與圓滿》，頁158～161。

絕對的同一，走向了平均主義和平等主義，在他的理念，正是由於消除所有的差異，而流露出他的理念是極端性與致命的烏托邦色彩。」〔註18〕存異求同的法則，執行消除所有的差異展現了削異求同的極端性，提示了烏托邦色彩的致命性，因時地制宜，接受時代的考驗，與時俱進的修正。

追尋大同之道的裡層意涵，輕忽民族主義，「而因為消除所有的差異而展現了削異求同的極端性，是譚氏異於他人的獨見創獲；由於他的價值旨趣上不知不覺地偏執於同而貶低了異，進而他試圖消弭一切差異，走向大同，化理念為具體貫徹與表現，設想的大同社會的政治、經濟、宗教和文化冶為一爐，不僅規劃同一語言文字、同一人種，這將譚氏的削異求同，唯同是尚的大同情結推向了極致，也使他追尋大同中，輕忽民族主義而迷失在世界主義之中，最終將大同理想演譯為大同主義或世界主義。」〔註19〕民族主義的色彩被大同主義、世界主義所覆蓋，呈現了大民族主義的傾向。譚氏擬借民權推廣經濟事業的拓展，富國富民，追求民生安和樂利的規劃。

規劃礦務管理，主張散利於民，絕非壟斷於一二家之私辦方式可以比擬，比照西方人的規格經營礦務產業，開放開辦方式及自主之權，營求速效與爭取民富國強。另外擔心弊端產生的主張，強調湖南之礦務是開創之始非墨守成規，以提升總體經濟為念。「散利於民」的「民」，不是廣大的人民百姓而是富民（紳首）為對象。採行官辦模式係順應所處時勢，群策群力，別開一種『衝決網羅〔註20〕之學』及返縣一遊的實地勘察，與師與友，以佛家語方式的關懷尊重，達到互助共榮的目標。按衝決網羅（束縛）的目標順序為：首以利祿（錢財功名）、俗學（考據，詞章）、全球群學（社會學領域）、君主（專制）、倫常（三綱五常）、天際、佛法等網羅，執行以工具實際推行，所利用的工具理念包含以太論、電學及心力學，以及揭示了「循環無端，道通為一，凡誦吾書，皆可於斯二語領之矣。」〔註21〕經濟的循環，資源的擁有，正道與通達結合的建構圖，永續經營及共生成長。

譚氏企求自由、平等，生命週期的循環，務求運作的通暢。譚氏圖存救亡（國富救國）、思想啟蒙（知識濟世）的雙重使命，譚氏的經濟資本主義，以

〔註18〕魏義霞，〈譚嗣同大同思想的多重意蘊和訴求〉《安徽史學》2016 年第 6 期，頁 36～44。

〔註19〕魏義霞，〈譚嗣同大同思想的多重意蘊和訴求〉，頁 36～44。

〔註20〕「網羅」為捕捉魚和禽獸的用具，比喻束縛人的東西。

〔註21〕〈仁學自敘〉《譚嗣同全集》，頁 4。循環「無端」指沒有界線。

他的理想要挽救中國的危亡必須使中國的變法運動成功，改善中國的政治制度與經濟，主張以大規模的生產方式來發展中國的工業、商業和農業。認識到帝國主義者的經濟侵略，足以滅亡中國，因而主張振興商務與外國進行商戰，以抵制他們的經濟侵略而使中國富足。譚氏出於救亡圖存的愛國之情，認識到要擺脫列強的經濟侵略，重振華夏雄風，必須大力地推展近代管理的理念。

四、衝決群學的營運

討論譚氏的衝決群學的營運「次衝決全球群學之網羅」，在關於西方社會學何時傳入中國，一般都追溯嚴復的所譯書《群學肄言》〔註22〕。或以最早將社會學傳入中國的的首推康有為。香港學者確認「首先使用『社會學』這個名稱的是譚嗣同。……可斷定的是社會學思想是在晚清，約當十九世紀末傳入中國的，時值政局動盪不安之際，先進中國知識份子傳入西方的社會思想，顯非純粹由於學術上的需要。」〔註23〕是以，國家局勢的動盪不安，譚氏的為國勤學奮勉積極與上進。次衝決全球群學之網羅經營社會學。

學者王樾對「譚氏的批判精神、超越意識與『衝決網羅』的口號，在對於中國近代青年反傳統的文化態度反權威的人格形式有相當大的濡染作用。」歸納出「第一代，孫逸仙先生推動革命大業，其中《心理建設》，革命、革心理念，擬藉其思想大義進行對黨員的改造促進與達成政治、經濟、社會改造的目標。第二代，是五四後自由主義的學者，從胡適到殷海光〔註24〕，他們的學思歷程，已帶有多多少少的傾向，相因相習，普遍現象。」〔註25〕同樣在探索相關領域和表達心理活動的一個方式。譚氏『衝決網羅』的共通性，創造性及在中國近代歷史的激起了普遍的濡染作用。

五、獎勵民族工業及辦學育才

獎勵民族工業及辦學育才，思想啟蒙（知識濟世），知識經濟建置的標志，

〔註22〕《群學肄言》是翻譯斯賓塞（Herbert Spencer，1820～1903），英國哲學家，達爾文主義之父）的《社會學研究 The Study of Sociology，1873》1903，上海文明編譯局出版。

〔註23〕王耀宗，〈一九七九年後中國社會學發展的四種特色〉《專題研究論文集》（香港：嶺南學院社科系，1996）頁1～12。

〔註24〕殷海光（1919～1969），湖北省黃岡縣人，學者，曾任臺灣大學哲學系教授，臺灣戒嚴時期的自由主義代表人物，亦是被國民黨政權打壓學者中之代表人物。

〔註25〕王樾，《譚嗣同變法思想研究》，頁137～139。

譚氏於湖南新政，曾為政教的任務，執行溝通說項圓滿完成，因湖南新政改革，由器物層面轉向政教層面的重要標誌，湖南新政時期總體經營之一，籌備創辦的時務學堂，堪稱中國境內學校之嚆矢，文教改革的重要舉措，為廢科舉、興新學、育人才、開民智，造就維新自強之基，時務學堂時期，陶鑄時代的人才，師資入湘襄助新政的一個重要關鍵，同意放梁啟超（中文）、李維格（西文）自由，得以離《時務報》館，就時務學堂的師資案，長官的黃遵憲請托在南京的譚嗣同代為向汪康年（《時務報》的管理人）〔註26〕說項，譚氏以汪康年書信「放梁、李前往時務學堂教職，譚氏的艱難任務執行成功。」〔註27〕學者黃升任強調「這不僅只是在梁啟超個人生涯發展歷程中的關鍵，在湖南新政的執行，發生轉向一個重要的標誌（湖南新政層面的轉向），從近代工業，開礦、辦廠、修路、造船等器物層面的改革出發，繼而轉向以『民主、民權』思想為指導的政教層面改革的擴展。」〔註28〕日本學者小野川秀美為「知識產業經濟工程的建置及後續影響，譚氏的居間斡旋於智囊團隊，厥功不可沒。」〔註29〕湖南新政行政團隊的全員力行與深度耕耘，譚氏在改革擴展，知識產業經濟工程等的角色扮演功勞極大，不可抹滅。

六、資本主義財富辨證關係

探討資本主義財富辨證關係，首先，以推動發展國家總體資本主義工商企業為主要命題，依學者觀察「以開礦業務資本與生產者財富辨證關係，以馬克思主義認為，不應把機器本身的作用和機器的資本主義應用混為一談。因為，機器就其本身來說縮短勞動的時間，而它的資本主義應用在延長工作日；因機器本身減輕勞動，而它的資本主義應用提高勞動強度；因機器本身是人對自然力的勝利，而它的資本主義應用使人受自然力的奴役；因機器本身增加生產者的財富，而它的資本主義的應用：使生產者變成需要救濟的貧民。譚嗣同對大機器工業推崇備至，僅僅是從機器生產的自然屬性去看問題，並沒有真正認識到生產力與生產關係是辨證關係，因而也就不可能認識到資本主義機器生產的結果，只是使資本擁有者的資本迅速增值，並非是真正意義上的『全民之

〔註26〕汪康年（1860～1911），字穰卿，浙江錢塘縣（今杭州）人，晚清著名人物，報刊活動家。

〔註27〕〈致汪康年書〉，《譚嗣同全集》，頁339～369。

〔註28〕黃升任，《黃遵憲評傳》（南京：南京大學，2006），頁410～412。

〔註29〕小野川秀美著，李永熾譯，〈譚嗣同的變革論：及其形成過程〉《大陸雜誌》，第38卷第10期，〔19xx〕，頁333～340。

利』。」〔註30〕譚氏在推動發展國家總體資本主義工商企業為主要命題，雖尚未認識生產力與生產關係，但以謀求「全民之利」為導向。

論證資本主義觀點的分歧性，以主流經濟學支配整個社會產業動態資本家的態勢與觀察，依韓國學者的評述「資本主義蔑視工人的社會背景，資本的本源是勞動，以建築物、機器、原材料等是不變資本，能做可變資本的勞動力能夠創造出比自身更大的價值，只有勞動力能夠增加價值。經濟學是支配整個社會的主要經濟學，被稱為主流經濟學，以主流經濟學的邏輯為前提，確認幾個事實：第一、『剝削工人』的現象，通常，人們將任意驅使工人，以極差的待遇對待工人稱為『剝削工人』，在資本主義社會，所有的工人都被搶奪了剩餘價值，在此，不能說因為工資多拿得一些，或待遇相對好一些，就沒有被剝削。第二、當主流經濟學的人已成了企業家、政府官僚等社會上級後，視野變得不同，變成不懂得珍惜工人了。第三、主流經濟學的認知，在擁有資本者拿走利潤，土地所有者拿走租金，但是拿工資的工人總是要求得到更多，為此進行鬥爭和罷工，主流經濟學在資本主義社會為是不妥當的，不值得提倡的。他們認為資本主義是很自然地順暢運轉著，是因為工會在打亂市場秩序。但在資本主義社會，工人的鬥爭必定是經常出現的。第四、通常工人認為從老闆（資本家）發給工資的，因此要感激資本家，這其實是大可不必的說法，資本家只是將工人勞動創造的價值中的一部份，以善心分發給工人，卻拿走了剩餘價值，工人不僅不該感激反而應該為自己東西被剝奪了一部份而感到冤屈。通常大家會認為有了工廠才有工人，但是公司是依靠吞噬剩餘價值而存在的，資本主義社會總體來說，有了工人才會有公司是與事實相符的正確說法。」〔註31〕經營保衛局的精神所在，譚氏以「真官吏之治，在惜治權」來發揮效益。以歷史的複雜觀點，依資本主義的觀點，認知上出現了明顯的分歧性。

貳、推展機器工業技術

以譚氏的愛國情操，追求中國經濟體變革與成長的理想是超越中國型的思維形式，及擁有十九世紀中葉崛起及滲透著西方影響的意義，除了哲學領域的思考更偏重在經濟領域的色彩。

〔註30〕 林其昌，〈試析譚嗣同的近代工業觀〉，頁 27～31。
〔註31〕 （韓）姜相求撰，金泰成譯，龐君豪編輯，《嗨，馬克思！再見啦！資本主義》（新北新店：暖暖屋文化出版社，2014），頁 095～097。

在譚氏資本主義的理念之中，他企求國民經濟以私人資本的活動為創造條件，鼓勵開礦預防私辦被壟斷，同意自由競爭引進資本投入；對國家富源的開發，譚氏的精耕於地盡其利，物盡其用的方向，形塑發達國家資本，節制私人資本的雛型；礦業經營改善僵固現象，探討其表層與裡層的主張。衝決群學的營運，獎勵民族工業及辦學育才，資本主義財富辯證關係的認知，學思的歷程與一路的成長。

一、經濟體的成長與技術創新的關係

依學者陳明朗的觀點「對人類經濟體的成長，技術，強調有形（tangical）或無形（intangical）資本累積，對經濟成長的重要性，這類模型強調資本累積之後，是強調技術和創新是提升經濟成長的重要元素。」〔註32〕比對了譚嗣同的創新，他是他強調技術，在工具的利用及時間管理的主張，譚氏的惜時觀念及注意經濟體成長的技術，係內生成長的模式，堅定毅力係來自內部的運作，不營求於其他由外部加總的力量。

二、東西方理念的差異與惜時的觀念

（一）對製造業、運輸業等大型器械造成的衝擊

譚氏他出身官宦之家，儒學為其思想的核心之一，珍惜時間觀念以賢人治水的大禹珍惜寸光陰、毅力過人搬磚的陶侃將軍〔註33〕珍惜分光陰的範例，全民總體，上自日理萬機的天子，下至有一技之長的庶民，建立大眾全體對「惜時」認知並注意到庶民技術的存在，觀察他經營的核心「惜時之義大矣哉！」〔註34〕對時間成本的介意，其隱含的意義深奧遠大。

譚氏注意到東西方的差異，學者評估「譚氏理念受到西方工業社會精神風貌的影響，他關心注意『自西人機器之學出』〔註35〕製造業、運輸業，刺激社會進步，解析中西社會變革的差異，繁榮的西方，衰落的亞洲、非洲、澳洲；他體認西方技術的成就，即是他們『惜時之具乃備』〔註36〕，一種稀有、珍貴

〔註32〕陳明郎，《總體經濟學》（台北：雙葉書廊，2000），頁464。

〔註33〕被後人稱「運甓夕一ㄟ（磚）翁」的東晉陶侃（259～334），陶侃任廣州刺史期間，每天早上固定的搬磚操，數百塊磚頭早上搬到室外，傍晚又搬回室內，嚴寒無間。他介意流於安逸，因為他愛國效忠朝廷，唯恐疏於運動而經常健身維護體力。

〔註34〕〈仁學〉二十四，《譚嗣同全集》，頁46。

〔註35〕〈仁學〉二十四，《譚嗣同全集》，頁46。

〔註36〕〈仁學〉二十四，《譚嗣同全集》，頁46。

的器具商品的聯想。現代科技運輸產業的輪船、鐵道,為操控時間的利器／工具的齊備,擁有它們,人們的壽命可被延長,否則福祚短淺,壽命的長度將會被催促。是以西方人性格中的精力及活力,使他們能夠獲得巨大的成就及現實勢力範圍的擴張。」﹝註37﹞譚氏明顯有感於西方人充沛的動力與能量。對中國人很少不嘲笑「惜時」是狂妄的說法,他慎重的釐清,假設有萬里的路程,預計到達的時程,輪船需要十天,鐵道需要三、四天,如果輪船、鐵道這兩種交通工具,則需經歷很長的時間,而且還恐怕目標到達不了,在運輸產業已是很明顯的衝擊。

(二)愁慮中國境內全民的生態

譚氏介意時空累月經年的耗蝕,憂心高官們荒廢政事,工商經濟團體困滯貨殖、學子們荒廢課業、佣人們怠惰勞務、勞工界傷損效率,婦女界嘆息居家室庭。他觀察總體範疇,官場份子、學生、勞工,居家仕女……,全民的生計,社會活動的生態,譚氏惦記遊走過的山川,穿越的讀書聲,秋冬寒暑,私人空間或像有不定時炸彈的危機意識,居家眷屬,思鄉舊友及離家背景,譚細微的觀察力,種種行止的審視,原由解析的書寫,令他感到焦慮不安、憂心沖沖。

三、有型的產出與無形的組織文化

譚氏介意有形的與無形的事務當中,掛慮這般、掛慮那般而設法聚焦:有形的,包含居處僕僕勞頓而無所事事的個體及週遭的條件;雖然,(責求)是有生命的,也從未針對與生命有所裨益的產業進行作業,這樣,有生命的與亡故的並沒有差異;經年累月短暫沒有福祚的壽命;按此原由的假設及往下類推,譚氏環顧眾人沒有積極的作為,而貪圖安逸,曠廢時日的樣態,雖然慶幸有形的福份,即使擁有百歲的幸運,在無形當中,也都被內耗、及消蝕得已過泰半,能量被內耗得讓他沈痛不已。除了個人百歲的幸運被內耗、消蝕,何況國家政事的被延宕,軍務的不可延遲而被延遲、賑務的不可容緩而被容緩;英雄豪傑的人力四散各處,而無法萃聚集結成群,棄置百種產業以致無能散發它們的亮光精采,……已體會出明明有被抹殺的人才、被抹殺的物件等的患害,思慮焦躁發自內省的惕勵。

譚氏密切關注的明細清單,有不可延遲而被延遲的<u>軍務</u>、有不可容緩而被

﹝註37﹞張灝,《危機中的中國知識分子:尋求秩序與意義》(北京:新星,2006),頁109~110。

容緩的<u>賑務</u>，體認明明有被抹殺的人性、被抹殺的物質，患害頻仍，認知西人的科技文明，交通有輪船、有鐵路，一天的速度加倍趕上十數天的路程，一年的迅速趕緊辦理十數年的事務，加上電線、郵政、機器製造業，工具武器的氣勢如虎添翼。職場上，駕馭的工作簡易，操作的文字便捷，綜合計算的優點，一世的成就抵達數十世的成就，一生歲月，彷彿已閱歷了數十年的經驗，列出精確 1 比 10 的數據，於是，形之於外的煥發舒適，才智奮起，景象寬潤的綽約，和樂又充分流暢，延年永命（益壽），方方面面的反問：不是捏造的事實或被誣害？綜理出科技的進步，與延年益壽的門道，人類社會演進的歷史與文明的提升根基於永續學習及不斷創新的激盪，並於軍務、賑務係不可延緩的警惕。

從科技救國，條理科技進步，加上延年益壽的門道，譚氏判定西方國家治理的時程，一旦超越三代而位列優等，得出「惜時而時無不給」〔註38〕，愛惜時間而且有求必應，時間自如從容經常充沛的提供，好像一個人同時擁有數十人的功力，引證《禮記大學》說的：生產的人很勤奮，信任依靠機器的科技，就足夠完成任務執行。

譚氏觀察，徘徊、及思索，推廣惜時的功效與不惜時的危害的理念，以感化金律，當時的世人日子過得舒緩漫長，警告在國家時局不安定、社會動亂的日子，生存的條件已被催促成短暫而不充分。惜時配置的策略及時間運作的正當性：配置略策分區的方式各得其所，計（1）有配置工具的族群，好好愛惜的方式；（2）沒有配置工具族群的好好愛惜的方式。在歸納治理國家依各種情況可以遵循的大規範、大法度，譚氏以「佛家言語」審視被惦念的生滅不息。假設全盤運作的情況，模擬如果，時光很快在眼前流逝，與不生不滅相交織的世界，有時間運作正當的名義，而假設有不珍惜的狀況，天地間或許幾幾乎即將停擺，寄予殷切的厚望，導出了大眾們不惟獨不珍惜時間的現象，尚且未有反應，而又被上級施予愚民的政策，民眾因為柔順服從而促成生命的短暫的惡性循環，譚氏的介意之極。

譚氏的不滿時政，抨擊了清廷取士、用人、任官、治事、關吏、鹽綱等制度層面的種種不適宜，設限門檻、資格、迂腐、關卡……等形式，惟恐時光流逝不回，如果，再不快快向前跑步奔馳，總體上浪費了公家大眾的時間，譚氏剴切地鞭策。對於民眾的一技之長，有所著墨，譚氏以惜時的含義很大，治水

〔註38〕〈仁學〉二十四，《譚嗣同全集》，頁 46。

有功的大禹，東晉名將陶侃搬磚鍛練體魄，上自日理萬機的天子，下至有一技之長的庶民，全民工作圖，都是惜時的好景象。

憑藉小我內生的能力的期許，譚氏以中國自然的天利，地大物博良好的優勢，主張小我內在能力的凝聚，啟發國家大我被覆蓋的財源，收獲廣施德惠，救助眾人的終極效用。開導及呼籲：開源是可日日亨通，預見節流是日日困乏（節流始於困及旁人最後困及自己）的盲點，拓墾國家的資源，建立理念的共識，發展資本主義工商企業，已是近代資本主義在中國的拓展產業經濟的主題；譚氏開導及勸戒世人的視野，即使以治理教化豐隆社會進步的歐美國家，仍然有爭議於貧富平均主義的黨團的呈現，將如何感召坐擁豐厚家產心胸偏狹的富戶們，小我以輕賤己身的性命與富戶爭議，陷於為難的主題，要破除瓶頸，譚氏點出儉靜為禍的癥結，破除頑固派儉靜守舊、封閉的傳統，獨具時代的特色。

本研究假設譚氏以內生變數（Endogenous Variables）模型，是以善財的證果，以及全民惜時的意象，譚氏以內生變數的模型來推導社會經濟的進步與成長。

圖 3-1A 譚嗣同惜時示意圖——庶民技術和惜時創新（提高生產效率）

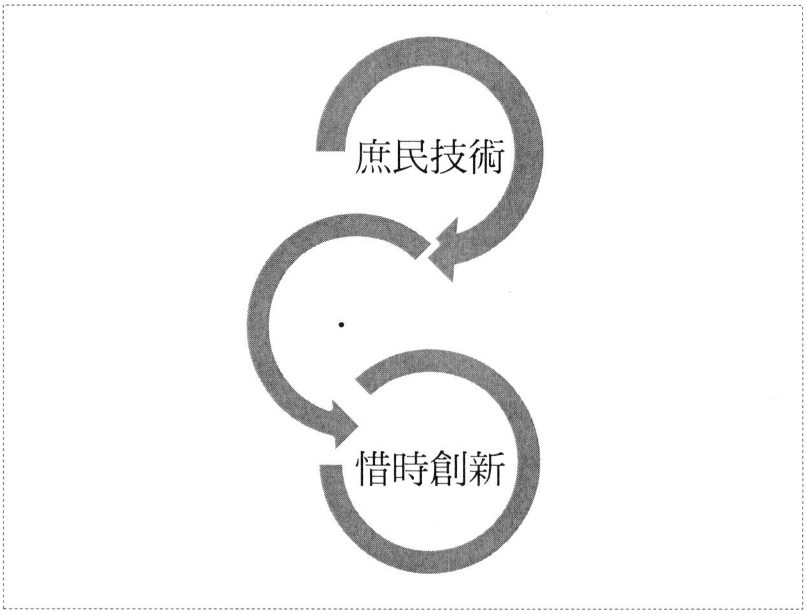

資料來源：本研究繪製

圖 3-1B 譚嗣同建構技術和創新「經濟內生成長模型」

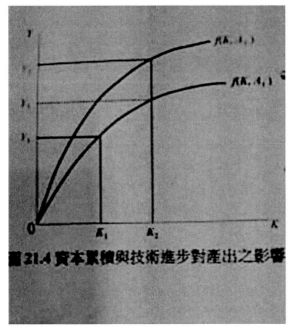

資料來源：李顯章，〈長期經濟成長〉《經濟學》（高雄市：亞太
教育訓練網，2020），頁 1～21。

說明1：譚氏資本主義主張工業化

　　惜時觀念強調積極與掌握技術和創新的「經濟成長」，屬於內生成長模型。

說明2：技術進步與資本累積之間的關係：

　　從總體的角度來看，我們可以假設經濟社會只有一種產出 Y，它是經由下列生產函數 Y=f（L、K、A、N）所生產出來的。L 代表勞動投入量、K 代表資本投入量、A 代表生產技術、N 代表制度。在人類經濟發展的不同階段，L、K、A 與 N 扮演不同的角色。對照在盧卡斯與羅默的成長模型中，技術是內生決定的，經濟學家將其稱為內生成長理論（endogenous growth theory）或新成長理論（new growth theory）。他們認為：（1）在資本主義社會，技術進步的背後有許多研究發展、理性決策的過程。所以不宜籠統的將技術進步視為外生。（2）技術進步往往具有規模報酬遞增（increasing returns to scale）的特質，與傳統完全競爭市場的假設有些距離。生產量越大的廠商（生產單位），生產經驗越豐富，而邊作邊學（learning by doing）也有助於進一步更新現有技術，促進其生產效率再提昇。專家強調「技術進步往往以新知識的型態呈現。這些新知識具有非敵對性（non-rivalry）的特性，能夠造福所有的生產單位。按梭羅

分析的重點，在實體資本 K，盧卡斯與羅默認為技術進步與創造發明都是人腦所激發出來的。因此，個人內生能力的凝聚，人力資本在成長中扮演，有其分量的存在。」〔註39〕譚氏肯定個人能力知識與經驗的累積，追求產業制度文化的高品質，可以透過教育投資再增長的價值。

技術進步往往以「新知識」的型態呈現。這些新知識具有非敵對性（nonrivalry）的特性，能夠造福所有的生產單位。按梭羅分析的重點，在實體資本 K，盧卡斯與羅默認為技術進步與創造發明都是「人」腦所激發出來的。因此人力資本在成長中扮演，有其分量的存在。譚氏肯定個人能力知識與經驗的累積，追求產業制度文化的高品質，可以透過教育投資再增長的價值。

他重嘆時間的耗去，狀況豈只從亡國感、並即將亡種感，或只留存亡一念之間，以「儒學」孔子七十而從心所欲，不逾越規矩；以「大乘佛教」佛家善財菩薩從平凡人的修煉，完成了發願的功德，修成的證果，獲得「惜時」的精義，達到「成佛成聖」境界，惜時發揮到了極致，從其內化的成長發展至極致的元素，不是能再向外界去訪求的：「宣尼大智，至七十而從心；善財凡夫〔註40〕，乃一生而證果。然則惜時之義，極之成佛成聖而莫能外。」〔註41〕譚氏對聖賢的敬語與實證，以及發自內心的懇切。

惜時的觀念，惜時的工具乃備的發揮與運用，強調積極與掌握技術和創新「經濟成長模型」，的內生成長，可以對照學者陳明郎討論：「美國經濟學家羅默（Romer 1986）〔註42〕提出「單部門模型」，有所突破；「雙部門」被盧卡斯（Lucas，1988）突破，這兩個模型的共同點，都是強調有形（tangical）或無形（intangical）資本累積，對經濟成長的重要性，這種模型強調從資本累積出發，及強調技術和創新是提升經濟成長的重要性。」〔註43〕譚學的注著重有形

〔註39〕李顯章，〈長期經濟成長〉《經濟學》（高雄市：亞太教育訓練網，2020），頁 1～21。

〔註40〕「宣尼」、「宣聖」都是對孔子的尊稱。自漢平帝時追諡孔子──褒成宣尼公。善財，為《華嚴經入法界品》求道菩薩，曾南行參訪遇普賢菩薩而成就佛道。大乘佛教用以為身成佛之例證，以此功德，迴向往生西方極樂世界，以期圓滿佛果。

〔註41〕〈仁學〉二十四，《譚嗣同全集》，頁 46～47。

〔註42〕保羅‧麥可‧羅默（PaulMichaelRomer，1955～），美國經濟學家。2018／諾貝爾經濟學獎得主。經濟學最重要貢獻在經濟成長領域。1983／論文數學模型；1986、1990論文，開創「內生性成長」理論。

〔註43〕陳明郎，《總體經濟學》，頁 464。

資本及無形資本兩者組合結構的重要性。

　　總體經濟成長理論由美國經濟學家盧卡斯〔註44〕批判（Lucas critique）理論提出，他認為傳統政策分析沒有充分考慮到「政策變動」對人們預期影響的觀點。指出由於人們在將來的動態做出預期時，不但要考慮過去，還要估計現在的事件對將來的影響，並且根據他們所得到的結果而作策略的更變。即是評估當前的經濟政策對將來動態的影響，及按照估計的影響來採取政策，即策略的更變，以便取得最大的利益。行為的改變會使經濟模型的參數發生變化，而參數的變化又是難以衡量的，因此，經濟學者用經濟模型很難評價經濟政策的效果。「盧卡斯批判」對總體巨集觀的經濟政策理論的意義有兩個面向：

　　其1，在所考慮的特定的政策發生變化時，它強調模型參數穩定性的重要性，從而對政策模型和模擬產生了較為深遠的影響；

　　其2，它強調政策問題在本質上不是一個控制問題，而是一個對策問題。〔註45〕譚氏在當時社經總體的觀察及作了策略的批判。

　　譚嗣同對清政府總體經濟成長的主張，在強調技術和創新元素有貢獻，屬於內生性經濟成長的模式。對傳統政策的批判及策勵，他是中國總體經濟成長的推手。湖南新政時期總體的經營，籌集創辦時務學堂，從近代工業，開礦、辦廠、修路、造船等器物層面的改革出發，繼而轉向以「民主、民權」思想為指導的政教層面作改革的擴展，礦務產業經濟工程的建置，譚氏為居間斡旋的智囊核心行政團隊，厥功不可埋沒。

　　譚氏的礦務管理，主張散利於民，絕非壟斷於一二家之私辦可比，比照西人規格經營礦務，開放開辦及自主之權，求速效與爭富強，採行官辦模式係順應所處時勢，群策群力，特別開創一種『衝決網羅之學』及返縣一遊的實地勘察，與師與友，藉佛系言語方式屬於軟實力的關懷，內生成長的模式，相互尊重的胸襟，存異求同的法則，以達整體經濟成長互助共榮的目標。

　　總體經濟上，對於民眾的一技之長，有所著墨，譚氏以惜時的含義很大，治水有功的大禹，東晉名將陶侃搬磚鍛練體魄，上自日理萬機的天子，下至有

〔註44〕小勞勃・埃默生・盧卡斯（Robert Emerson Lucas，Jr. 1937～），美國經濟學家，1995 年諾貝爾經濟學獎得主，芝加哥經濟學派重要成員之一。他改變由凱恩斯主義經濟學一統天下的宏觀經濟學理論的基礎，提出宏觀經濟模型應該具有微觀基礎。「理性預期」是他的代表理論。

〔註45〕同前註 32，〈盧卡斯批判 Lucas Critique，Lucas，1976〉，陳明郎（2000），頁305。

一技之長的庶民，全民工作圖，都是惜時的好景象。

譚氏以內生變數（Endogenous Variables）模型，是以善財的證果，及全民惜時的意象，正面提出譚氏以內生變數的模型來推導社會的進步。他沈重地感嘆時間的耗去，狀況豈只從亡國感、並即將亡種感，或只留存亡一念之間，以「儒家」孔子七十而從心所欲，不逾越規矩；以「大乘佛教」佛家善財菩薩從平凡人的修煉，完成了發願的功德，修成的證果，獲得「惜時」的精義，達到「成佛成聖」，惜時發揮到極致的境界，從其內化的成長發展至極致的元素，不是能再向外界去訪求的。檢測譚氏惜時觀念的構想，提高生產效率，而在極致的修煉「成佛成聖」為圓滿的證果，譚氏理念的經濟模型，係內生成長模式，不借助於其他外力。譚氏認為救國、救種，探測深層內化的功夫：是一種內在的修練與技能培養，蘊含有形及無形資本的累積，層次上，譚嗣同對封建傳統的具有批判的意義。

第二節　財均思想理論

譚氏《仁學界說》「仁以通為第一義；以太也、電也、心力也，皆指出所以通之具。……通之象為平等。……平等者致一之謂也。一則通，通則仁矣。」〔註46〕倡議貴賤平貧富均，譚氏認為中國貧富不均的社會決不是理想的社會，學者張守軍以「譚氏他認為沒有貧富貴賤的對立的社會才是人類最高的理想，君主廢則貴賤平，公理明則貧富均。」〔註47〕經濟平等觀為譚氏救國理念及執行的宣導，他主張國內全民財富均等。

與西人（國外）「通商」相仁蒙利之道，彼我之「仁」講求均衡之道；評述中國之礦的優勢，財富追求均等，圖謀國家整體經濟的進步。當年，譚氏赴湘開礦，接觸湖南煤礦，與盛宣懷的交往是圍繞開發湖南煤礦而展開的。從產業的經濟活動，譚氏的湖南新政之行，與盛氏的交流，於礦務管理多了一道的巡禮。

壹、國外通商財富均衡

譚氏對通商理念的宣導，要使國家富足強盛，在本國境內留下最多的商品，生產最多數量的商品，限制本國對外國供應商的依賴。具有重商主義的色彩。此外，關注中國人口成長的數據，朝貢文化反映了他傳統中國本位保守性的態勢。

〔註46〕〈仁學界說〉二十七界說一，《譚嗣同全集》，頁6。
〔註47〕張守軍，〈譚嗣同的經濟思想〉《東北財經大學學報》，第1期總第1期，1999，頁85～90。

一、通商理念的宣導

譚氏以「中國之礦，富甲地球」〔註48〕的前題，學習西方的經濟制度，引進科學技術，建立獎勵工藝、嘉惠商賈、加速製造、滋繁貨物、特重開礦的經營目標，發展民族經濟，建立民眾開放的心理準備，開導民眾對利權外流、通商致貧偏差的觀念。譚氏有感於民眾懈怠、懶散的現象，不思考自我振奮而巧於推諉過錯給外國人，積蓄對於外國人的仇恨不滿；他企圖喚醒民眾的主體意識，發揮人的主觀的動能。他主張與對方通商，展現對彼此的仁惠，發揮兩利之道；主張財富均衡，譚氏在當時為民眾建立認知，在西人通商的意義及保護稅、稅務商務的主題作宣導。他以振興商務發展到實業救國，拓展對資本主義的認識，組織環節精察其理，以為民眾的導航的規劃。

二、關注人口與產品的數據

譚氏重視科學的數據，以一個家族成長的議題，從外部變數的水旱災、疾病、瘟疫、戰爭等，時間在保守的盤算不超過幾十年，關注人口增加趨勢與糧食生產的支應，估計家族人口成長率，及預測假設土地飽和的當下，慶幸外國貨物的輸入彌補了貨物的缺口為紓解的管道之一。譚氏以炎黃大中華的態度（古代臣民或藩屬向君主進獻的土產），每年收受京都以外的州郡屬地的土產朝貢，不用開闢土地的勞務費用，盤存自然的大利。譚氏的估算人口成長率百人可多一人的理論，即 1% 的推估，並且擔心農產物品產出與人口成長的不能支應的狀況。而在人口成長的百分比，對照，學者劉翠溶討論人口的成長是0.7%，以劉氏的推導公式是「利用已知的出生人數和存活率，可估計家族人口數，……，在 20 多個家族的高峰，在十九世紀中葉，篩選接近修譜的年份，資料完整的家族甚能反映明清之際的波動。……當家族人口達到某一限度後，就會出現遷移的情況，各族的遷移率很懸殊，人數多的家族遷移率相對較高，其中江西、湖南、湖北、福建等地的家族多遷至外省，而廣東則遷至國外。至於家族人口的真實成長率，估算大約為 0.7%，為清代中國人口的成長趨勢。」〔註49〕以譚氏的學科素養，評核出 1% 與 0.7% 誤差值（deviation）的容許範圍，他關注著人口成長的數據及農產物品的產出、供需的觀念，理論的依據，等等

〔註48〕〈仁學〉二十三，《譚嗣同全集》，頁 45。

〔註49〕劉翠溶，《明清時期家族人口與社會經濟變遷》，（臺北市：中研院經研所，1992），〈https://scholars.lib.ntu.edu.tw/handle/123456789/5053〉。檢索日期：2019.09.01。

主題及注重的質量並重的貢獻是值得肯定。

三、朝貢文化具傳統中國本位保守性

譚氏對國土的開闢，依其觀察情勢上，無新土可開闢的情況，貨物不足的缺口，慶幸有外國貨物輸入彌補的管道，中國朝廷在京都以外的州郡及諸州進獻土貢也是一個管道，他認為土貢進獻的管道，是自然的大利。對於國內貨物不足缺口的彌補，彌補管道的規劃，由外國輸入的管道及每年屬地的朝貢。學者張啟雄對「中國傳統『朝貢文化』，由外國使節前來向中國皇帝訪問並帶來讚頌皇帝的信表與禮物。在外國使節進入中國領土後，通常中國方面會負擔使節在中國境內旅費，對古代日本使節並以軍隊護衛舉起『倭人朝貢』旗幟與樂隊伴行，提供民眾圍觀，目的是對國內進行宣傳，讓國內民眾感受皇帝威望遠播，向中國人民說明中國皇帝是承受天命之人，屬於中國外交政策的一環。」〔註50〕譚氏討論外府、土貢、大自然之利，中華的子弟的言論，反映譚氏對傳統中國本位保守性的態勢與榮耀感。譚氏預測貨物不足缺口，彌補的管道的規劃；貨物缺口數據提供參考，具有企業商業的思維。

貳、「通商」相仁蒙利之道

一、仁論的崇尚

譚氏在財富均等的主張，理念宣導「通商」互相以仁蒙受利益之道，成本的吸納，人與我互動流程的規劃及設定。討論外府、土貢、及大自然之利，以華夏子弟的態勢，以中國之礦擁有的優勢，分析英國課重稅的制度的不適切於民用，建立商務理論與情勢妥協的機制；謀求中國的富強之道。追求財富的均等的角色，譚氏沙盤推演，以仁為前題，不受制於人的舒坦。但是鑑於憂患意識作祟，誇張地預測將被人剪除消滅屠戮分割的下場，他揣測係上天施以報復，表現得無怨無悔。通商蒙利人我互動的成本，以及於內部組織的配置與吸納的機制，譚氏機動的處理，勞神考量並且憂患得失，崇尚仁論的通情達理。

二、譚氏以西人為華人服役的盤算

譚氏與外國通商創造財富的理論，在理念上宣導主張財富均衡，當時宣導民眾對與西人通商及保護稅的認知連貫著一種近乎資產階級重商主義的傾

〔註50〕張啟雄，〈東西國際秩序原理的差異：宗藩體系對殖民體系〉《中央研究院近代史研究所集刊》第 79 期，2013.03，頁 47～86。

向，著眼在商品的貿易流程出發，看到資本主義家經濟的外表和現象，摸索建立系統的或理論的經濟思想，尚未能深入探討資本主義的經濟規則，從重商發展到通商互蒙之利的成長。分析通商〔註51〕交流之利，西人與我貨物交流過程中，處於商品經濟與市場經濟的過渡階段。在崇尚交流之利，主客雙贏的兩利之道，他以中國與西方人商品貿易交流，雙方互蒙其利的認識。

西方人與中國貨物交流過程中，中國商務工藝興盛，體恤商賈，貨物與西方交易雙方地位平等、力量相當。譚氏以西方人（外商）在中國的商務，提供貨物（商品）購買貨物（商品），外商的交易，以中國境內的優勢，通商蒙受的豐厚的利益。譚氏以西人「為我服役」的構想，商品經濟，借商品成本轉換可得的利益。

譚氏以中國境內的製造業不善製造之貨品，仰賴他國製造供給。按依賴理論，係先進國家對落後邊陲國家的盤剝。譚氏以西方人賺得的金銀無用，無用的金銀交換有用的商品（勞務），他的思惟的架構元素，需要增強兩國貨幣的交換的機制，譚氏以西方人（科技發達）為我華夏提供勞務（服役）為勝算，利上加利的構想。

重商主義試圖確保國家能夠生產盡可能多的量與種類，封閉經濟是重商主義的重要元素。譚氏的商品經濟以西人（外商）勞務「為我服役」的兌換，商品經濟與「自然經濟」的對稱，商品經濟的方式是商品的生產、交換、出售的總和。商品經濟最早產生於第二次社會分工即手工業從農業中分離併進一步擴大，在第三次社會大分工時出現了商品經濟的重要媒介稱為商人。當商品經濟不斷發展，商品之間的交換主要由市場調配時，這種社會化，由市場進行資源調配的商品經濟就是市場經濟。

產生「商品經濟」是社會生產力發展的產物，在奴隸社會和封建社會，商品經濟是在自然經濟的縫隙中生長的；而在資本主義社會，商品經濟才取代自然經濟，成為普遍的經濟形式；社會主義社會仍然存在於「商品經濟」。譚氏以「貨物必皆周於用，金銀則飢不可食而寒不可衣。以無用之金銀，易有用之貨物，不當出貨備彼而為我服役也」，他站在盤收利益的角度，是處於將過渡到市場經濟的階段，仍尚未能深入探討資本主義的經濟規則，及仍尚未能深入探討商品流通的規則。

〔註51〕通商，本來指商品買賣的行為，後續指與外國互相貿易。通商為通商販之路，令貨利往來也。

譚氏以西人的勞務兌換為中國人的商品服務，他的市場經濟的色彩淡薄，尚未強調金錢的作用是去可以交換自己所欠缺的貨物和物品。倒是在變法的理想中，為中國戰役的士兵及薪餉發放的考量，採用日本兵制薪餉發放的方式，具有日本明治維新的色彩，並有兌領地點、官銀行的建置的建言。

三、譚氏對祖國富強的追求

依學者李澤厚評述譚氏的世界觀，認為「譚嗣同大概是中國近代最富哲學氣質的思想家之一，首先，譚氏企圖提供一個比較完整的世界觀，作為變法維新運動的理論基礎，建構譚學的體系，執行屬於初級階段，即使充滿著尖銳的形式邏輯，其中，前後顯得自我矛盾。」〔註52〕其次，學者從當代思潮與中國智慧上評述「在改良派維新思想的發生與發展，發展民族資本主義工商業的經濟要求，與從王韜、馬建中…以至到九十年的康有為、譚嗣同、梁啟超等，整個十九世紀改良派經濟方面的思想主張，接續一種近乎資產階級重商主義的傾向，著眼在商品的貿易流程出發，看到資本主義家經濟的外表和現象，摸索建立系統的或理論的經濟思想，裡層尚未能深入探討資本主義的經濟規則（即便是商品流通的規則），他們對當前急迫的經濟問題具體提供意見及辦法，這些具體意見及辦法反映當時民族資本主義的發展要求，具有抵抗外國經濟侵略，希望祖國富強的愛國先進的特性。當時遭逢的種種阻礙，使它們（具體意見及辦法）或成為紙上論戰，但是，這些思想的後續，在當時社會是留下深刻的影響。」〔註53〕譚氏走在近代中國經濟的成長路，承先啟後的表徵，對社經的發展具有重要的啟示與負有時代的使命。

參、中國產業經濟成長之路

一、尊重商務整體運作的情勢

譚氏表達彼（西方）與我的來往，以譚氏的世界觀，尊重商務整體運作的情勢，不宜畫地自限，鼓勵開放的政策。譚氏的批判精神、「衝決網羅」的口號，對於中國近代青年反傳統的文化態度、反權威的人格形式有相當大的濡染作用。

在中國礦產的商品經濟，借用成本轉換可得的利益，以製造業不善製造，

〔註52〕李澤厚，《中國近代思想史論，李澤厚論著集》（臺北：三民，1996），頁203～204。

〔註53〕李澤厚，《李澤厚文集——當代思潮與中國智慧》（臺北：風雲時代，1989），頁54～64。

仰賴他國製造供給，主張「以無用之金銀，易有用之貨物，不啻出貨傭彼而為我服役也」；譚氏以中國的礦產，財富充裕佔地球第一名的形勢，紓解困窘之道。採礦工事的假設，工事受牽制的干擾變數及利權外流，留下對外國的怨毒指數，沒有自我要求振奮而有推咎的空間；討論通商彼與我「仁」的來往狀況。譚氏表達彼（西方）與我「仁惠」的來往，討論英國曾經抽重稅的動態，得不切民用的結果，譚氏以為借鏡，中國不重蹈西方人的覆轍。提倡通商，融合西人、印度、南洋各說，以中國境內南北地理位置檢測，顯示了譚氏的世界觀，尊重商務整體運作的情勢，告示不宜畫地自限，鼓勵政策的開放。

二、承襲前賢理念的模式

謀求中國富強之道，承襲前賢的模式，譚氏經營的脈絡依循西洋的進步節奏，肯定運輸業「況輪船、鐵路、電線、德律風〔註54〕之屬」及交通電信聯絡科技的文明與發達。

從學者易惠莉以在實業家／鄭觀應〔註55〕的考察西方實況，得出戰爭→追求富強→社會文明進化，三者間構成環環相扣的因果關係，鄭實業家構築的理論中，推導出在洋務思潮具有關鍵意義的「富強」問題，鄭氏的七宜（法宜修、兵宜練、器宜精、船宜興、學宜通、事宜舉、因時制宜）的理論基礎，宣稱歐洲各國家，以智慧、英勇互相競爭，富裕強盛互相崇尚，……切勿拘限於陳舊的往例，竭力實踐，勉力去做，成效自然有所爭奪。而譚嗣同是站在鄭觀應七宜的理論基礎，承襲前賢的智慧財產，走進近代的空間，學者易惠莉以「作為中國知識分子在追求國家富強的願望面前，普世存著認識的德與力，義與利的矛盾衝突，令他們不能坦然地張揚對財富的追求。」〔註56〕譚氏的紓解困窘之道，建立民眾追求國家富強的認知及依循西洋文明進步的模式及推廣交通電信聯絡科技的發達，譚氏有其獨到的見解。

譚氏的批判精神、超越意識與「衝決網羅」的口號，對於中國近代青年反傳統的文化態度反權威的人格形式有相當大的濡染作用。如國父孫中山先生

〔註54〕德律風，telephone 電話。
〔註55〕鄭觀應（1842～1922），廣東香山縣（今中山市）人。中國近代著名文學家、思想家和實業家。他是中國近代最早具有完整維新思想體系的理論家，揭開民主與科學序幕的啟蒙思想家，也是實業家、教育家、文學家、慈善家和熱忱的愛國者。
〔註56〕易惠莉，《鄭觀應評傳》（南京：南京大學出版社，1998），頁 122～123。《鄭觀應集——上》，頁 66。

為推動革命大業，提出革命革心《心理建設》等理念，盼能藉思想改造達到其促進國民黨員及至政治、經濟、社會改造目標的達成。

三、譚嗣同與孫逸仙觀點的互相比較

英雄所見相同計承襲前賢智慧、進化史觀、出版事業、無政府主義及預防計畫。

（一）承襲前賢鄭實實業家的職場理念

在「Sun Yat-sen Frustrasted patraiot 沮喪的愛國者」一書裡，呈現「孫逸仙這位年輕的革命者早些時候受到學術買辦主義者的改良主義思想的影響。1894 年，孫逸仙他初次見面的實業家／鄭觀應（Cheng Kuan-ying）。鄭實業家年紀大約是比孫逸仙大二十五歲，也是來自香山縣。在他（鄭實業家）職業生涯的頂峰時期，他因敦促中國改變體制和發展經濟而聞名。這些論文於 1893 年被收集並轉載，書名為《盛世危言（Sheg Shih Wei-yen）》。譚氏與孫博士的體會時艱，基於前後的機緣，是以譚學與孫學的時空，隱然承襲了前賢鄭實業家的職場理念的交會。

（二）進化史觀

另一個影響孫逸仙博士的人物是嚴復先生，他是赫伯特·斯賓塞（Herbert Spencer，英國哲學家、社會達爾文主義之父，主張「適者生存」）等西方重要社會哲學家的譯者。嚴先生生翻譯原文書重要的撰者，包括了 01 托馬斯·赫胥黎（英國生物學家，捍衛查爾斯·達爾文《演化論》有「達爾文的鬥牛犬」之稱）、02 亞當·斯密（蘇格蘭哲學家和經濟學家，代表作《國富論》為發展現代的經濟學學科的名著，贏得—經濟學之父—盛名）、及 03 約翰·斯圖爾特·米爾（英國著名效益主義、自由主義哲學家，政經學家，代表作《論自由》，是集「古典自由主義」之大成）。

探討譚氏的進化史觀的形成，環顧當時近代中國是進化論盛行的時代，秉持進化史觀是建構近代思想家共識的元素。依學者「檢測譚氏的進化史觀，在嚴格的意義上，譚氏與康有為老師一樣並沒有接受過借助西方達爾文進化論系統的洗禮，而是用心於進化論知識的點滴累積的功夫。譚氏的進化史觀以及對人類社會演進的軌跡，他是借助孔學儒家《公羊學說》〔註57〕及莊子、王夫

〔註57〕「公羊學派」在晚清具有重要的學術地位，是當時的主流，學者們的企求從公羊學說蘊含微言大義之中探求解脫中國社會危機的通路。

之思想的《周易》、《春秋》變易思想完成的，結合公羊三世說與人類歷史的演變，君統（據亂世）→天統（升平世）→元統（太平世），太平世成為人類社會進化的最高階段，太平世的大同社會由於奠基在歷史演化的基礎上而擁有了正當性。」〔註58〕譚氏借公羊學的以太平世成為人類社會進化的最高階段，及融合變易思想，走到近代大同理念的思維。

（三）出版事業

後來，對孫逸仙有影響力的競爭對手，是學者兼記者梁啟超（Liang Ch'i-cha'ao）產生了很大的影響。而譚氏與梁啟超於產業界、官政府、學術界多方面互動，及創新研發系統的心力與腦力多所相互激勵。

（四）無政府主義與預防計劃的見地

在新世紀初，當他（孫逸仙博士）制定《三民主義》時，孫博士在日本居住較長的時間，這段期間，在日本出版的中文期刊上充斥著有關社會主義、無政府主義和其他社會改革理論的文章。在他的《民生 People's Livelihood》原則中，他強調了避免因不受管制的資本主義而引起的社會不平等的重要性。

探討他（孫逸仙博士）試圖指出如何通過鐵路，公用事業和其他大型工業領域的國家社會主義來實現這一目標。根據約翰·斯圖爾特·米爾（John Stewart Mill）和亨利喬治（Henry George）提出的模糊定義的稅收理論，對未來土地價格上漲徵稅。被稱為「土地權利均等化」，該計劃實質上是城市計劃，還不是農業計劃，是預防計劃，而不是補救計劃。」〔註59〕孫博士的民生計劃原則，是城市計劃，還不是農業計劃；機制功能上：是預防計劃，而不是補救計劃，審視居處時空的不同，譚學、孫學愛中國、救中國的理念，於民生預防的前置，『問題分析與對策解決』精神與視野的有志一同。

肆、中國境內礦務產業策略

譚氏礦務策略的使命感及袪除官場的習氣，譚氏的產業策略，以獎勵工藝，嘉惠商人為結構，製造加速，貨物繁盛為動線「為今之策，上焉者，獎工藝，惠商賈，速製造，蓄貨物，而尤扼重於開礦。」〔註60〕

〔註58〕魏義霞，〈譚嗣同人同思想的多重意蘊和訴求〉，頁 36～44。

〔註59〕Wilbur, C. Martin, "SunYat-senFrustrastedpatraiot" (New-York: Columbia Univ Press, 1976), pp.16～17.

〔註60〕〈仁學〉二十三，《譚嗣同全集》，頁 45。

　　中國在新式事業開始嘗試時期，也是新舊派人士思想接觸衝突的時期，此間，關係著清廷的存亡及整個中國盛衰強弱的轉捩點階段。當年譚氏赴湘開礦，接觸湖南煤礦，與盛宣懷的交往是圍繞開發湖南煤礦而展開的；按 1896 年（光緒 22 年），譚氏年譜記事，觀察他的公事處理、礦務接洽的動態。

　　依譚氏上歐陽瓣薑師書分別之六、之九的記敘：〔註61〕

　　譚氏在江南的礦務任務時代，依其記事，對自己的家計經營規劃之外，預排的行程，公務上，等候盛宣懷大官員與陳寶箴長官的商議公事，以礦務公事的優先，他奔忙於湖北、湖南兩地，規劃策略，與歐陽師及團隊伙伴唐才常的回應。（按：10 月 21 日返鄂一行，礦務合作一事，因盛宣懷的變卦而告延宕停擺。）譚氏向歐陽師長報告產業動態。另與同門的唐才常的表述已顯有微詞。〔註62〕譚氏對湖南礦務的經營拓展業務的張力。而盛宣懷的產業動態，盛氏與朝中大臣張蔭桓等人士的互動，主題環繞著中國境內各地產業的生態、考量產品與業師勞動力的開發，以及產業價格、貨船河運開發，顯示當時中國的商機滾滾。

　　譚氏與盛宣懷產的業交流，因為開發湖南煤礦問題曾發生過一段交往。盛宣懷接辦「漢陽鐵廠」後，急於在湖南尋找煤礦，以供煉焦炭之用。他邀請譚嗣同協助辦礦，是想利用譚氏在湖南的關係和影響，為其「漢陽鐵廠」服務。而當時在南京任候補知府的譚嗣同，主動承擔赴湘開礦之責，其目的是藉此機會，返湘參加維新活動，並與梁啟超赴湘講學相配合。積極推動湖南的維新變法。由於陳寶箴對聘請外國礦師及成立商辦礦務公司，存在著顧慮；也由於湘煤當時的狀況難以滿足漢陽鐵廠的需要，促使盛宣懷在湘煤與贛煤之間決定取捨，譚、盛交往從經濟活動的角度產業互動的，致使譚嗣同的湖南新政之行多了這一道巡禮。譚負有時代任務的使命感。

　　按學者凌鴻勛〔註63〕評述「盛宣懷與中國鐵路『說帖』對於建設幾條交通幹線，關於籌款舉債以及組織運作，首先，當甲午之後，舉國皆知興築鐵路之

〔註61〕譚嗣同，〈上歐陽瓣薑師書六、九〉《譚嗣同全集》（臺北：華世，1977），頁 304～305、306～307。

〔註62〕信文內容大意：譚氏關切運煤、點收、價格、礦師。盛宣懷（字杏蓀）的變卦，行程因天寒水淺之故而變卦，預約明年再議，譚氏的悵然對盛氏的不滿評其狡詐心思纖巧又不可捉摸。

〔註63〕凌鴻勛（1894～1981），對中國鐵道事業貢獻卓著，被譽為繼詹天佑之後的「鐵路聖人」。

不可緩；雖然當時各省的地方大吏與紳商已開始討論，款項統籌與工程技術標準之統一，設立一總機關以負此全責，……等等構想。在管理上，依盛氏所陳敘的不用『交通總局』名稱，而採取『總公司』名稱，頗含有現今企業化之意。人事職位（稱謂）擬推選的總董、幫董諸執事，係『按西國規模，盡除官場習氣』，近今日公司法之精神。」〔註64〕與譚氏於「保衛局」對於紳商的人事職位（稱謂）、人力、財力結構、盡除官場的習氣是付出相當努力，積極盡責。

譚氏的財富均衡策略與產業組織文化的倡議，產業內部調控彼我互動存仁的重要性，能以仁待人，彼此財富的均衡，因為仁的元素，理財有所均衡但不致於困乏，遭遇財力不足時的設定步驟，首先求自己財力的寬裕與富足，節省對方施予仁惠於我的思惟。立意良善、具前瞻性的經營手法，發揮預期的效果。

人我互動成本預算的合計，與彼（對方）人與我的互動，我本身的支應，一來一回，節省力氣成本的合計，不受制於人，將是有舒坦的空間；以譚氏的憂患意識，受人之仁，別人有恩於我有負面的壓力，假設變數是自己的游手好閒、招致窮困潦倒，譚氏經常比較誇張悲觀傾向的說法：假若，將受制於人，而招致被人剪除、消滅、屠戮、分割的下場，揣測的因由係上天施以的報復，是適宜的，無怨無悔。譚氏機動的處理，勞神考量其間的得與失，活用仁的載舟覆舟，表示事物用之得當則有利，反之必有弊害，所以「故莫仁於通，莫不仁於不通。」〔註65〕仁的管理活用與掌操控。

財富均衡的主張，理念宣導「通商」相仁蒙利之道與成本吸納，人與我互動流程的規劃設定。譚氏討論外府、土貢、大自然之利，是屬於華夏子弟的態勢。中國之礦擁有的優勢，分析抵制作用與英國課重稅的制度的不適切於民用。建立商務理論與情勢妥協的機制；謀求中國的富強之道。追求財富均等的角色，譚氏的沙盤推演，以仁惠為前提，不受制於人，得有舒坦的空間。但是鑑於憂患意識作祟，誇張地預測將被人剪除、消滅、屠戮、分割的下場，揣測上天施以報復的因由，歸納為適宜，無怨無悔的回應。商務互動的成本預算，於內部運作配置與吸納機制，譚氏機動的處理，勞神考量憂患得失，崇尚仁者的通情達理。

〔註64〕凌鴻勛，〈盛宣懷與中國鐵路（上）〉《傳記文學》，第9卷第4期，1966，頁18～20。

〔註65〕〈仁學〉二十三，《譚嗣同全集》，頁44～45。

早期階段，譚氏講求與外國通商的財富理論，宣導財富的均衡，當時民眾對與西方人通商及保護稅的認知，連貫一種傾向近乎資產階級重商主義的階段，在著眼在商品的貿易流程出發，目睹資本主義家經濟的表象，摸索中建立系統的或理論的經濟思想，當時從處於尚未能深入探討資本主義的經濟規則，及後續漸次有所拓展的模式。

伍、譚氏財富均衡流通理論

一、譚氏的理財利息，觀察他計算的分類

譚氏提倡創新、日新的進化觀念，提醒國人身處危機時代，當勇於變革，迎向時代的挑戰，譚氏買賣利潤借貸理論，利息方式，觀察計算的分類，精算細節，內層含隱形成本，計有商家存放利息及實體店面經營兩種類型。商家放利息—按日計息方式：

假貸（資）於人而歲責子金百之一，世必謂之薄息矣；易以月〔註66〕則厚，易以日則愈厚，是猶一與十二與三百六十之比也。

（一）利息的計算法：日利息

一個月@30（天）×12（個月）＝360 天（一年）公式為 1 年：12 個月：360 天

（二）貿易市集—含商品製作及往來交通費，利息因營運據點不同的計息方式：執業於肆（市集貿易的地方），歲成一器，雖獲利百之十，世猶謂之賤工矣。

執業商店（販賣業—實體商店）買賣器皿，每年的商品，以年（歲）計算，獲利 10%

依照譚氏觀察，總體市面上，歸於便宜（低賤）的勞工價，建議假設按日計算，財富可以擴增得更大，其比例為 10：360（天）；買賤賣貴賺取價差的小販，以路程（交通）成本計算，住家與實體商店距離遠在千里之外，每年一次往返，表面上的獲利計 12%，市面上稱為窘迫的商人，因為以一年往返次數，以一年一百趟往返計算，譚氏即是以戰國時代的巨賈猗頓的聰明才智為例證，還不以為是崇尚（推薦）的方式，按實際利潤的百分比 2：100（一百趟來回的成本）。以及他考量了社會大環境的因素，及實際行動的計算方式是屬於精算

〔註66〕日利率、月利率、與年利率，核算利息獲利的差異，年利率，一年 12 月，月利息基數×12（月）。日利率，年利率一年 360 天，日利息基數 x360（天）。

型的經濟學家。

二、觀察財貨生產及供需法則

（一）對童子的注重

1. 譚氏開發童子入市的理念

譚氏的特別創新法則及童子入市（從小建立的消費理念），並注意財貨豐歉狀況，時令耗損、貨財歉缺，愛惜財貨的盛產，關注財貨的供需法則，權衡相距有百倍或千倍的落差，推動機器化生產，時間管理，不容遲緩；融入「社會及經濟改變與技術創新的關係」，財貨大規模產出時，預估市值必定滑落，擬淘汰墨守成規，汰變舊法，別創新法新物，救治積累的局面。消費理念以兒童進入市場，進入市場後的選擇，依兒童的才智（他們知識背景）具判斷力與選擇的理念，財貨的價值（面值）自然上升，又有新物、新消費者，物價節節上升。本研究發現很巧合的事例，對照孫逸仙博士，同樣注重童子學習的主題。

2. 孫逸仙博士對童子的注重

在教育項目「使通國之人童而習之」，孫中山（孫逸仙博士）於光緒 20 年（1894 年 1 月），草就《上李鴻章書》，同年 6 月在上海修改定稿，孫博士的「富國之大經」，提出治國的四大綱要，第（一）條，人盡其才，認為西方列強的教育方針，辦學方法值得中國學習，它說「境內私塾鄉學遍布，國人不分貴賤都奮於學習的意願，學習的項目以凡是天地萬物的事理，日用事物，使整個國家的仁人童子學而時習『使通國之人童而習之』而各就屬性貼近而盡力而為。」〔註67〕注重可行性與有效性，以童子為培育的主目標。

實質面，治國綱要目標認定的旨趣，目標鎖定。通指及全統一國之人童，的有志一同。從積極面的譚學、孫學在愛中國、救中國的道合志同，更見志慮忠純理念的交會。

三、破除尚儉觀念的誤導

譚氏提倡創新、日新的進化觀，時時提醒國人身處危機時代，必當勇於變革，迎向時代的挑戰。繼在治平之道，觀察譚氏理論的推估。依據他的推測得到中國人消費喜賤值，喜賤值由於國貧，國貧由於在沒有時間管理，譚氏的力圖推動機器設備生產。破除尚儉的誤導，君權壓抑民生的現象。

以譚氏的認知，中國人民盡其才靈巧勤奮，土地盡其力（利），國人的生

〔註67〕茅家琦，《孫中山評傳》（南京：南京大學出版社，2001），頁 90～92。

活水平嚴謹（小心謹慎），粗糙質劣商品在市面上消聲匿跡；令游手好閒者有所知覺有所警惕，商品的品質精良者偏巧宜於適用。但是，他觀察到西洋人士（外商）販售物品給中國的傾向，是提供質地脆弱，不優的品項，探究的因素是國人的偏好低價格的水平，而偏好低價格水平的源頭在於國家很貧窮，國家很貧窮在於不得珍惜時間之道，而不得珍惜之道（耗費時間）在於沒有機器設備；他認為有了機器設備的運作，[註68]產品市場的榮景興旺，物價騰貴，這是收治理平順、協調均衡的效用，治理平順的社會經濟進步，物價跟著前進（上漲）。而衰疲的國家，民情的三餐不繼，衣不蔽體，狀況很窮困，即使擁有了精緻的事物，也無法消受（承受）。被政策的尚儉之風誤導，愚民政策，壓抑了天下人的消費觀，物價不能違背節儉的守則，物價騰貴，怪罪於人謀的不妥善，其實君制以緞製美麗的包裝來阻塞天生的富有，以節儉名義的確立，是因為日益尊貴的君權所造成的情勢。抨擊迂腐的儒生誤導，即被不解世事迂腐（思想陳腐）不合時宜的儒生，利用傳統經濟思想的教條，作為反對近代資本主義的理論武器，對外宣稱曰天地衍生財富，豈止有此數目，強力壓抑天下的人民，已經違反了人的本性本意，而互相帶領出「儉」的教條。物價自不能違反儉的教條，而單單以騰踴（物價飛漲）。最初以人謀之不臧（人的謀劃不夠妥善周全），將過錯推諉於天機，以緞[註69]一般美麗的謊言宣稱，而阻塞、抑制國家天生的富有，挾持藉口以控制人民「自儉之名立，然後君權日以尊，而貨棄於地[註70]，亦相因之勢然。」[註71]各種財富都不會被浪費蹧蹋，而加以充份利用，也是相因的時勢使然。譚氏點出君權的隻手遮天，抨擊清府治理美麗的謊言，極力爭取民權，民權興盛，以民權自由帶動經濟的繁盛，拓展旅遊商機，譚氏推動振興民權，揭去君權又節儉又壓抑的愚民政策，寓富於民，民眾擁有從容的空間，可以從長計議，得以順遂自己的生計，均衡各自擁有的福利，「杼軸繁而懸鶉（衣服破爛）之衣絕」機器生產方式帶來繁華又富庶的景象，工作就業順利有了收入，買屋解決住的問題，消除無殼蝸牛的哀嘆，礦務

〔註68〕 生產機械化是一個經濟學的課題，相對於勞力密集工業，機械化工業又名資本密集工業，機械由資本投資形成。工業由勞力為主要生產要素，轉營以電力、水力等其他動力來驅動生產。

〔註69〕 緞，質地厚密，一面平滑有光彩的絲織品。

〔註70〕 各種財富都不會被浪費糟塌，而加以充份利用，人們創造財富並珍惜財富，但不一定只是為了私藏己用。

〔註71〕 〈仁學〉二十二，《譚嗣同全集》，頁43。

解除禁令了，大家得以駕馭金錢且輕鬆愉快「旅行速，誰不樂乎遊覽？復何有儉之可言哉？」〔註72〕譚氏拓展崇奢黜儉的理念。

四、推廣旅覽遊山玩水之樂

具有推廣全民食、衣、住、行、育、樂的雛型。學者王樾以「譚氏主張捨棄保守節約的經濟觀念，而代之以樂利、求富的工商社會積極的精神，振興實業，講求對外商戰，對內則將配合經濟建設與民權相結合。以追求社會之合理與進步。」〔註73〕譚氏推導全中國走向近代，走向富庶祥和的景象。譚氏尚奢捨儉（崇奢黜儉）論，尚奢的目的在刺激資本主義工商業的發展，以收富富國富民之效。捨儉是反對落後的封建主義的生產方式。他的呼籲「凡利必興，凡害必除」〔註74〕才能抵禦外國資本主義的侵略，挽回國家利權，解救民族危機，才能求得國家民族自立，譚嗣同的觀念被賦予了重大的時代使命。

（一）譚氏貨幣經濟觀

譚氏對於貨幣進化史，譚氏追溯上古時代至今，從製造的材質貝→銅→銀→金，及更進步的空間，人民的智慧更越來越開啟，作為貨幣使用的物品逐漸被金屬所取代。使用金屬貨幣的好處；歐洲的資本主義經濟發展創造了起步的條件）「使風化更開，必將舍金而益進於上。」貨幣經濟學（Monetary Economics）上，在譚氏改革思想中態度之一是抱持進步史觀。譚氏對貨幣的進化史，製材從貝銅銀金及進展，預期貨幣的進化對社會經濟發展的影響是有所助益的表示。

（二）追求治平之世人可奢物可貴的榮景

譚氏在對民眾啟蒙，培育民力、民智、民德，為變革的基礎。他規劃的人人可以奢華，物物昂貴，社會榮景，蒙業而安「故私天下者尚儉，其財偏以壅〔註75〕，壅故亂；公天下者尚奢，其財均以流（通），流故平。」〔註76〕依譚氏的看法，如果純粹以一己之私心，節儉現象使社會經濟的功能逐一萎縮，理財困於敝塞不流通，像一灘死水，無所作用，因為閉塞而無所流通，無法擴展，譚氏以史為鑑的飢寒起盜心，擔憂天下將導致動亂不安定。倘若以天下為公，

〔註72〕〈仁學〉二十二，《譚嗣同全集》，頁43。
〔註73〕王樾，《譚嗣同變法思想研究》，頁112。
〔註74〕〈思緯氳氳臺短書──報貝元徵〉，《譚嗣同全集》，頁412。
〔註75〕壅，堵塞：壅塞。
〔註76〕〈仁學〉二十二，頁44。

處理財務，崇尚奢侈高消費，財源廣開暢通，財務均衡，貨物暢其流，沒有阻礙，節奏平穩通暢，天下為之太平。

追溯辦礦六道、惜時觀念，拓展機器工業的成長、計劃礦務產業策略、廣開旅遊理念。其次，在經濟平等觀檢測譚氏的救國理念及宣導，國內全民財富均等、國外通商財均衡；礦務產業與商父盛宣懷的交流。學者黃克武評述「譚氏思想奠基於一個完整的知識系統，以西方科學為基礎系統『真知』，了解宇宙本質，認識人性共通。歷史向最高境界發展的潮流，利用科技促進生產、發展交通、以互通有無，最後必然會實現理想，朝向自由、平等、民主的理想社會發展。人們順此前進，必然會發展到升平與太平之世，企求『地球之治，自苦向甘。』」〔註77〕譚氏的目標管理，循序積極而節奏明快且激進。

第三節　經濟自由平等

自由經濟的掌握與執行，譚氏在〈仁學界說〉對平等的追求，界說從十四至二四，共有 11 個項目，含括輾轉運作，化學說法質量不滅，空間的過去、未來，多元的錯綜，流於迷失⋯⋯有突破、有提升、平等生萬化，平等致一、通則仁。從仁→通→平等，仁者的通情達禮。在負有平等、自由的使命，譚氏負有特殊的使命及領導地位。

譚氏求取經濟的自由平等，主張地球之學，企求語言、文字統一跨區溝通的有效策略，致力於土語翻譯工作，過關及效益取向，在時間的掌握以及撰述的執行，排除障礙，執行地球之學，可合而為一的理想。

一、經濟自由主義主題啟蒙運動的重要

在經濟自由主義的感召，啟蒙運動是一種近代化的理論先導，是傳統社會過渡到近代社會過程中不可逾越的一個重要環節。中國近代特殊的政經群體的維新派，在啟蒙思潮處於承先啟後的重要地位。學者張婷婷強調「維新派啟蒙思想家們的啟蒙思想，和早期改良派思想家們擁有共同的社會背景和相同的歷史淵源，但是，維新派啟蒙思想家們的啟蒙思想稟賦時代和環境所賦予的比較鮮明的個性特，譚氏引進西方自然科學概念建立自己的譚學體系，抨擊封

〔註77〕黃克武，《一個被放棄的選擇：梁啟超調適思想之研究》（臺北：中研院近代史研究所（1994），頁 160～173。

建專制，提出『衝決網羅』宣告，口號中洋溢著反封建綱常名教的批判精神，引進近代的平等觀念，激起解放的思想，鼓舞大眾的作用；」〔註78〕譚氏有其特殊的領導地位。依學者謝貴文評述「譚認為以太具有微生滅的基礎，推演日新、新生，崇動崇奢而黜靜黜儉，目的在為其政治與經濟改革建立理論的基礎。」〔註79〕建立政經改革理論的基礎。

二、社會資本主義提出均貧富的經濟平等觀

譚氏作為近代中國著名的維新派思想家，學者周中之以「在追求變法圖強的社會理想的路徑中，腦力激盪形成了更為豐富的經濟倫理思想。他以『仁─通』為理念基礎，從價值論和社會發展的角度對資本主義民族工商業的發展做了系統的倫理辯護，提出申民權，抑官權和均貧富的經濟平等觀。他一反傳統社會的崇儉黜奢，提出崇奢黜儉的主張，在近代消費倫理觀念的變革上產生了不小的影響。」〔註80〕譚氏以消費理論的立場上，勇於提出他的均貧富的經濟平等的見地。

譚氏批判綱常名教之後，提出新的道德標準要符合自然本性與人的本性，認為，仁→通→平等，才符合這個標準，從這種平等理論出發。他指出中國嚴重的民族危機，變法上爭取民智、民富、民強與民生的四民導向，不是君主專制的把持「究之智與富與強與生，決非獨夫之所任為。」〔註81〕

譚氏的求民智、民富、民強及民生，在政治上，譚氏的建立資產階級民主制度，改訂刑律，使中西合一。在經濟上，呼籲發展資本主義工商業，認為傳統的農本經濟不能富國富民，主張資本家自由設廠、開礦、廣泛使用機器生產，鼓吹「商戰」，提出一系列保護及發展工商業的建議，及文化上的種種主張，以適應資本主義發展的需要。值得注意的是，譚氏主張除了改革的範圍，透露了革命的傾向。他對國人們誠懇勸勉，必須睜亮眼睛，勿沈溺於迷夢，華人的痛苦到盡頭處，揭穿歐美國家列強戴的假面具，列強好話說盡禍事作絕「華人不自為之，其禍可勝言哉。」〔註82〕全民不為列強欺壓，爭取自由的空間。

〔註78〕張婷婷，《中國近代維新派啟蒙思想研究》（哈爾濱：黑龍江大學中國哲學論文），2013，頁1～2。
〔註79〕謝貴文，《譚嗣同「仁學」思想研究》（高雄：中山大學國文研究所碩士論文），1999，頁72。
〔註80〕周中之，〈譚嗣同經濟倫理思想探究〉《船山學刊》，第5期，2016，頁1～2。
〔註81〕〈仁學〉三十四，《譚嗣同全集》，頁60。
〔註82〕〈仁學〉三十三，《譚嗣同全集》，頁58～59。

三、人人能自由,無國之民論

宣求自由的空間,譚氏以通過地球之學的關卡,地球之治,開放有天下沒有國家有形的界線。依循莊子的說法,有自由天下,人人得能自由,必定是無形國界的人民,以「曰『在宥』,蓋『自由』之轉音。旨哉言乎!人人能自由,是必為無國之民。」〔註83〕平等自由無國界、無戰爭、無猜忌、無權謀、無彼我,則平等出現;生命面前,人人平等;廢除君主制,沒有貧富差距,貴賤均平,三綱五常的消逝,一如西書境況中的大同景象。

譚氏鼓吹平等自由,以他的觀點,當時他要衝決社會的網羅,封建的綱常,肯定朋友為「五倫中於人生無弊而有益,……,」總體概括的意義,「不失自主之權而已」〔註84〕爭取自主的時空,從事個人有意義的事務。

四、舊傳統造成妨礙元素

譚氏以中國的舊思想、舊傳統是一種惰力,嚴重妨礙變法的推行,阻礙社會的前進。學者錢穆評述「譚嗣同的言論,較之宋儒言理以意見殺人者,憤激尤過之,近世以來,學術思想之路益狹,而綱常名教之縛益嚴,然未有敢正面對而施呵斥者,有之譚氏以中國的舊思想、舊傳統是一種惰力,嚴重妨礙變法的推行,阻礙社會的前進。學者錢穆評述「譚嗣同的言論,較之宋儒言理以意見殺人者,憤激尤過之,近世以來,學術思想之路益狹,而綱常名教之縛益嚴,然未有敢正面對而施呵斥者,有之自復生始也。」〔註85〕為全民爭自由與平等。蕭致治評述「譚氏的思想也有其局限性,他對君主專制的形成和發展分析是不全面的,尚未能從階級鬥爭角度作科學的解釋,他猛烈抨擊荀子以後的儒學,但對於孔子視為革新的聖人,祈福孔教有馬丁·路德人物的出現,這些是其時代和階級的局限決定的,未宜作苛求。」〔註86〕譚氏為時代的任務而努力不懈。

五、經濟思想與時代的局限

學者王樾評述「譚氏的經濟思想是他救國方極重要的一環,對於譚氏的經濟思想,1990年代,學術界尚未作過有系統與較深入的研究,除了期許議題

〔註83〕〈仁學〉四十七,《譚嗣同全集》,頁85。
〔註84〕〈仁學〉三十八,《譚嗣同全集》,頁66。
〔註85〕錢穆,《中國近三百年學術史(下)》(臺北:商務印書館,1957),頁667~668。
〔註86〕蕭致治、劉振華,〈評戊戌維新中的譚嗣同〉,《武漢大學學報——哲學社會科學版》1 第4期,總第237期,1998,頁104~110。

再深耕與研發的建議之外。鎖定譚氏的經濟思想主要的內容是主張『黜儉崇奢』，譚氏與中國固有傳統經濟思想及晚清以來如馮桂芬、湯壽潛、張之洞、嚴復…等大多數人主張的『黜奢崇儉』字面的相異；討論『黜儉崇奢』的經濟觀的實用價值與時代的需要，在中國近代經濟發展史上的意義，是值得關切的問題。」〔註87〕在主題受時代的考驗。認識中國傳統禮教的秩序，中國近代啟蒙運動的早期領袖人物，傳統與近代中國知識分子與五四形象與革命形象，按學者張灝提供「探索譚嗣同思想的發展，指導從學者李文蓀的『文化認同』（五四形象與革命形象）去了解，譚嗣同、梁啟超都是中國近代啟蒙運動的早期領袖人物，思想上激進的趨勢，是中國近代反綱名教的急先鋒。再方面，譚氏的著作含有濃厚的傳統色彩，從譚氏正面的攻擊綱常名教，他在西化的影響下認識中國傳統禮教秩序的非理性，同時這種對傳統的認識也產生一種文化的自卑感，促使他的撰著作品中闡揚各種傳統思想，以求心理上的補償。他對傳統思想的認同與發掘是來自他對生命的特別的感受，他在傳統典籍之中發現許多精神的智慧，讀書治療法，消解他的『蒼然感』，替他重新找回生命的意義。這個觀點對譚嗣同對待傳統的肯定是理性的，他在傳統思想裡發現『價值理性』，及知識分子與傳統關係的多樣性。」

　　加上近幾十年來，「學者們漸漸注意到也發現到文化與傳統的種種銜接關係是一種健康的轉變，但是這個轉變，在演發的過程中，也時有矯枉過正，走上另一極端的趨勢，這種趨勢在中外學術界都曾出現過，值得我們警惕。」〔註88〕所謂學術的代溝，與時代的脈動，觀念跟著轉變，有時也來不及轉變，則需要緩衝的空間。

〔註87〕王樾，《譚嗣同變法思想研究》，頁81。
〔註88〕張灝，《幽暗意識與民主傳統》（臺北：聯經，2000），頁178～179。

第四章　譚嗣同的湖南新政事業實踐

譚氏在湖南新政事業，首先，從事瀏陽賑災，引進鄉紳的財力人力、以工代賑德政工程，具創新性。第二，譚氏注重軍隊管理，海軍「寓兵於礦、寓兵於商（礦務產業）」、陸軍「寓兵於農」的管理模式。第三，成立學會組織，厚植人文經濟基礎，倡導知識救國的新觀念，革新教育，講求實學。啟迪民智，塑造新民，奠立新國家的基礎。第四，創設保衛局，維護社經的秩序與安全。關注湖南新政地方自治，「保衛局」衡量官員權力勢位，決棄箝軛（箝／威勢控制）（木軛／束縛牲口）傳統，追求天下智士、智民雙智並行理想，主張官紳執行力聯合，勤政謀國策為共同治理的方式。

第一節　瀏陽賑災

瀏陽賑災，譚氏佐理師長為辦賑設立十二條規，從事賑災工事親力親為。

壹、賑災始末

瀏陽於光緒 21 年（1895）乙未旱災，陳寶箴巡撫委請譚嗣同主辦瀏陽急賑，譚氏處事井然有條理。[註1] 譚氏關注政事，督辦實務作業及改革思想的獨創性。依學者張灝論述「他的思想與當時許多的知識份子有著重要的不同，知識份子們倡議的出發點是富國強兵為主的民族主義；譚嗣同的原動力，是從

〔註1〕譚訓聰，《清譚復生先生嗣同年譜》（臺北：臺灣商務，1980），頁 23。見陳巡撫子（三立）所撰先府君行狀，散載《原精舍文集》引摘錄第 5 卷，頁 117。

傳統儒家的經世濟用的理想出發。」〔註2〕學者楊一峯以「譚氏注重實踐，瀏陽小試，當時湖南巡撫陳寶箴，具有開發湖南的抱負；湖南政策開明的行政團隊，計按察史黃遵憲、學政徐仁鑄、及前任學政江標、等團隊齊心協力規劃政務；譚嗣同與士紳皮錫瑞、〔註3〕熊希齡等，譚氏的發揚蹈厲，團隊合作無間，是湖南新政時代的登場，是戊戌維新運動的中流砥柱。」〔註4〕譚氏為瀏陽工事積極佈署。

一、瀏陽辦賑工事佈署

（一）進行建置詳實記錄檔有利政事效率及比較經濟成長

譚氏的愛鄉愛民，依「報章文錄」黎少穀《瀏陽土產表》敘，探求譚氏的經濟實踐，擁有「瀏陽雙傑」的光環，本辦賑工事進行的路徑，從瀏陽大縣的地理位置，農民耕作與官吏管理，建議凡是戶口、農田、百貨等，提供簿冊為管理的憑據，制度化從年度資料登錄入手，建立行政團隊的共識，改善因循苟且陳舊的習性，詳實的記錄檔，簿冊精確存檔，有利於籌辦政事，有利於官員掌握，有利於經濟比較成長的概念。

（二）辦賑工事親力親為積極執行

當時譚氏回鄉遊說縣官籌辦算學案，逢瀏陽農事管理狀況不善，譚氏建議從速處理，知會長官與歐陽瓣薑師長，提議籌辦賑災公事，以安定民心，勸誘縣民，農民的通報，秋季久不下雨遭逢旱災，依「黎少穀〔註5〕建言書」狀況危切執行在即。當時湖南正逢大旱，共有二十多個州縣受災，以瀏陽、醴陵、衡山三個州縣最嚴重。陳寶箴巡撫的鐵腕手段平定事變、安定民心。措施得當，數以百十萬人民逃脫死亡的命運。湖南當時的綱紀廢弛，上下相賊，庫藏耗竭，百廢待理。陳巡撫〔註6〕的整肅吏治，開源節流，民心安定，得力譚嗣同的親力親為。

瀏陽市在湖南省東北部，長沙市的東邊，省界比較靠近江西省，瀏陽市在湖南省是比較有實力的一個縣市。

〔註2〕張灝，《烈士精神與批判意識》（臺北：聯經，1988），頁38。

〔註3〕皮錫瑞（1850～1908），宣傳變法維新，「南學會」講座的師資，皮錫瑞主講學術，黃遵憲主講政教，譚嗣同主講天文，鄒代鈞主講輿地。

〔註4〕楊一峯，《譚嗣同》（臺北：中央文物供應社，1959），頁16～17。

〔註5〕黎少穀，湘籍，近現代文化名人。

〔註6〕陳寶箴（1831～1900），江西義寧人，晚清維新派政治家。曾任湖北按察使、直隸布政使、湖南巡撫，戊戌維新。光緒帝稱為「新政重臣」的改革者，清末著名維新派骨幹，地方督撫中唯一傾向維新變法的實權派風雲人物。

二、譚氏佐理師長設辦賑十二條

當年「嗣同念有事服勞之義，佐師為理」為動機，「為辦賑條陳十二條」管理條規；其中，第一條至第六條，縣城總局、四鄉分局管理層分二級；遴選本鄉紳士首領，加入人力管理；會計及捐贈，人事、人力培訓；第七至十二條，計實名造冊及罰則、預算管理、辦賑工程（德政導向）、西鄉金沙礦淘挖，人力引進鄉紳入場、產品錢穀兌換公平分配、行政業務分配、政令宣導、及推廣公告。

縣城總局、地方分局；遴選本鄉紳士首領，鼓勵自願優惠制；公款預備金動支……等說明及評述大要如下：

第一條，湖南地方自治，縣城籌賑總局、總辦，注重成員態度與在職培訓。

第二條，四鄉設分局，總局遴選本鄉紳士為首，人事稽核及汰換機制。

第三條，人事制度，鼓勵富家子弟自願入局，按畝派捐，優惠準免十分之二。

第四條，公款預算由總局動用

第五條，穀米管理總局核實辦理，私買穀出券借據、囤穀情弊經查充公。

第六條，公家按糧冊，田租及計算單位，屬廟宇祠堂（公業）加倍捐獻，糧冊建置、田租徵收規定。

第七條，由紳首詳查賑戶口，分（極貧、次貧）造冊、冒濫立請官嚴懲、倡首滋事嚴辦。採機動抽檢制，不時派人按冊覆查，未預告突襲檢查，具運作加策略決心。

第八條，總局統一期票面額、到期日，指定兌領。奏定價官方網絡機制。期票（支票）使用，須有可靠的資信及定額的資金，流通及轉讓，替代貨幣減低現金流通量的功能，具現代商管的經濟模式。

第九條，轉運交通里路規定，本地鄉紳督運人管配置維護與罰則，區政督導化機動化與親民化；工作人員細則，住宿管理、省城宜派紳士長行駐紮督導。監督工食、工錢管機制「督運首士」工作項目輔導合法化。

第十條

（1）煤（產品）分類科學化、人力「以工代賑」；細節嚴謹，運費成本、價差缺口。

（2）出資興辦煤礦，籌募經費方式。譚氏嚴立章程，法規組織精神，流程管理從嚴軍事化，戒守紀律等，符合具體的審定。

第十一條

    （1）救荒上策淘金者聚眾極多，勢不能禁，規劃市場管理、選派紳士踏勘。

    （2）市場公開明定多占、指占，壟斷。

    （3）開放紳士入場踏勘人力協助地段審查。

    （4）每日（金沙礦）管理，核心職守，制度抽厘，錢穀兌換公平分配，流程設定。

第十二條，資料管理業務歸屬分類清楚的優點：有業災民、老老弱婦女、災民逃荒另公告等：辦賑十二條規全文請參閱【附錄】。

    譚氏於瀏陽賑災，獨創賑務德政，嚴立章程，管理從嚴，細則明確，譚氏督辦業務的實質及改革思想的獨創性，在晚清改革實踐重要的嘗試：

    學者黃升任以「黃遵憲按察使〔註7〕署理業務當年，深感管轄地區的灰色地帶，按察使曾表示：「實施省城內外戶口繁盛，盜賊滋多，痞徒滋事，不免擾害。上年竊案多至百餘起，的破獲率⋯⋯，」〔註8〕以法治精神的貫徹與盜賊痞徒的危害，鞏固地方秩序接受挑戰的魄力；勝任督辦業務的實質，採行一連串的針對性的措施，德政工程的管理及細則規範。每日產品（金沙礦）集中管理，嚴立章程，制度抽厘，餘照時價了解價格走勢，由總局兌換錢穀，公平分給，具有改革思想的獨創性。

    辦賑條文全文共十二條，對湖南地方自治、開放鄉紳人力財力協助、創賑務德政化，章程入法，嚴格管理，細則詳明，基層自治，服務健全，品質提升具前瞻性。譚氏信守「富而後教」，經濟和政治應雙管齊下。有利必興，有害必除，一切求實，不宜作偽等教條，治國思維的突破創新與積極前進，具開放性與細膩性。

貳、辦賑條規策略

    譚氏辦賑十二條規，以救荒上策順勢取向，金融的時價匯率，兌換錢穀採公平分給方式；人力管理與市場細則分類精細，德政工程，嚴立章程重視法規組織精神；管理從嚴軍事化守紀律。譚氏的策略屬於在人性化的取向，真理的

〔註7〕 黃遵憲（1848～1905），字公度，出生廣東嘉應州。晚清詩人，外交家、政治家、教育家。

〔註8〕 黃升任，《黃遵憲評傳》（南京：南京大學出版社，2006），頁433～436。

追求及建立資產階級民主和科學口號先聲的代表。

一、辦賑政策的評估

（一）人性化的取向

依日本學者中室牧子分析政策評估「關注教育工作需要客觀實證的佐證，經濟學者為驗證教育工作的因果關係，進行實驗，這個實驗正式的名稱「隨機比較實驗」，又稱「政策評估的黃金標準」，在國際間確定這個實驗最適合用來進行政策的評估。在教育工作實證的取向，醫療領域最為發達採用是未限制形式，教育工作領域是採用順勢而為的取向。」〔註9〕是屬於人性化的取向。順勢而為，人情世故上理解為做事要順應潮流，且不要逆勢而行。

譚氏列舉式的淘挖西鄉河中金沙管理，1. 順應趨勢的聚眾極多，勢不能禁；2. 但編定章程，嚴立章程的必要；3. 人事管理，公舉與公議的民主方式，公舉淘業者一人為首；4. 事務管理，地段指定，區域直向上下游，橫向左右岸；業主須公議，公開議定；5. 占用方式，因地制宜，多占與指占，造冊編伍的科學管理。6. 某隊淘某處，均須派定，有異動，應報明總局選派紳士踏勘地勢；7. 每日出金沙若干，彙交為首之人，代為嚴立章程，酌照分數抽厘若干；8. 餘照時價，浮動匯率，由總局兌換錢穀，公平分給；資料管理業務分類的精細，採行一連串的針對性的措施。

（二）開放市場經濟

譚氏符合當時中國社會發展進步的要求，學者張守軍評述「譚嗣同主張把中國閉關自守的自然經濟轉變為對外開放的市場經濟，把中國落後的手工勞動轉變為先進的大機器生產，把中國腐朽的封建制度轉變為現代資本主義制度，譚氏的主張，是符合當時中國社會發展要求的進步主張。但是，譚氏並沒有把貧富對立的資本主義社會看成人類的理想社會。相反，他主張中國經濟達到資本主義高度發展以後，應繼續向消滅貧富對立的大同社會推進，並且在自己發展資本主義經濟的各種主張中，力求為實現大同社會創造條件。

譚氏兩步驟走的思想實質是：第一步，用資本主義方法發展中國經濟；第二步，用社會主義方法，使中國走向大同社會。在走第一步的時候，就考慮第二步的發展。

〔註9〕　（日）中室牧子，《教育經濟學：用「科學數據」破除教育迷思》（臺北：三采文化，2016），頁 172～174。

　　學者張守軍的肯定「譚嗣同的確為中國十九世紀末走在歷史潮流前頭的
進步思想家。」〔註10〕在當時從閉關自守的自然經濟，轉變為對外開放的市場
經濟，中國落後的手工勞動轉變為先進的大機器生產，譚氏的主張是當時符合
為拓展中國社會經濟進步走入近代的要求。

二、採取實用主義的理論

　　「真理」追求的缺憾，譚氏的經濟思想有其進步的一面，同時也存在一
定的缺憾和片面。學者李娟紅指出「在十九世紀，中國的大多數先進人物還
不能直接利用西方的材料研究問題，對西方的各種經濟學說更缺乏直接的了
解，他們的西學知識多半是通過一些在華的外國侵略分子介紹的。外國侵略
分子為了便於對中國進行侵略和掠奪，早已在中國行銷『自由貿易』論。而
被洗腦的民眾把一些外國侵略分子所宣揚的殖民奴化思想也當『真理』接受
下來。」〔註11〕以譚氏追求知識、追求智慧探索的過程中曾經自我迷失，但
是，他的勉勵相信果報，愛國、愛民情懷的昇華，真理像日出，所有的雜音
干擾，不攻自破，持以真理中的絕對性是實用主義的理論「真理出，斯對待
不破以自破。」〔註12〕譚氏追求「真理」，掌握了「真理」，是非常地自信。

三、法治精神的貫徹

　　瀏陽賑務，以工代賑的德政工程，法規精神，軍事治理，細則親民等獨
創性，譚氏督辦業務的實質及改革思想的獨創性，為晚清改革實踐重要的嘗
試。回顧，陳寶箴巡撫抵湘時，值湖南大旱，受災達二十個縣。因為各省大
吏請求互助，得各省捐助賑災款五六十萬兩，用於賑濟重災區瀏陽、醴陵、
衡山三縣，緩和災情，全部災民活存數頗多。學者黃升任以「黃遵憲按察使
署理業務當年，黃按察史深感管轄地區的灰色地帶，曾經表示：『實施省城
內外戶口繁盛，盜賊滋多，痞徒滋事，不免擾害。上年竊案多至百餘起，破
獲無幾，而保甲團防局力不足以彈壓，事亦隨而之廢弛，排掃除而更張之，
不足以挽積習而衛民生。本署司以為，欲衛民生，必當使吾民咸與聞官事。』
在建立法治精神的貫徹與盜賊痞徒的危害，鞏固地方秩序的挑戰，備極辛

〔註10〕 張守軍，〈譚嗣同的經濟思想〉《東北財經大學學報》，第 1 期總第 1 期，1999，
　　　　頁 84～90。

〔註11〕 李娟紅，〈淺析譚嗣同在維新變法時期的政治理想〉《歷史研究》，2009，頁 28
　　　　～29。

〔註12〕 〈仁學〉十七，《譚嗣同全集》，頁 34。

勞；」〔註13〕譚氏與長官的鞏固治安及維護秩序，為清治時代的中流砥柱，督辦業務的實質，採行一連串針對性的措施，賑務十二條規，「以工代賑」的德政工程，從嚴的軍事化管理，親民的法規細則，具有改革思想的獨創性。

四、建立資產階級民主和科學的先聲

　　古老中國文化傳承，古為今用的表現，譚氏是中國近代資產階級維新運動的代表之一。面對危機四伏的近代中國，他疾聲呼籲盡變西法。在政治上，他主張學習西方資產階級民主制度，並且提出了具體的措施，這些措施中隱藏消極因素。因為，譚嗣同解釋西學與《周禮》能暗合，想藉古籍和聖人的名義申明自己的變法主張，給頑固派致命的一擊，這種觀點且作保留。依學者李娟紅以「譚氏的理論夾雜著由於對古老中國文化的崇拜，古為今用的而表現出的自大，這是在當時許多激進維新人士所不能擺脫的現象，即使最激進的譚嗣同也無法摒棄這種做法。譚嗣同反對封建君主專制、主張建立資產階級民主政治的思想，在當時的社會是積極進步的，他的興民權，實現民主平等思想在中國近代思想史上具有重要的意義。有部份人士認為他的『興民權』學說，是後來五四運動時期民主和科學口號的先聲，以及他『不有行者，誰圖將來，不有死者，誰鼓士氣』的愛國主義精神鼓舞了一批一批的後來人士。」〔註14〕譚氏運用古為今用文化傳承的法則，及對當時封建社會實現民主平等思想，為當代的中流砥柱，後續鼓舞及帶動中國近代資產階級的維新運動的主角。

　　譚氏在瀏陽賑災的親力親為，他是思想家，也是行動家，從他年少浪遊中土南北，青壯年戊戌政變中的表現，從書齋式的思辨出發，積極湖南新政事業實踐，學者李澤厚肯定了譚氏「他饋贈世人的撰著作品及戊戌維新慷慨以自己鮮血貢獻給國人，留下光輝的終結。」〔註15〕政事效率開發了比較經濟成長的模式，展現企業經營的雛型。辦賑十二條規的設置，執行積極；湖南地方自治結構，開放鄉紳人力財力協助，創賑務的德政工程譚氏以資本主義的方式拓展中國的經濟成長，瀏陽辦賑工事佈署，建置詳實記錄檔有利，章程法制化，管理軍事化，細則親民化，成為賑災公事行政的參酌範本。

〔註13〕黃升任，《黃遵憲評傳》，頁 433～436。
〔註14〕李娟紅，〈淺析譚嗣同在維新變法時期的政治理想〉，頁 28～29。
〔註15〕李澤厚，《中國近代思想史論》（臺北：三民，2002），頁 189。

參、賑務自治及邁向社會大同

一、政事治理的階段

第一階段採用資本主義方式拓展經發產業，譚氏的政事治理，在第一階段採用了資本主義方式拓展了中國經發產業的新空間，賑災事務的金沙礦管理實務，每日產品集中管理，嚴立章程，制度抽厘，餘照時價由總局兌換錢穀，公平分給，除了瞭解價格的走勢，譚氏第二階段採用社會主義方法，使中國走向社會大同。

中國近代的啟蒙思想是在明末清初發端的，在清末民初時產生一批有影響的啟蒙思想家，譚嗣同是其中傑出的代表。從譚氏撰著作品的體現的啟蒙精神為其要義之一，別開衝決網羅之學是其口號。通過衝決各種網羅而實現平等，計衝決封建君主專制核心，衝決束縛民眾身心等一切的網羅。在社會主義方式使中國邁向社會大同的展現，解除天下（國家）有形的界線，實現平等、自由的大同世界。

二、行井田法

譚氏的地球之政，行井田之法，地球之政可以合而為一的企求，譚氏愛護全民，以及西人深贊中國井田之法，具有駕御天災，擁有地利，提供在地住民的安居，維護交通、軍事、安全秩序等的優勢與自信，地球之政的考量，盡力修改民主之治的取向，主張以行井田之法（土地公有制）的形式「故盡改民主以行井田之法，則地球之政，可合而為一。」〔註16〕當時嚮往平等自由的「地球之治」。

井田制度是早期中國歷史夏、商、周三代社會的基本政治經濟制度，以井田制作為一種有效的產權供給制度為基礎，但是，因為隨著產權制度的有效性的喪失，失去了其現實的意義，已退出歷史的舞台。

三、地球之治以農學為進退

譚氏地球之學，求語言、文字的統一，跨區域有效溝通的策略，致力土語的翻譯工作，測試過關及具有效益，時間的掌握與行動，排除障礙，為地球之學借宗教完成合而為一的理想「言佛教，則地球之學，可合而為一。」〔註17〕他對「地球之治，以視農學為進退」〔註18〕，通過地球之學的關卡，營造地球

〔註16〕〈仁學〉三十九，《譚嗣同全集》，頁69。
〔註17〕〈仁學〉三十九，《譚嗣同全集》，頁69。
〔註18〕〈仁學〉四十六，《譚嗣同全集》，頁83。

之治，開放空間遼濶而沒有國家有形的界線。莊子說法「聞在宥天下，不聞治天下。」〔註19〕有自由的天下，人人得能自由，必定是無國界的人民。

四、大同之象的理想

平等自由無國界、無戰爭、無猜忌、無權謀、無彼我，則平等出現；生命面前，人人平等；廢除君主制，沒有貧富差距，貴賤均平，三綱五常的消逝，一如西書《百年一覺》〔註20〕描述的境況，「殆彷彿《禮運》大同之象焉。」〔註21〕譚氏創制的地球觀，地球之學，地球之政、地球之治，走到大同之象的五部曲。

本研究以學者王汎森評述章太炎的理念，套用在譚氏的時點具有交集之處「譚氏在晚清革命中文字敘述的成長發揮了極大的影響力，它之所以有力，因為古典的學理中包著最激烈極端的思想，譚氏思想的主軸是愛國，為了愛國，他可以拒斥或者自由地選擇各種文化、以及政治資源的運用。為保國及愛種的奮戰，他經歷過傳統內容承受過的攪亂。中國傳統文化大環境的複雜性及充滿緊張性，又在外力威逼之下，更促成了重組與變化。同時，譚氏自命文化的承擔者及受傳統文化深刻的薰陶，展現了複雜的反應與衝擊。」〔註22〕譚氏吸收蘊藏於古典學理激烈極端的能量及爆發的反應與衝擊，並不是常人可以到達的頂峰。

追溯「知識來源」《百年一覺》的情況，美國漢學家 J.R. Levenson 談到「當時李提摩太（英國傳教士）來到華人國土，梁啟超曾擔任李的中文秘書，李在中國改良者圈子中具有大的影響力，在他的中文翻譯書之中，《十九世紀》是一本介紹十九世紀西方基督教文化和歐美資本主義發展的書籍，書中盛讚西方的科學成就，李的中譯本銷路很廣，李問：『什麼是中國在最近六十年蒙外國戰爭、賠款和反覆侮辱的原因呢？』又問：『上帝的行動，正在通過鐵路、輪船和無線電等各種工具來削弱各民族間的防禦，以便大家作為一個家庭的兄弟生活得以在和平與幸福之中。』李提摩太對世界美好願望是梁啟超早期論著的主要課題。」〔註23〕這世界美好課題對譚氏思想的影響是一個關鍵點。學

〔註19〕〈仁學〉四十七，《譚嗣同全集》，頁85。

〔註20〕按李提摩太（英國傳教士）來華，宣教為其任務之一，他翻譯著名書籍，計20多種，《百年一覺》是其中的一種作品。

〔註21〕仁學〉四十七，《譚嗣同全集》，頁85。

〔註22〕王汎森，《章太炎的思想：兼論其對儒學傳統的衝擊》（新北：花木蘭文化，2010），頁序2～3。

〔註23〕Joseph R. Levenson 著，劉偉、劉麗、姜鐵軍譯，《梁啟超與中國近代思想》（新店：谷風，1987），頁19～20。

者王汎森討論「晚清時代的維新主題運動，各方擁護者有不同的想法，有的真正信仰古典時代的文化價值，有的是對現實不滿，而以『主題』為武器來對抗現代，《百年一覺》的牽動，『主題』是思想轉換的象徵，因為傳統壓力太大，或思想極度自由的空間，尋找了定點，當時譚氏，真誠相信他擁護的主張，經過時間的淘洗，及加上每個人的個性因素，有了不同的發展呈現，有些即成為激烈的反傳統者，但是，有些則始終持保守態度。」〔註24〕譚氏「日新」歷史觀是有機的成長，存菁去蕪不斷地向前發展進化，歷史進化的最後、最理想的景象就是進入禮運的大同社會。

第二節　寓兵於農、寓兵於礦、寓兵於商

　　譚嗣同信守「富而後教」，經濟和政治應雙管齊下。有利必興，有害必除，一切求實，不宜作偽等教條，他治國思維的突破與積極前進，講究軍事人才科班的培育，人力的派用採多元導向，陸軍採用「寓兵於農」、海軍採用寓兵於礦、寓兵於商（礦務產業）的模式管理軍隊，商（礦務產業）。譚氏於《思緯氤氳臺短書：報貝元徵》書信〔註25〕的表述，擘劃的要項序列如下。

壹、軍事人才

一、培育講究派用多元

（一）海軍篇　海事及國貿挽商務

　　軍力養成科班培育的必出「武學堂」；海軍的兵力來自跨國的西貢（越南）、新加坡、新舊金山（墨爾本）。海軍成員核心能力要求：無特殊勤務時，派發運載的倉管；遇公事出外洋任務，則從事國貿活動，挽救商務的使命，既且可熟習海事專技及國貿商管的多元跨域導向。

（二）陸軍篇　駐軍實務管理

　　陸軍採取「寓兵於農」〔註26〕的精神，於戰兵、槍兵、工兵、守兵等兵種

〔註24〕汎森，《章太炎的思想：兼論其對儒學傳統的衝擊》，頁序2～3。
〔註25〕譚嗣同，〈思緯氤氳臺短書：報貝元徵〉《譚嗣同全集》，（臺北：華世，1977），頁408～430。
〔註26〕鄭成功當年的寓兵於農政策，讓軍隊（1）自耕自食，（2）就近監視原住民動靜，以維護漢人安全（3）組織利用大批少壯勞動力屯墾各地，也促進農業（產業）發展。

的分類嚴明明；駐軍流動待命則如臨大敵，環節緊扣不使遊惰管教嚴正。兵法兵家機器，以西、中兵法適合於倣造及儲備應付之道。軍隊領導的策略正視興圖的功能，俾益理念溝通建立共識之參照。軍隊發餉創議採日本的規格。推展現代金融企業管理，但傳統糧台立意靈巧暢行方便者，予以保留，並未興變革行動，予以尊重的空間。譚氏嚴格執行信守自己的規則：「富而後教，經濟和政治應雙管齊下。有利必興，有害必除，一切求實，不宜作偽。」〔註27〕譚氏制訂確立的準則，軍民有所依循的參照。

二、國際視野務實導向

寓兵於商的國際觀，譚氏推動時政，以務實為導向；國際交流，推薦雙語能力，研訂計畫；預算策略，軍備科技應用，制度嚴明，創人力保護的機制。

近代中國維新運動，譚氏是一面旗幟的代表，振興國運奮鬥不息。提倡發展經濟的目的為增加軍事實力，提高百姓收入，為維新運動提供物質條件和經濟支援。人力建置的實務主義，嚴明制度責任制，開發財源人力「責成各府州縣之紳首」，及有行政能力者倡議廢寺觀；財力投資管理，集股開礦、增加機器設備；人力專才專用，激發亮點，諸種事務的興利，慰勉、獎勵，進入國會殿堂，為國奮進燃燒，並施以保護政策，使促成經濟要務的推動，維護工作井然有序。

貳、採用寓士兵於農、於礦、於商之道

一、清廷時代回顧

推廣中國的現代化的動機，譚氏前進的治國思維及救國的規劃，包括軍隊發餉的事項，重視科學教育智取的模式。治國思維的突破，學者黃仁宇〔註28〕《中國大歷史》指出：當時清廷時代大環境，「洋務」由於西方社會注重效率，與中國傳統社會習慣大相逕庭。每一件兵器的使用，都受到傳統文化、思想的約束，層層面面的每一方面都受到具體的影響。例如，研擬開辦各類的實業工

〔註27〕譚訓聰，《清譚復生先生嗣同年譜》，頁 16～17。譚氏變法的執行要點有九個項目。

〔註28〕倪瑞（2018.06），〈聽黃仁宇講中國歷史〉黃仁宇的作品《中國大歷史》的歷史觀，與傳統的研究不同，黃仁宇重心聚焦於移王侯將相（人物）的一舉一動上，於長遠的背景（史事）上。黃認為，中國古代之所以沒能成為資本主義國家，是因為中國政治制度過於早熟，過早的「大一統」壓制了基層組織的發展，使得中國沒能誕生「數目字管理」，數目字管理，對社會資源尤其是財稅的精確調配，是現代化國家必備的特徵之一。

廠，社會上，需要有各類商業組織運作的配合，如機械零件、銀行、保險等等，但是，這些在十九世紀的中國都全付闕如（零）；會計沒有完善的管理概念，使會計帳目不能有效的核實；人事制度漫無標準，蓋因為傳統文化所欠缺的現代人事管理的思維架構等。以當時，注重數字檔案科學管理，譚氏治國思維的前進式與突破式。

二、救國導向規劃軍隊管理

譚氏的軍隊管理區分海軍、陸軍兩個部門

（一）寓海軍於礦務，寓海軍於商務

譚氏救國規劃，海陸總兵力的養成教育「將（官）則必出於武學堂」。海軍部，救商務及習得航海技術，寓海軍於礦務，水路運軍需、賑濟等多元導向。救商務及習得航海技術，海軍創辦之始，海軍兵源來自跨國的西貢（越南）、新加坡、新舊金山（墨爾本）〔註29〕，成員能力的要求，角色扮演上：無特殊事務則令運載貨物消化庫存，遇公出，外洋任務，從事國際貿易活動可挽救商務的使命，再則熟習航海的核心專業技能。

譚氏推動「盡開中國所有之礦，以裕富強之源。兼以兵法部勒礦夫，有事則處處皆兵。」〔註30〕寓海軍於礦，興隆商務，帶動礦產業及遊歷觀光業、水路運送軍需，賑濟……多元的導向，關注中國礦業與商務聯結。寓海軍於礦，產業推廣旨在豐裕富強的源頭，礦產業管理附屬兵法部，有戰事動員處處皆兵的特點。以拓展為理念，水陸交通暢達，多修築鐵路（陸路），多建造淺水輪船（水路），興隆商務、礦產業及遊歷觀光業，通暢水路運送軍需（通漕運）〔註31〕，擴大全面賑濟功能的運作。海軍的規格，興隆商務、礦產業及遊歷觀光業，允商、允礦，允觀光，以多元化的目標管理。

（二）陸軍部守兵仿寓農方式

譚氏心儀「寓農於兵」的方式具有大量提供經濟產能的優勢。陸軍各兵種分類嚴格的明確，操練環節緊扣不使遊惰，軍紀管教的嚴正，部隊分守兵、戰

〔註29〕史趣（2017/12/09），〈新金山在哪？〉《每日頭條》〈https://71a.xyz/9WXOrV〉。檢索日期：2020.01.02。新舊金山指新金山，是墨爾本。墨爾本是澳大利亞的第二大城市，文化繁榮，工業發達。時間倒退至100多年前，這座城市是極其荒蕪的，甚至是沒有人居住的。

〔註30〕譚嗣同，〈思緯氤氳臺短書：報貝元徵〉，頁408。

〔註31〕漕運，舊時指國家從水道運輸糧食，供應京城或接濟軍需。

兵（募選鋒而立將帥）、槍兵（尚勇力）、炮兵（兼通算學）、工兵（備築壘、浚濠、炮堤、地營、修造器具諸工），各兵種以各就各的特點發揮功能，其中，以工兵指定的業務項目最具體而且多元。

對於各兵種的操練與培訓，各司其職，守兵（令站炮台，較準頭，布陣勢，習步伐）、戰兵操練，駐軍流動的管制，由一處易換到下一處，待命的心態是日日如臨大敵，環節緊扣不使遊惰，紀律的嚴正，以當年時局的混亂，譚氏的軍隊管理嚴峻環節銜接，規劃表列照表操練。具有 Q（品質保證 Quality Assurance）、V（價值觀 Values），P（堅持 Perseverance）核心管理 QVP 的水準。

參、軍隊發餉的創議

一、關注軍隊發餉的方式

（一）不能不變的必需變革「鑄錢及鈔票」注重鑄錢工序

譚氏對中國軍政金融經濟的興議，關注軍隊發餉〔註32〕的創議，軍務金融管理，譚氏了解運作狀況，稱許以陝西、甘肅軍糧機構（糧台〔註33〕）糧票、金融票券兌領機制，地方級到省級，省級協餉〔註34〕（省級稅收均貧富）發放兌領，以代運餉，立意極為靈巧。但是「鑄錢及鈔票」不能不變。鑄錢工序、官銀行之優先建置，鑄錢的分類，工序採由機器代勞（尤宜力求細緻機器），細緻機器的要求，設官銀行的功能以商務優先，其成長的路徑從重商到通商，追求國庫富裕，不只到位，並要求精緻化。

（二）古來暢行者其便利性並予保留照常運作

譚氏稱許的以湖北善後局有糧台票券，準其上繳厘金（地方稅）及各種兌領現款，皆未嘗不暢行，且甚便也；譚氏對中國傳統糧台票券駐點兌換機制的立意靈巧運作暢行者，採取實用主義，並未作興變革新的規劃。在金融組織兌款管理運作有便利之處，譚氏予以保留業務照常運作。

二、肯定鈔票方式對行軍的便利

對軍方發餉考量，鈔票方式有益軍隊行軍，譚氏肯定「鈔票於行軍尤有三

〔註32〕發餉，舊指向員工發放薪金；特指給軍人、警察等發放薪金。
〔註33〕糧台是清代行軍時沿途所設經理軍糧的機構。
〔註34〕協餉，清代對地方貧瘠、收支不能平衡的省份，規定由稅收富裕的省份撥款協助，叫做協餉。

利：（1）便於轉運；（2）士卒輕（便）於齎（唸ㄐㄧ，攜帶）；（3）不幸戰沒，所亡失止空紙而已。」安家考量，採「日本兵餉半銀半幣」發放的方式；譚氏為戰沒士兵的安家之計的考量，體恤因服兵役離家，政府給予家庭的生活費用，係軍政精實化的關懷服務。

譚氏觀察幣制系統的便利處，執行便民不擾民原則。軍事管理，注重主題頭尾始末，以史為鑑，譚氏點出當年曾國藩深深感慨遣散兵卒的困難，比較徵募及教練，其收歛及發散的現象「不一而足，至今為戒。」〔註35〕

譚氏注重軍政退場的機制。對清軍的制度造成戰鬥力的低下根本因素，譚氏曾總結清軍的弊端「中國之兵，固不足以禦外侮，而自屠割其民則有餘。」〔註36〕學者謝世誠對照「甲午戰爭中，清軍與日軍一觸即潰，絕非偶然。」〔註37〕肯定譚氏「所以至恥惡湘軍不須史忘也」〔註38〕對清軍的期望、增能、修補等計畫事項多所建言。

肆、培育軍事人才

從經濟與社會效益，以兵器及輿圖專業為教育目標提升軍事人才品質，在國家教育財政績效管理量化載體的績效指標，以西方的兵法的利器，譚氏有勇氣面對鎮南關、澎湖史事接連失敗的例證，建議以宜求傲造應付及正視輿圖重要導向，對中國知識份子為精確之輿圖的紛議（被稱奇技淫巧的抹煞），譚氏採用折衷的方式，調適補充並積極提升中國軍備的不足之處。

一、注重地圖科學管理及備戰策略

譚氏在中、西異同的比較，西方的主動、活力，質量並重，具體在推薦史書與附圖品質文化的可行，西方人的集思廣益，潛心考察探究，建立精益求精，永不止息執行任務的好習慣。對中國將領出兵方式，輕忽的態度，或只以過往舊資料口述，指出了未予真正了解地圖的測繪是為何物。即使兵法以儒家方式運用，只設定在純粹學術，保守又避諱。未開發實務策略，含平常不操演，中國將將才何處求取？強調西方人的注重既用兵善計謀，喜歡觀摩演練戰略的運用靈活，相互比較，對東方的將領輕忽出兵，既沒有創新，又沒有規畫，譚

〔註35〕同前註18，〈仁學〉四十六，頁83。
〔註36〕〈仁學〉四十六，《譚嗣同全集》，頁63～64。
〔註37〕謝世誠，《李鴻章評傳》（南京：南京大學出版社，2006），頁529～530。
〔註38〕〈仁學〉四十六，《譚嗣同全集》，頁63～64。

學具有創造性思維和勇氣，憑藉其主觀的想像提出系列的建言。

譚氏指出「西人既重韜略，〔註39〕尤喜觀戰。」〔註40〕策略，培育中國心理有備而戰以人人知兵、人人可兵的目標經營，譚氏肯定日本軍的聰明才智，策略勝利的心得，堅持有詳細繪圖及附帶說明的本事，軍事的專業背景得以任務溝通完成。地圖繪本的製作及售賣的表現，譚氏以「見賢思齊」儒家智慧的體現，積極的備戰狀態，企求人人知兵、人人可兵的目標管理。

二、採用務實政策

（一）同意民眾擁有槍械武器

觀察時局採用務實的政策，譚氏認同西方人的同意擁有武器槍械的方式，兼許自家製造的情況，同意民眾擁有槍械武器自保的傾向。

（二）居上位者對民眾的予取予求為過份的愚民

指出中國「百足之蟲，死而不僵」〔註41〕基礎雄厚的豪族。檢視國政居上位者的愚民現象，對民眾百姓予取予求：（1）有的惟恐民眾知兵難以駕御，（2）有的在奏報軍情秘不示人，（3）防止民眾有如防止盜賊，（4）有的以道教養生修煉之術來愚弄人民，讓他們心生猜忌之心來控制人民；（5）而一旦有狀況，國家內部的動亂和或外敵的侵擾，或國內遇有戰況又需要召集民眾共同抵抗：譚氏逐次點出而深深感嘆不平之鳴，求解之際，導出務實精進的方向，以收救國的經濟效益。

三、推薦雙語的典範矯正中國不好遊歷之病開發視聽教育管道

譚氏以國際觀雙語的典範，矯正中國大病在不好遊歷，加強應變的能力，以人為範例，首先肯定欽差大人林則徐〔註42〕雙語交流的國際觀，長官林則徐具有洞悉軍情與應變的核心能力；譚氏對中國的大病在不好遊歷的癥結，激發遊歷的動機，藉由學習的動能，接觸新事物，提升與拓廣見聞。譚氏對避免終身處於感官的又聾又盲，開發視聽教育的管道。

〔註39〕韜略，原指《六韜》、《三略》等古代的兵書。後引申為用兵的計謀。

〔註40〕譚嗣同，〈思緯氤氳臺短書：報貝元徵〉，頁 417。

〔註41〕百足：蟲名，又名馬陸或馬蚿，有十二環節，切斷後仍能蠕動。比喻勢家豪族，雖已衰敗，但因勢力大，基礎厚，還不致完全破產。

〔註42〕林則徐（1785～1850），清朝官員，兩次受命欽差大臣；主張嚴禁鴉片及列強侵略，有「民族英雄」之稱譽。對西方文化、科技和貿易持開放態度，他略通英、葡外語，譯選西方報刊書籍。魏源團隊將林則徐合編為《海國圖志》，此書對晚清洋務運動、日本明治維新具啟發作用。

四、引進紳首建置蒐求人才的策略

譚氏的蒐求人才策略，採行務實主義，人力納入各府州縣的紳首，注重擔任要務的人才，要求維新之才，優先順序對選才的舊制度，改變學校改變科舉的方式，創辦之始注重擔任要務的能力。

人力管理結構納入各府州縣之紳首，人力與財力智庫的建置及議院民主制度的推動，譚氏採行責任制，目標就近取材「責成各府州縣之紳首」，有行政能力的，倡議廢寺觀、有財政能力的，集股開礦置辦機器、專才「一藝一事」，鼓勵推廣跨領域的興利諸事，「加服命寵異，令入議院充議員」學而優則仕，禮遇各府州縣之紳首，民主國家制度的推動，依次排比秩序的維護，公權力行使，官方予協助、保護，積極促進使命達成，為維新運動興利事業，帶來了提供物質條件和經濟支援的管理。

伍、注重整體軍事管理

一、以史為鑑

軍事管理，注重頭尾始末，以史為鑑，譚氏點出當年曾國藩深深感慨遣散兵卒的困難，徵募及教練，檢視流程收斂及發散的現象「不一而足，至今為戒」〔註43〕對於清軍的制度未完備造成戰鬥力的低下根本因素，從朝廷的愚民，湘軍的待遇，被薄養厚責，學者為「譚氏總結清軍的弊端」〔註44〕，感嘆中國的兵力，未足夠抵禦列強的凌侮，「而自屠割其民則有餘。」〔註45〕並且指出旌恤的典制，盡居佔具文的形式，呼籲兵士們於國難期間，英勇互相聯結互相扶助，以共生死同患克服艱難的處境。

二、拓展國際視野的省思

譚氏嚐試創設一個處置的辦法的思惟，視野從國內跳躍國際，以沒有遷耕曠土的為主，當年的國際時事，以俄羅斯搬遷波蘭人到西比利亞、英國搬遷罪徒於澳洲、各國或遷於非洲，美國解放黑奴—黑奴貿易（跨大西洋），為民主國家，施行震古鑠今的仁政，搬遷人滿之患，必生於他日之土滿，皆以農政為吸納入口之計，感悟「人滿之患……土滿之患，必生於居處之不均，……患人

〔註43〕〈仁學〉四十六，《譚嗣同全集》，頁 83。
〔註44〕謝世誠，《李鴻章評傳》，頁 529～530。
〔註45〕〈仁學〉三十六，《譚嗣同全集》，頁 63～64。

滿，斯真滿」的思惟，〔註46〕充分地激盪了譚氏的軍事理念。

譚氏對於軍事人力管理的積極，套用實務主義的建置，開礦產業人力的責成，民主制度的倡議；財力的集股開礦，增加機器設備；專才專用，激發亮點，興利於諸種事務，慰勉及獎勵，進入國會殿堂，為國奮進燃燒，國家施以保護政策，進入民主政治，為現代國家發展的趨勢，促進任務執行的構想。

三、倡議落實的必要

以譚氏難能可貴的理念與付諸行動，呼應贊同譚氏的付諸行動模式，對照日本學者中室牧子的籲請：「落實『倡議』的功能與精神，觀得保守的東方與相對開放的西方的傾向「專業的理念需要客觀實驗的佐證，近年來『實證（evidence）』成為廣泛使用的詞彙，實證的可信度避免被混淆，要做出正確判斷，以確認『這個證據值得信賴』的關鍵極為重要。『層級』是一項判斷實證可信度的基準。」要能妥善地將教育（產業）經濟學的見解充分運用在政策的設定，對於專業關注的動態，日本中室氏加強「提高教育產業素質的重要性，是有效提升的方法。但是，提出具體方案者卻仍然很有限，過去不光講求教育的素質，以及有關重要的政策課題，妥善運用教育經濟學見解的並不多。相對的，在美國（西方）的可取面，以開放的角度則是將這些見解得以充分運用在政策設定上，對實務的改善將具有極大的貢獻，這些貢獻對於教育經濟學產生更高期待與需求，更加帶動教育經濟的發展的良性循環，這正是拓展傳達的理想者無上的喜悅。」所以肯定「運用資訊的科學方式來分析產業，對於社會將是有多麼大的貢獻的課業。及推廣支持教育產業經濟學的持續研究，作出革新研究並不容易，確認產業資訊蒐集的必要性及建立讓研究者更能自由發揮的環境。」〔註47〕東洋專家對教育產業由政策主導的建言，以及自由發揮的環境（網羅衝決）的籲請，譚氏強烈心聲，是有志一同的模式。

譚氏是近代中國維新運動的一面旗幟，規劃寓兵於農、寓兵於礦、寓兵於商的管理，衝決網羅，新政圖強，學者何磊「從封建的儒生走向激進的轉變，其思想基礎在追求科學，探索科學管理，立志富國強兵，追求科學獻身推廣新政及變法維新的貢獻，廣育人材，傳播科學知識濟世，鮮血生命喚醒一代國人。

〔註46〕〈仁學〉四十六，《譚嗣同全集》，頁83～84。
〔註47〕（日）中室牧子，《教育經濟學：用「科學數據」破除教育迷思》，頁170～193。

當時帝國主義列強瓜分中國，頑固守舊派保大清不保中國的黑暗時代，全力向國人普及科學知識致力思想的推廣；商務、礦產業的拓展，抨擊守舊勢力，圖強勵志洗雪國恥，英勇精神，如奪目的火炬，歷久彌新，燃燒全民心間，激勵改革風潮，振興國運而奮鬥，昌盛繁榮生生不息。」〔註48〕譚氏倡導多元核心能力的經世精神，深深寄望的關切，以譚學難能可貴的理念與付諸行動，值得為後輩們永續傳承的典範。

第三節　創立學會以厚植經濟發展基礎

譚氏在厚植經濟發展的基礎，成立學會，倡導知識救國的新觀念，革新教育，講求實學。啟迪民智，塑造新民，建設新國家的基礎，及做好文教及社教工作，興辦學會、興辦報務等；他認為變革應開放風氣，教育人才為首要考慮，以傳統中國的作育人才方式，似乎無法培育出真正經世濟民、匡時救弊的實才。

依《清史稿》記事「南學會時期，嗣同為之長，屆會期，集者恆數百人，聞嗣同慷慨論時事，多感動。」〔註49〕譚氏於「南學會」擔任講座教學，定期開講授課，評論時事，與會學員，多受感動，是以譚氏推廣學會文化組織的舞台人生。

於甲午戰後，全國各地的學會如雨後春筍紛紛設立，學會之勃興代表知識份子救亡圖存心切，以及國家興亡匹夫有責的使命感；同時，反映出晚清思潮的轉變，由排斥西學到有原則的西化傾向，湖南省最具代表性「南學會」，學者王樾「南學會是由譚嗣同等仕紳，基於抵禦外侮救亡圖存的愛國赤誠所創立的。」〔註50〕譚氏從南學會出發，就駐點的引燃，往外拓展，實踐正能量的發光發熱。

湖南新政團隊革除封建社會習俗，提倡資本主義文明，立富強根基，救亡保命創設學會組織，展現進步與整體形象提升。壯年的譚氏於33～34歲，應湖南巡撫陳寶箴之邀返湖南推行新政，執行期間：1897年10月至1898年7月。

〔註48〕何磊，〈從追求科學走向獻身變法的譚嗣同〉《雲南師範大學哲學社會科學學報》，第2卷第5期，1996，頁53～58。
〔註49〕楊家駱主編，《清史稿卷464》（臺北：鼎文，1981），頁12746。
〔註50〕王樾，《譚嗣同變法思想研究》（臺北：臺灣學生，1990），頁112。

壹、革除封建社會習俗

一、湖南新政團隊的推動

　　譚氏的經濟實踐，致力湖南新政的耕耘，使湖南成為最富朝氣的一省，「中國變法，自行省之湖南起」，光緒 21 年（1895）10 月，在傾向變法的陳寶箴赴湖南上任巡撫之前，學政江標〔註51〕已在教育領域進行改革。陳寶箴撫湘之後，積極發動同志大力推行新政，開礦務，改革書院，發展文教，實現陳巡撫營一隅為天下倡，立富強根基，足備非常之變的抱負，學者黃升任稱「湖南新政取得一定的成效，隨著維新運動日趨高漲，徐仁鑄、譚嗣同、梁啟超、歐榘甲、韓文舉、葉覺邁等人相繼入湘，湘省慷慨奮發人士如唐才常、熊希齡、皮錫瑞……也紛紛匯聚一起，在陳寶箴、江標、黃遵憲、徐仁鑄、譚嗣同……大批維新志士的推動下，湖南經濟、政治、文教各方面的改革，湖南成為最富朝氣的一省。」〔註52〕是以，湖南的新政推行迅速走入近代化。

二、譚氏建置學會章程入法

　　學者以譚氏建置章程入法「當年一個傳統習俗根深蒂固的省區中，學會的組織倡導是一股清新的文明風氣。計延年學會（延年學會章程）、湖南不纏足會（嫁娶章程），章程設置與入法制化，創建及拓展的行動，明顯帶有革除封建社會習俗、提倡資本主義文明的色彩，移風易俗、在城市形成新的風尚，改造陋習。」〔註53〕帶動之風，值得讚譽。學者王樾稱「湖南尊新崇變的風氣為之大開。」〔註54〕譚氏推動資本主義文明，創設學會，奠立富強的根基，推展有成。

貳、創設學會組織

一、學會為救亡保命之上策

　　譚氏主張創設學會的功能多元化。創設學會組織，展拓經濟據點，以知

〔註51〕 江標（1860～1899），清末官員、詩人、學者，維新派人物。江蘇元和縣（蘇州市）人，任湖南學政，任內整頓書院，選拔人才，注重轉變風氣，弘揚新學。與黃遵憲、譚嗣同等在長沙創辦湖南時政學堂，並辦《湘學新報》，提倡變法。產官學界的大員。

〔註52〕 黃升任，《黃遵憲評傳》，頁 407～408。

〔註53〕 周輝湘，〈湖湘文化的近代化與湖南社會的進步〉《衡陽師院學報（社會科學）》，2002.02，頁 67～72。

〔註54〕 王樾，《譚嗣同變法思想研究》，頁 115。

識濟世的實踐，譚氏《論全體學》「今日救亡保命，至急不可緩之上策，無過於學會者。」〔註55〕學會組織文化的拓展，自光緒24年（1898）4月，《湘報》發表《壯飛樓治事—學會》，學會功能的提升，具有參政議政，遴選官吏，訂立法律，培育人才理財、合群等功能，湖南近代化的過程，學會發揮巨大的作用。依據學者湯志鈞的統計，戊戌維新時期的學會，以光緒21年（1895）11月的北京強學會為始，其後三年，先後組織的學會有六、七十個，由譚嗣同創立的學會類，計將近十個學會，且各有其成立要義，發揮經世濟用的功能。

中國近代學會在改良變法思潮的衝擊下，一批知識份子形成群體意識，進而組織聯合，實現抱負，學會的拓展學術救國、為術業專攻的最佳據點。譚氏開創組織學會之風，組織學會計有8個，各學會的特色及貢獻，各別介紹：群萌學會（輔仁益智）、南學會（集中行政力量）、校經學會（測繪、輿地、天文專業）、湖南郴〔註56〕州興算學會（興算專業時務階梯）、算學會（培育民智）、延年會（關注環境品質）、湖南不纏足會（表徵社會進步）、金陵測量學會（落實科儀技能）等，各學會摘要如下：

二、學術救國各學會伸抒特色

（一）群萌學會

光緒23年（1897）4月，由譚嗣同、唐才常、歐陽笠耕、黎少谷等人創立，以輔仁益智為宗旨，廣藏文書，供會友閱覽，「群學可由此而萌」；譚氏《羣萌學會敘》〔註57〕對湖南瀏陽的肯定，譚氏聚焦，放眼全中國十八行省，範圍上至朝廷，下至草野，取東事之後的定點，能大大變革風氣，聯合社群通力合作，發憤自強的機制，以治新學的省份第一位首推湖南省，湖南省境內數十府廳州縣，首推瀏陽市。瀏陽市區域內，大張新學的目標管理，創設各式功能的學會有南學會，校經學會；各式專門的學堂有武備學堂，方言學堂；課吏館（在職培訓）；保衛局（維護治安莫內亂，保甲、巡查）；工商產業製造公司；新聞出版報業；包括書院的變革，學習與課務的進步務求強大，於拓展湖南地域的教育文化、知識、社經、治安，官吏培訓等各方面進步與提升，堪稱促進轉型正義團隊的大使代表。

〔註55〕〈論全體學〉，《譚嗣同全集》，頁133。

〔註56〕郴江，中國的河川名。位於湖南省郴縣。

〔註57〕譚嗣同，〈群萌學會敘〉《譚嗣同全集》（臺北：華世，1977），頁144～148。

（二）南學會

南學會為維新變法發憤圖強的領航，光緒 24 年（1898）2 月 21 日，由陳寶箴、江標、黃遵憲、皮錫瑞、唐才常、譚嗣同、鄒代鈞、秦鼎彝等創辦於長沙，以教廉堂為為會所；南學會是維新運動期間在全國之中屬於較大影響力的學會。譚府的子孫譚訓聰代言「南學會設立的目的在：

（1）集中鄉紳商議湘省地方行政，力求便民利民；

（2）伸張民權，推行新政。同時，籌設湘報日刊及湘學新報旬報，以誘迪湘民之新知，並為上海時務報及湘報撰文。」〔註 58〕譚氏厚植經濟發展基礎，擷取屬於西方的政教制度與文化的革新，時務報，新聞報刊在傳播思想、社會輿論融合、啟迪民智，聯合知識群體等引發明顯的作用。

南學會的結構與湘報（日刊）及湘學報（旬報）結合，刊物各依刊期發刊、刊登產學的動態，啟迪民知及傳播時效的功能具有影響力，譚氏以閱讀圖書、學報（期刊）為助人日新的工具，溫故知新存在於人，為闡明新理論，紀錄新事件，激盪腦力的出版品，提供新知的管道。推崇孔子贊頌的「日新之謂聖德……其助人日新之意至切也。」〔註59〕刊期的排定，刊出帶動南學會的示範，尊新崇變風氣的發光發熱，後續而推展經濟的事業，強化社會的凝聚力，活化區域的資源，創新社會經濟的前瞻計劃，是創設八個學會組織文化裡具規模與代表性。與南學會功能的相輔相成，湘報（日刊）及湘學報（旬報）兩種報刊（報紙）內容以通商、惠工、教材、訓農、法制章程，等教材為主，紀錄詳細，譚氏關注報紙產業，關懷報業為人民營生的事業及傳播功能、編入法制。報紙是一種傳播的媒體。絕大多數國家的人民都可以自由創辦報刊，屬於言論自由中的一部份，當時，譚氏對國家媒體即有言論發聲的平台（出口）而慶賀。〔註60〕鼓吹言論的自由與刊載，屬於學習西方的政教制度與文化的革新，日新的功能，再次肯定南學會帶來的經濟規模與長足的效益。

（三）校經學會

清光緒 24 年（1898）在長沙成立，號稱湖南最早的測繪學會是十九世紀末成立的「輿地學會」。追溯清光緒 23 年（1897），在康有為、梁啟超、譚嗣

〔註58〕譚訓聰，《清譚復生先生嗣同年譜》，頁 29。

〔註59〕〈湘報後敘（上）（下）〉《譚嗣同全集》，（新北：華世，1977），頁 137～138。

〔註60〕〈湘報後敘（上）（下）〉，頁 139。

同等維新派思想影響下，全國各地醞釀變法之道。是年，湖南學政江標整頓校
經書院，講求經世濟用之學，購置天文、測量儀器，提供對象為在校經書院設
立輿地學會。會員為校經書院的學生。書院是天文專業的據點，由校經書院成
立輿地學會。

（四）湖南郴州輿算學會

科學性質的武昌輿地學會是輿算專業的時務階梯，從紀念中國測繪學會
成立四十週年慶記事，回顧中國測繪學術組織發展史，自鴉片戰爭後，中國淪
為半殖民地半封建社會。當時，改良主義思潮發展，為抵制列強侵略和使中國
富強，在知識界成立各學科學門的學會形成時尚。清光緒 22 年（1896），鄒代
鈞創立了中國第一個民間地圖學術團體「武昌輿地學會」。光緒 24 年（1898），
羅輝山、潘仁瑤等代表在郴州成立輿算學會。雖時空流逝，學會輾轉之間的成
長。知識專業正能量的集中。「郴州輿算學會」，自成立到今，在測繪科技自主
創新，測繪科枝人才培育，技術交流成果互換，繼續加強科普宣傳功能等，是
有舉足的社經地位。

「輿算學會的沿革，它是清末進步團體。具開放的特質，本會不分畛域，
無論本省外省之生童貢監一律延納；旨在略去虛文，專求實學。輿地以繪險要
究兵略為主，旁及農礦；算學以程功（衡量功績；計算完成的工作量）、董役
（監督勞作）、行軍、布陣、制器為主，旁及天文。要求會員平居無事（寓民
於行政），討論中外古今盛衰之源，聯合士氣，互相師法，合天下為一群以復
振中國。研擬專立農礦兵商學堂及博物院、設體操場、派遊學生，以期養根竢
實，蔚起通才。」〔註 61〕該輿算學會的特質，要求會員平居無事（寓民於行
政），以及開放招生，不分畛域，無論本省外省之生童貢監一律延納；關懷測
繪科技通才的培育與承傳、策略計畫持定的態度積極與正向。

（五）算學會

在福州成立。啟迪在地民眾新知，設置培育民智的機制。

（六）延年會

堅持居處清潔，關注環境的品質。光緒 24 年（1898）3 月，由熊希齡、
譚嗣同、唐才常等創辦於長沙，是改良風俗的社會團體。主張生活、工作有規

〔註 61〕〈輿算學會〉，《國學迷》，〈http://www.guoxuemi.com/lishi/63652l/〉。檢索日期：
2020.05.03。

律，珍惜時間，反對虛文閒談；《延年會敘》譚氏撰章程二十條，末條「居處不淨衣服不潔皆有禁例。」藉憑辦的功能，具體文案作為參考。

（七）湖南不纏足會

為湖南政經社會進步的表徵，光緒 24 年（1898）4 月，由譚嗣同、梁啟超、唐才常、楊毓麟、黃遵憲等在長沙組織的，提倡禁纏足，〔註62〕譚氏撰不纏足會嫁娶章程（十條）的規章入法。

（八）金陵測量會

落實科學儀器設備，光緒 23 年（1897），依學者湯志鈞引述該學會的成立、倡議及訂立章程「在江寧（南京）成立，由譚嗣同、楊文會等倡議，並訂立章程九條，含：練解儀器（說明）、專精一門（核心能力）、一測立距（立體）、一測平距（平面）、一分測（分門別類）、一會測（集思廣益彙整）、一繪圖（美編）、一定尺（工具）、一日記（記錄憑辦）、一著說（學術理論）」等；並謂已購具儀器，每人先解一器，各專一門，俟有成就，再圖擴充云云。」〔註63〕科學儀器分段購置，設備逐項擴充與落實。

學會組織文化的專業功能，計群萌學會的輔仁益智，南學會的集中行政力量，校經學會的測繪、輿地及天文專業，湖南郴州輿算學會的輿算專業時務階梯，算學會的培育民智，延年會的關注環境品質，湖南不纏足會是表徵社會進步，測量會的落實，科學儀器專業的認定等，各自的辛勤及各學術專長的拓展、專修的據點，績效卓著。從譚氏〈上歐陽瓣薑〔註64〕書信〉，共二十八封，〔註65〕第二十五封信末署（乙未）除夕，內容對賑事、湖北湖南及錢荒、強學會的人事、募集壽款：「在康長素（康有為）倡強學會，主之者內有常熟（翁同龢），外有南皮（張之洞），名士會者千計，集款亦數萬」……譚氏從機制啟動之前的不相干，因為觀察其辦事條理有失均衡，釋出願意效勞的熱誠，進入湖南強學分會的組織管理因緣際會，譚氏的熱心愛鄉愛國，為湖南開拓新風氣，廣開知識育才及厚植經濟基礎與研發管理的管道，奮力不懈。

〔註62〕周輝湘，〈湖湘文化的近代化與湖南社會的進步〉，頁 67～72。
〔註63〕資料依光緒 23 年（1897）5 月初一日，知新報第 20 冊。湯志鈞，《戊戌變法史論叢》（新北：谷風，1986），頁 318。
〔註64〕歐陽中鵠（1849～1911），號瓣薑，湖南瀏陽人，清朝政治人物、舉人出身。歐陽予倩的祖父。歐陽予倩的父親歐陽自耘。母親劉倚霞是劉人熙的女兒。歐陽予倩之子歐陽山尊曾任北京人藝副院長。歐陽一門學風鼎盛。
〔註65〕譚嗣同，〈上歐陽瓣薑師書〉《譚嗣同全集》（臺北：華世，1977），頁 285～339。

譚氏稱「天下而無學會之名，吾又奚敢為此名，以攖（擾亂）天下，幸而強學會雖禁，而自餘之學會，乃由此而開（湖南校經堂學會〔註 66〕，且成奏案）。」〔註67〕譚氏在厚植經濟文化組織的基礎，發揚救國救民、經世濟民的理念，提升經濟組織文化的品質，轉型接力尊重及嚴守程序的紀律，維護社會政治經濟的秩序。

以譚嗣同創立的八個學會，其中，「南學會」的功能，於光緒 24 年（1898）正月，譚嗣同、唐才常等創立「南學會」；拓展的歷程，同年二月與黎少谷、歐陽中鵠等於瀏陽創立「群萌學會」，與譚嗣同等集資創辦《湘報》，擔任總撰述。奮力耕耘《湘學報》、《湘報》編輯和其他書刊上發表文章 50 多篇，宣傳圖強經營「君民共和」，「君主立憲」，「議會政治」及「經商自由」等拓展經濟的目標；中國技藝提升，保護中國貨物利權「自造各種機器，遏洋貨利權」；採用新法練兵，建新式陸軍和海軍；派員出洋留學。〔註68〕藉由出版品文宣傳播變法圖強，具有文化貢獻的功能，「南學會」為抵禦救亡的愛國團體，是新政運動的領導中心。

三、團隊集資創辦《湘學報》、《湘報》是戊戌時期的報業的成果

在近代中國思想啟蒙過程中，維新派通過創辦報刊的方式同封建守舊思想展開了一場聖戰，這場聖戰奮進中，推動了維新運動的發展，促進了變法的實現，並向國民傳播了愛國主義思想，進行了資產階級的思想啟蒙教育。檢測聖戰的過程中，維新派還開創了政治家辦報的先河，創造了報刊的新文體，為中國近代報業思想的延續和書寫了新紀錄，帶動後續極大的發展近代新聞出版事業的初步發展，是戊戌時期的成果之一。〔註69〕在報業文宣媒體出版事業的成長，譚氏留下了他探索的腳印。

在湖南推行新政，為民權帶動經濟發展的先機，學者王樾在對人物與駐點的評述，以「譚氏是最積極也是開風之先最重要的仕紳之一，他的請設《南學

〔註66〕 校經堂學會的前身，是以湖南最早的測繪學會是 19 世紀末成立的「輿地學會」。

〔註67〕 〈壯飛樓治事第三──學會〉《譚嗣同全集》（臺北：華世，1977），頁 93。

〔註68〕 漫者談歷史（2018/07/24），〈「瀏陽二傑」譚嗣同、唐才常〉《每日頭條》。〈https://kknews.cc/history/3oamzq3.html〉。檢索日期：2020.01.02。

〔註69〕 馬琳、李謙盛（2014/08/05），〈淺析維新派報刊的歷史作用及其主要貢獻〉《今傳媒》。〈http://media.people.com.cn/BIG5/n/2014/0805/c387273-25404265.html〉，檢索日期：2020.07.21。

會》不僅為湖南作『善亡』的應變準備，並提昇了民權，蘊藏議會的規模，並推行講論研討會，促進社會教育的發展，湘報的配合發行，啟迪民智，開創風氣，其貢獻不僅止於湖南，擴展之勢，新政治理駐點成為戊戌維新變法之開路先鋒。」〔註70〕是以開創學會組織文化，知識領導的標竿。

四、湖南新政知識救國具推動之功

譚氏倡導知識救國的新觀念，學者黃升任以湖南新風氣肯定譚氏推動之功「主張革新教育，講求實學。啟迪民智，塑造新民，建設新國家基礎，以文教社教工作的興學會、辦報等。時務學堂的教育宗旨、教學內容，課程設置和教學方式均有別於舊式學和書院，特點是以西洋的科學育代替傳統的詞章教育，1897年，陳寶箴、黃遵憲、江標，譚嗣同及唐才常團隊，時務學堂設立對湖南新政影響甚大，論民權，說平等，改制議等湖南風氣為之一變。」〔註71〕在知識救國的遠大計劃樹立下了嶄新的里程碑。

就晚清政治思想發展趨勢，由洋務運動、變法論及革命論等三個階段為主軸而形成的，學會組織文化是在洋務運動後期逐漸走向近代化。在這個過程中，因著各種學會發揮了重要的載體作用。學會文化的近代化與湖南社會的近代化同步進行，帶動社經、政治、民俗文化等等都步入近代化的行列，對湖南近代歷史的發展產生了重大的影響。

五、樂見譚嗣同為核心的人才群體機制

湖南新政學會組織文化近代化的過程中，逐漸形成了以譚嗣同為核心的人才群體。由於譚嗣同的特殊經歷，特別是他多年在全國漫遊接觸廣，見聞多，思想激進，尤其是對正在興起的維新思潮感受頗深，因此，他在湖南推動變法，影響了一批人，如唐才常、劉善涵、劉人熙、樊錐等，以及熊希齡、皮錫瑞、畢永年等都以其共同的政治思想傾向，構成一個新的文化人群。這些群體的產生，使得湖南風氣大開，湖南地區的文化、社經領域都產生了質的飛躍。

六、移風易俗、改造陋習，對城市意象形成新風尚

學者評述「於移風易俗、改造陋習，對城市形成新風尚，從男女平等的文化視角看待纏足議題，用纏足束縛婦女，根源是來自封建文化造成的男女不平等。社會浸透著封建的陳規腐習，向傳統習俗根深蒂固的省區挑戰，推

〔註70〕王樾，《譚嗣同變法思想研究》，頁130。
〔註71〕黃升任，《黃遵憲評傳》，頁412～417。

展社會文明清新的風氣。在學會組織文化的推廣活動，延年學會、湖南不纏足會、戒鴉片煙學會，革除封建社會習俗、及對提倡資本主義文明推展了城市新風尚的色彩。」〔註72〕學會組織文化是為核心的人才群體，樂見大湖南地區發生的飛躍現象，展現進步與提升的整體形象。學者以「湖南新政是晚清改革實踐重要的嘗試，是陳寶箴、陳三立、江標、徐仁鑄、梁啟超、譚嗣同、熊希齡、唐才常、皮錫瑞等大批維新志士團隊在湖南新政的舞台共同努力的結果。

探求進步的意義，學會組織在知識文化上，培育出真正經世濟民的、匡時救弊的實才；在文化經濟上，湖南新政被維新派要求在中國發展資本主義，這符合中國歷史發展的趨勢；就愛國的意義，面對著十九世紀末帝國主義掀起的瓜分狂潮，愛國志士的挺身而出，為救亡圖存奔走呼號，呼籲「保國」，反對「瓜分」。學會文化組織的經營是近代中國摸索救國救民真理的一場愛國運動。啟蒙的意義上，學會組織為廣泛建立了政治性和學術性的社團。他們大力提倡西方的社會政治學說和科學知識，宣傳天賦人權、自由平等的觀念，打開了知識分子的眼界，使他們重新認識世界，為後來人們在掃除傳統的舊障礙，接受新思想及產生了後續的影響。」〔註73〕晚清思想界閃亮的彗星，批判封建主義舊文化、舊思想，傳播了資產階級新文化、新思想，自強不息、敢為人先的精神，思想與見解的上超前與獨到。在進步的意義與啟蒙的意義，閃動雙重意義的光芒。

第四節　創設保衛局以確保經濟發展秩序與安全

譚氏創設「保衛局」，確保社會經濟安全與秩序維護，倡議紳權參與，戒慎恐懼的現實感與建言激進，觀察官民的隔閡嚴重，官吏的認知上缺乏良善管理及法治精神貫徹。建言汲取日本明治維新的規範，勇於套用在中國框架的挑戰。合辦官權、紳權的團隊，往後唯保衛局機關得獲以保留的實用性。官場的尊榮變化，譚氏問政「夫治地方之大權，官之所以為官者此而已，今不惜若此，豈真官之不智哉」〔註74〕，真官之智在惜治權，經濟管理的績效。議題從保衛局沿展關注臺灣，對全體華人的願力，傳統知識份子典範流芳，

〔註72〕周輝湘，〈湖湘文化的近代化與湖南社會的進步〉，頁 67～72。
〔註73〕黃升任，《黃遵憲評傳》，頁 438。
〔註74〕〈記官紳集議保衛局事〉，《譚嗣同全集》，頁 167～168。

譚氏於湖南新政治理蓽路藍縷之功永誌史冊。並宣導四民（民智、民富、民強、民生）主張〔註75〕，從保衛局的職務與功能的發揮，到拓廣華人清醒對待臺灣國土，列強的心機的認知。譚氏對臺灣的評估，付出極大的關注與用心，誠遺憾譚氏的英年早凋零。

壹、湖南新政團隊任務

一、推動湖南新政地方自治

　　譚氏在湖南新政的耕耘，光緒 23 年（1897），黃遵憲「由翁同龢推薦，任命為湖南長寶鹽法道，參加湖南新政運動，黃氏贊助陳寶箴巡撫，與譚嗣同、梁啟超等人一起推動湖南新政，使湖南新政自治理論逐步付之實踐。」〔註76〕譚氏與行政長官（主管）團隊合作：嗣同 33 歲（1897），「於 10 月間棄官離金陵，獨自回湘贊助新政」〔註77〕。是以，譚氏湖南佐新政時期，產學方面，是年五月長官黃遵憲援鹽法長寶道（黃長官出任鹽務官要務，人力增援），六月來湘，後兼署按察使。教育方面，八月，長官徐仁鑄奉命來湘，原任學政為吳縣江標。〔註78〕團隊群組為湖南新政聯合效命，執行任務。

　　湖南新政「保衛局」的創設，新政色彩存在著效法日本明治維新的取向，從形式上，保衛局是仿照日本的警察視廳和西方警察局而建立的，但究其實質，並非完全照搬照抄，黃遵憲認為：西方國家的警察組織「不歸於宦區長之手，而歸於行政官」，也就是說警察組織直接隸屬於政府，而不由地方官紳掌握，這是西方警察制度不夠完善的地方。所以，《湖南保衛局章程》開宗明義第一條即規定：「此局為衛保局，實為官紳合辦之局」，明確規定保衛局是一種紳商出資，由官方督辦的地方自治機構，用意在借分官權，「參以紳權，立吾湘永遠不拔之基。」〔註79〕而特別強調要遵守章程，一再申明「所用各員紳，如不遵章程，不能稱職，經會辦員紳查明，即行撤換：由總辦查明，亦即行撤

〔註75〕〈仁學〉三十四，《譚嗣同全集》，頁 60。

〔註76〕盛邦和，《黃遵憲史學研究》（江蘇：江蘇古籍出版社，1987），頁 145。

〔註77〕譚訓聰，《清譚復生先生嗣同年譜》，頁 27。

〔註78〕徐仁鑄（1863～1900），清光緒 23 年，任湖南學政。江標（1860～1899），清光緒 19 年，任湖南學政，「學政」頭銜，相當於省教育廳廳長。黃強（2016/08/27），〈古代科舉很繁榮——竟然沒有地方教育行政部門——太奇了〉《每日頭條》，〈https://kknews.cc/history/mbe5np.html〉。檢索日期：2019.03.13。

〔註79〕唐才常，《湖南設保衛局議》。

換。……」規定。〔註80〕譚氏與長官黃遵憲旨在體現施行新政貫徹其中的法治
精神。

學者指出「日本維新色彩，黃遵憲代表作的《日本國志》，戊戌維新變法
的高潮中，為適應變法的要求，《日本國志》一版再版的盛況。英國學者米納
爾將戊戌維新的奏折詔令，與《日本國志》所記明治新政，逐條照對，認為『1898
年百日維新的改革觀念，可在當時的詔令中，很清楚地看到。這些詔令有關經
濟方面的、行政方面的、文化教育和軍事方面的改革，而其中以經改革尤為明
顯，與黃氏之《日本國志》一般無異。』設立保衛局，南學會等。保衛局設立，
從一方面看，略仿西國巡警之制，在於搜捕盜賊痞徒，鞏固地方秩序，是西方
警察局的翻版。再則，「保衛局實行『官民合辦』，使諸鄉紳議事而官吏辦行事，
依黃氏提出：每二百戶選一戶長，每千戶選五戶長，每戶長作為『議事紳士』，
每遇重要事務，集戶長到局公議，保衛局有關吏役也由戶長公選，或公議罷撤，
黃遵憲主張『寓民權』於保衛局中，用保衛局形式寓『地方自治』的規長作為
『議事紳士』，每遇重要事務，集戶長到局公議，保衛局有關吏役也由戶長公
選，或公議罷撤，黃遵憲主張『寓民權』於保衛局中，用保衛局形式寓『地方
自治』的規模。

在「強調辦好保衛局的『民智自然開，民權自然伸』。〔註81〕」法制化，
譚氏以「保衛局特一切政事之起點，而治地方之大權也。」內文條理分明，顯
示譚氏督辦行政的實境及改革的思惟，全力以赴積極與到位。

學者對照了今日長沙市警察局本身，是當時各種聲音雜糅催生的產物。長
沙市警察局的前身湖南保衛局，作為第一個近代化的警察機構。而「官員和民
眾以《湘報》為平台進行的互動，使人們更加了解保衛局的職能，建立了保衛
局的良好形象，從而加速了保衛局的創辦。「湖南保衛局」經歷傳承及變遷，
到了今天成為一個深刻的歷史名詞，讀者們瀏覽了歷史博物館裡典藏的《湘
報》，提示著懷舊的記憶，這個日本警視廳的長沙翻版，這是近代第一家「官
紳商合辦之局」。〔註82〕的歷史定位。

〔註80〕黃升任，《黃遵憲評傳》，頁 434～435。
〔註81〕盛邦和，《黃遵憲史學研究》，頁 120、145～146。
〔註82〕林海（2019/08/07），〈「湘報」催生首家近代警察局〉《搜狐》〈https://www-sohu-com.translate.goog/a/332079473_99923264?_x_tr_sl=zh-CN&_x_tr_tl=zh-TW&_x_tr_hl=zh-TW&_x_tr_pto=sc〉。檢索日期：2020.6.12。

二、「保衛局」實務推廣，要求「智士、智民」雙智並行

譚氏關注湖南新政地方自治「保衛局」的動態，對官員衡量自己的權力勢位，決棄箝軛傳統，得天下智士、智民的理想，宣導四民主張，官員的執行力，下與士民勤政謀國是，共同治理，為民生謀福利，遠離禍害，需要有明智的官員與明智的人民的共同努力，不宜官為刀砧，民為魚肉的景象：「奈何不箝軛我而刀俎我也？則寧得曰此天下之智士之智民乎？」〔註83〕主張天下由明智民眾與明智官吏的結構。推動「保衛局」的行政理念與實務推廣，譚氏於「智士、智民」認真的耕耘，變法圖強的信念，宣導四民「民智、民富、民強、民生」的架構主張「唯變法可以救之……將愚民，變法則民智；……將貧民變法則民富；將弱民變法則民強；……將死民，變法則民生；」〔註84〕推廣一己一生的明智與富強，對諸民眾的愚貧弱死，變法則與己爭智、爭富、爭強、爭生，故堅持不變也。探究之爭取智與富與強與生，絕對以「非獨夫〔註85〕之所任為」〔註86〕的理念表明。

貳、以紳權參與為湖南大公不拔的基石

譚氏惟恐官權視為具文，紳權的參與，以確定湖南新政永遠不拔的基石與同享「瀏陽雙傑」的唐才常治理「保衛局」的立意，譚氏有感官權治理的區塊，防範於徒為具文，紳權的參與確定永遠不拔的基石，大公無私的誠信，可以質詢鬼神，金石為開，感化良善樸實的素民「蓋恐後來官長視為具文，遂參以紳權，立吾湘永遠不拔之基。此尤大公無我至誠至信之心，可以質（詰問）鬼神，開金石，格豚魚〔註87〕。」〔註88〕譚氏秉持誠信、公正的原則。

一、譚氏擔心公事流於「具文」的關注

對照學者黃仁宇的試圖執行，黃仁宇把傳統中國特色以最淺顯的方式表達，在英文寫作中以「潛水艇三明治」（submarine sandwich），描述它，中文

〔註83〕〈記官紳集議保衛局事〉，頁167～168。
〔註84〕〈仁學〉三十四，《譚嗣同全集》，頁60。
〔註85〕獨夫，指殘暴無道、眾叛親離的統治者。語出：《書‧泰誓》、（清）黃宗羲《原君》。
〔註86〕〈仁學〉三十四，《譚嗣同全集》，頁60。
〔註87〕「格豚魚」，象徵誠信，誠信施行及到愚鈍無知的豚魚身上，從而感化了它們。以德行來教化，以禮制來約束，百姓知道羞恥還能走上正途，有標準規格可以依循。
〔註88〕〈記官紳集議保衛局事〉，頁167～168。

裡則稱它為「立」字，分為上、中、下三層，上層是龐大而沒有分化的官僚制度，下層是巨大沒有分化的農民（庶民），中層則是數字化管理的法律制度等，中層制度正是中國最缺乏的，瑣碎而無法連結上下結構。所以，轉型時…進行改革等以重構基層結構。在運作上、下結構整理後，中層法律制度等不再徒為具文，則可圓滿完成黃在討論的資本主義的轉型任務。〔註89〕避免公務的形同具文，切莫形式化，譚氏在保衛局務流程在強調章程的確立與貫徹的法治精神。

二、戒慎恐懼的現實感與建言激進

譚氏觀察官員對上級長官的唯諾，下與官民的隔閡極為嚴重，官吏公事認知最缺乏良善的管理，學者指出「保衛局係為『官紳合辦之局』，平行的官權與紳權合治的平台，紳商出資（出錢），由官方督辦（出力）的地方自治機構。當時，處在中世紀君主政治制度下，清政府地方官吏的任命實行動線自上而下『授職制』，地方官吏在意的沈浮榮辱繫之於上級，故地方官吏的心思耳目，惟高爵權要者之言是聽，只對上級負責，而不對百姓負責，官民之間隔閡情形極為嚴重，至因官吏的秉權肆虐，常常造成『官為刀砧，民為魚肉』的狀況，在民智未開的情形下，即使建立地方議會，是否能發揮出類似西方議會的作用嗎？——當時，黃遵憲按察使對此案流程環節表示懷疑，因而並不贊成當時激進式的變革主張，黃按察使他以為當務之急在於分官權，在推進地方自治則進行漸進式的改革。」〔註90〕而對照人力結構上指出「鄉紳的角色，湖南新政的蓬勃發展，得益於鄉紳們的積極性，新政的推展有賴鄉紳的推展及長官們陳寶箴、黃遵憲和江標的支持。」〔註91〕但是，官員的秉持只對上級負責，而不對百姓負責，發現了嚴重的官民隔閡的癥結，對於「公事官吏」的認知，於行政中層制度最缺乏良善的管理，應是譚嗣同極力建言、激進的主因，是在於護衛保衛局功能的發揮。

三、鄉紳在地角色功能扮演

鄉紳在地角色功能扮演，有例可證：「廣東樂昌縣黃圃司沈姓富戶的遷徙

〔註89〕孟祥瑞，《到「西方」寫中國大歷史，黃仁宇的微觀經驗與他的中國學社群》（臺北：臺大政治系中國中心，2009），頁92～93。

〔註90〕黃升任，《黃遵憲評傳》，頁432。

〔註91〕湖南在線（2016/10/21），〈戊戌變法時「湖南幫」如何引領維新風潮？〉《每日頭條》。〈https://kknews.cc/history/qzjb3g.html〉。檢索日期：2020.05.14。

與應山大橋的興建」。樂昌縣是廣東省轄縣級市，位置毗鄰湖南，樂昌縣黃圃司的應山村，位於湖廣古道旁，村前有條「盧溪河」，一河兩岸，應山村位居交通要道，兩岸產業農產品交流之需，要修建一條的重要橋梁。

自有交通史以來，歷經宋朝、元朝，廣東樂昌黃圃司當地鄉民的依姓氏，姓沈、白、鄧、黃、李⋯⋯等大姓世居在木子逕、應山、沈家橋、斗灣、戶昌山等風水寶地；鄉民們籌措資金興建一座聯繫湘、粵交通的大橋計畫，元末明初，黃圃司周圍有十多個村子，唯沈姓（住木子逕）最富有，鄉民很想沈家帶個頭，做好修建「應山大橋」的大事。殊不知籌款期間，有鄉紳無意中得罪了沈家大戶，這樣一來，沈家揚言：「籌建應山大橋，如果沈家不參與的話，橋就建不起來，要是建得起來，沈家就搬走，不再木子逕居住了」。事後，經過全體鄉民的努力，也沒有到木子逕去籌款，好不容易才籌集了一部份銀兩，在應山村下游開始建起橋墩，慢慢地將石橋建了起來。不意，隔年夏季，水洪爆發，一場大水把石橋沖垮了，眾說謠傳，鄉親又再鳩集鄉紳，重新集資，重建大橋新造橋墩。因為懂得汲取過去兩年失敗的教訓，加上考慮洪水的沖力，興建的長、寬、高很有規模的一座石拱橋跨 17 米的『三洪石橋』，是樂昌縣有史以來最大的石拱橋，是以主要解決湖廣古道上兩岸鄉民以及商賈往來交通大事，黃圃司墟市的商貿交易隨著興旺起來。此後，木子逕沈姓人家的信守前言，並逐步遷居外地，離開了木子逕這塊風水寶地。留下祖祠給白姓人家治理共用。至每年的清明節，沈姓後裔仍然從各地前往木子山祖堂供養祖宗牌位，祭掃永珠公墓。⋯⋯於是在兩代、三代的短時間，已遷離木子逕村，此後再也沒有沈姓的後裔居住了。但是，沈家族譜記事與傳說事例是有關聯的。」〔註92〕以鄉紳的財力及人力及生產力所居佔的份量，對在地產業拼圖的變遷，新舊世代的傳承的骨氣與毅力，以及鄉紳角色所扮演的力道，皆是很值得重視的區塊。

四、產業職場管理走向近代化

紳商提供擔保的功能，學者周輝湘對「資本主義的經濟規律，當年在《湘報》，該報館的《辦事條例》中規定，排字工人每人每天的工作量是排成並歸架一千二百字，不能時常會客，不能無故曠工，及送報人需有紳商提供擔保，

〔註92〕譚偉倫，《樂昌縣的傳統經濟宗族與宗教文化》（香港：國際客家學會，2002），頁 438～439。

並且，擬添各處訪事，廣採新聞，還把香港、上海、漢口行情物價逐日列表，附之本省物價表後，以作比對。這種辦報方式，說明不僅湖湘文化載體走向近代化，而且在運作方式上，也是按照資本主義經濟運行的規則，表現了一種實質文化產業的迹象。」〔註93〕所表現的實質功能，勞資雙方的運行規則，陸續走向資本主義企業管理的趨勢。

人力財力的開發，學者王樾表示「譚氏了解動改革需要社會力量的支持，他開發中國社會的民間力量，以鄉紳階級作為社會的中堅，有計劃地模仿地方議會的形式，培育紳權，他的假設，消極地防禦中國被列強瓜分後，可以湖南自保，存黃種於一道防線，積極地可伸張民權，促進政治維新。」〔註94〕譚氏有計劃地培育紳權，消極保種，積極為中國社會的引進人力財力的管理結構，促進中國社會的近代化、及企業化多元樣貌的呈現。

五、法治精神貫徹，章程施行嚴謹，譚氏救亡圖存的奮戰

「湖南新政」在晚清的改革事業實踐屬於重要的嘗試，陳寶箴、陳三立、江標、徐仁鑄、梁啟超、譚嗣同、熊希齡、唐才常、皮錫瑞等大批維新志士共同努力的成果。學者黃升任指出「當時，黃遵憲署理湖南察使，深感湖南新政實施的灰色地帶……，曾經表示：實施省城內外戶口繁盛，盜賊滋多，痞徒滋事，不免擾害。上年竊案多至百餘起，破獲無幾，而保甲團防局力不足以彈壓，事亦隨而之廢弛，排掃除而更張之，不足以挽積習而衛民生。本署司以為，欲衛民生，必當使吾民咸與聞官事。」〔註95〕任務團隊致力掃除社會秩序的亂象，動力與法治精神的貫徹。尊重長官法治精神的貫徹，與章程施行的嚴謹，救亡圖存努力奮戰，對保衛局官吏的策勵。譚氏於施展政事的魄力，在礦事六道與賑災十二條，以同樣嚴謹法治的貫徹精神，亂世啟用重典等主張的慎重及留存深刻的印記。

六、以日本明治維新的規範套用在中國地方自治的框架

法治嚴格的貫徹，中國吏員的管理，譚氏道出吏員的有所顧忌，汲取日本明治維新史事及效率精華的規範，日本浪人的成長與轉型的機制，勇於套用在中國地方自治的框架的嚐試與挑戰。譚氏諄諄善誘中國吏員（知識份子）盱衡

〔註93〕周輝湘，〈湖湘文化的近代化與湖南社會的進步〉，頁 67～72。
〔註94〕王樾，《譚嗣同變法思想研究》，頁 117。
〔註95〕黃升任，《黃遵憲評傳》，頁 433～438。

時局的明智及理念，如果再格限於君主政治制度的話，無益於振奮自拔的現狀，而人民更加愚昧懦弱更粗劣萎靡，呼籲治理的吏員們務必明慎地審察，切莫困於君權之治理，無益於振奮自拔，壓抑民權致使人民的負向表現「民乃益愚弱而窳敗！言治者不可不察也。」[註96] 強調官吏們治理的環節必要明察的重要性。

　　譚氏以民眾的懈怠懶散，因循懶惰不從事思考表現得愚昧，因為節儉牽就粗陋，因為粗陋的不事振作，又表現得愚昧、不事思考、不事振作的兼有兩愚，力圖掃盪積弊，在抨擊中國之人民（民眾）被制約的態靜、節儉都是愚民悲慘的策略，都排擠於死地，呼籲民眾必得要自強「靜（懈怠懶散），惰則愚；惟儉故陋，陋（粗劣）又愚。兼此兩愚，……而擠之於死也。」[註97] 譚氏有感社經濟動能的萎縮，主張黜（廢除、取消）儉，改善因儉就陋，因陋致愚的現象。

　　譚氏策勵政治團隊成員們要有活力、要有動力，勿再被排擠壓抑於死地。有關民主傳統與幽暗意識，學者張灝提到「美國早期的自由主義的結晶就是它的憲法，誠如英國史學家布萊士（James Bryce）所說，當時美國『開國諸父（Founding Fathers）』於 1787 年夏天在費城草擬憲法時，他們的思想是除了帶著很濃厚的幽暗意識。他們對他們新建的國家充滿著希望，但在希望之中他們仍然正視現實，他們的基本精神是理想主義，但這份理想主義卻含藏著戒慎恐懼的現實感。」[註98] 追求國家前途的光明，突破戒慎與恐懼，雖然對民生的願景與未來表現了遲疑之後，克服之後積極正向，朝向前方邁進。

七、推動官民合辦的制度
（一）執行隆興紳權，割削官權的理念

　　在官民合辦的方式，隆興紳權，割削官權，擔憂協商的機制不夠平順，恐紳商之不受其權，運作實況，黃按察史（長官）的執行，審察聯合團隊的機制，而邀集諸紳士於保甲局，討論及理念建立共識，反覆引喻，終日不倦，為了這個為維護社會秩序與安全的機構與運作「……興紳權，遂忘其為削己之官權，……而廉訪黃（遵憲）公與觀察況公桂馨[註99]……，反覆引喻，終日不倦。」[註100]

[註96]〈仁學〉三十四，《譚嗣同全集》，頁 61。
[註97]〈仁學〉二十一，《譚嗣同全集》，頁 42。
[註98] 張灝，《幽暗意識與民主傳統》（臺北：聯經，1989），頁 13。
[註99] 況桂馨，生卒年不詳，江西省南昌府新建縣人，清朝政治人物，同進士出身。
[註100]〈記官紳集議保衛局事〉，《譚嗣同全集》，頁 167～168。

譚氏的辛勤有加，加強官吏服務公職，盡忠職守的理念，師取當朝人物的 SOP
（Standard Operating Procedures 標準作業流程）為準則的依循。

（二）保衛局組織追求務實企業及團隊合作

譚氏談及「職稱」董事，董事企業精神展現的表象，職稱除了誘人的頭銜，
實務上各有理念，各自臆測的灰色地帶，往往不切中命題，在務實與創新的企
求，所以，譚氏引為大憂奇懼，腐心泣血，徘徊不忍言而又不忍不言者，最後
的宣揚建言，保衛局的美善，唐才常已經說明得很詳盡，而在權力空間的被擠
壓，為將隆興的紳權、與官權因本位主義將被割削的顧慮，「保衛局之善，唐
氏言之詳矣，吾不贅言，言其大者。」〔註101〕勸示當官者要有作大事的胸襟。
譚氏指出保衛局組織管理策略的缺點在：組織建立在命令和和控制基礎上，政
令傳達是由上而下派發的方式，卻不能由下而上反饋的管理方式。

（三）從保衛局觀察人物官場尊榮變化的建言與貢獻

1. 關注國家危急存亡的大事，保衛局開啟近代中國警察制度現代化進程

譚氏從保衛局議題衍伸到臺灣議題，衍伸到山東議題；當時清治時代的情
勢，內渡的官員，臺灣的治理，巡撫總兵的尊位，保家衛國情勢（按為唐景崧
的治績）。官員被卸下職位，世變無常，官位唯以朝旨是從。而山東被德帝國佔
領，清政府窮於應付的窘狀，譚氏的忠公體國，自我任命救國沙場奮命一戰，
為保障社會經濟安全及秩序維護，豈只保衛局一戰，是以由保衛局展開效命沙
場的拓點，國土的保衛戰，為山東、臺灣「夫當速出而自任，寧止保衛一局？」
〔註102〕責求自我任命。譚氏以社會經濟的安全及秩序的維護「保衛局特一切
政事之起點，而治地方之大權也」。〔註103〕遵從長官黃遵憲作為保衛局的總
辦，「黃長官的擬定保衛局的章程，為使士紳理解並積極參與這一新政，多次
召集紳士於保衛局反復引喻，終日不倦。籌款多方面的努力，陳寶箴巡撫的熱
心支持，和譚嗣同、唐才常等維新志士的共同參與，光緒24年（1898）春，
保衛局在長沙正式開辦，保衛局編制管理具體，〔註104〕保衛局在維護社會治
安，保護商民，懲辦罪犯等方面發揮了積極的作用。戊戌政變之後，幾乎所有

〔註101〕〈記官紳集議保衛局事〉，《譚嗣同全集》，頁 167～168。
〔註102〕〈記官紳集議保衛局事〉，《譚嗣同全集》，頁 167～168。
〔註103〕〈記官紳集議保衛局事〉，《譚嗣同全集》，頁 167～168。
〔註104〕保衛局分區的規模，設總局長沙中心區、分局 5 所，城中分東西南北各設分
局 1 所，城外分局 1 所，每個分局又設小局 6 所，共有小分局 30 所。

新政都被廢止，唯獨保衛局却得以保留（梁啟超撰文：巍然獨存），保衛局湖南新政是最有成效，最有影響的舉措之一，開啟近代中國警察制度現代化進程，湖南新政團隊蓽路藍縷之功永載史冊。」〔註105〕

湖南新政保衛局的建置，真官之智在惜治地方之大權，組織內圍、外圍的執行：譚氏在官權、紳權的配置，保衛局的設立的初衷，源自州縣官的「不事事」，保衛局的經營，州官治權的比重與團隊整體的運作，譚氏的慎重提醒官員要珍惜官吏的治權，「不自惜若此，豈真官之不智」〔註106〕（真官之智在惜官權），於外部的合羣通力的整肅業務，於內部產生優先清整內治的掌握，保固元氣，及自生抵力（自我產生相互頂替的動力），從國辦到民辦，關注社會經濟動線的變化。

譚氏以保衛局〔註107〕的正當性，宣告「吾紳、吾士、吾民」〔註108〕企求湖南自治團隊管理人力的結合。譚氏經世濟民，富裕民生管理的績效上，要求真官之智在於官員要珍惜治地方之大權的認知。管理流程上，必求議事記錄的完成，行政關鍵與資訊的同質平行分享與交換的宣告，上下垂直企求更好的效能，與具備良好的效率，藉由增加運作的節點與功能，整合全體團隊的成效，急於樹立明智的典範。民主化客觀制度典章的設立。他的經世濟民，富裕民生的計劃，掌握正確的方法，收到立竿見影的效果。

2. 經濟文化與民主化的進程

宣導民主的「經濟文化」條件，在歷史長河與整個民主化，固然不宜急於速成，學者張灝指出「民主化不只是客觀制度典章的設立，它也是一種『生活方式』，一種由經濟文化的傳統長期培養出的思想和行為的習慣，例如守法精神，例如對於問題的爭執，以及願意接受折衷與斡旋，互相妥協和容忍的心態等。西方社會科學家謂的「經濟文化」的主要也是指此。而重要的是，這些由民主帶動的『經濟文化』條件，正是一般中國人民所最缺乏的，中國人民只有在民主化的過程之中去慢慢學習和培養。進而建言，要變成一個民主開放的政黨，相關黨的機制必須一段時間作內部的轉化和調節，如果，是新誕生的黨，

〔註105〕黃升任，《黃遵憲評傳》，頁433～436。
〔註106〕〈記官紳集議保衛局事〉，《譚嗣同全集》，頁167～168。
〔註107〕節錄《湖南保衛局章程》，光緒24年2月22日（1898年3月14日），黃遵憲，一、此局名為保衛局，實為官紳商合辦之局。二、本局職事在去民害，衛民生，檢非違，索罪犯。
〔註108〕〈記官紳集議保衛局事〉，《譚嗣同全集》，頁167～168。

組織鬆散，或者內部意見且存在嚴重的分歧，長官黃遵憲按察史秉持『緩進』的考量，政黨如果沒有經過內部的協調與整合，如何充分發揮新誕生黨內部的功能？更何況他日將接受政權，及領導國家的重責大任，寧願看到民主化緩慢而穩健地不斷的成長，且而不樂見唯急於速成（揠苗助長），而冒了觸礁擱淺的處境危險。」〔註109〕黃遵憲按察史持以緩進、以穩健管理的節奏為主導。

3. 湖南新政治理經世濟民、富裕民生理想目標的實踐

學者楊一峯肯定湖南事業的實踐「譚氏是注重實踐的人，在他33歲的當時，湖南巡撫陳寶箴具有開化湖南的抱負；譚氏應湖南巡撫之招請，棄官回湖南，在長沙參加新政的集團，創辦『時務學堂』」〔註110〕，師資邀聘梁啟超為總教習，唐才常為助教，創設「南學會」，譚氏被選為學會會長，擔任講堂講師，每次開會，由巡撫、學政率領眾官員們蒞會聽講，親到會場數百人的規模。譚氏除了講堂教材內容慷慨動人。他在《湘報》撰著論述，對於湖南全省風氣之開導，做出很大的貢獻。他擘劃的事務，計：內河小火輪、商辦礦務、湘粵鐵路、時務學堂、方言學校、武備學校、保衛局等等，與他的老師歐陽中鵠、及他的好友唐才常成立算學館，創辦群萌學會，以湖南為推行新政與新學的中心。」〔註111〕經世濟民、富裕民生、全民精耕勵學是譚氏治理新政的理想核心目標。

八、譚嗣同關注國土臺灣

愛土愛民，忠心赤誠關注臺灣，譚氏對臺灣極大的關心，從《保衛局議事》評估臺灣現況「天下為君主囊橐中之私產」爭取民主「臺灣，東海之孤島」〔註112〕。學者黃得時評述「不論譚嗣同是否到過臺灣，或《仁學》始終沒有用「臺灣人所著書」刊布，但是，譚氏對臺灣有極大的關心，這是不容否認的。」〔註113〕表露了譚氏愛土愛民，忠心赤誠的胸襟與極大的關心。

當時，譚氏評估臺灣，從中國的地理總體，雖對中原不致造成危害；從中國的歷史長河，統治期間兩百餘年之間，譚氏概述鄭成功的事蹟，如果臺灣以

〔註109〕張灝，《幽暗意識與民主傳統》，頁210～211。
〔註110〕時務學堂史，晚清維新運動期間，湖南創辦的第一所新式學堂，為湖南大學前身之一。
〔註111〕楊一峯，《譚嗣同》，頁16～17。
〔註112〕〈仁學〉三十三，《譚嗣同全集》，頁58～60。
〔註113〕黃得時，〈譚嗣同與臺灣〉《傳記文學》第10卷第5期，五月號，1967.05，頁72～75。

自我營救，而被當作禮物贈予給他人，譚氏以華夏子弟的氣勢，視為曾經被把玩過的器具。深深感念臺灣人民被他人掌握著生殺大權，處於被宰割的境地。在國土被分封，在封建官吏治理的心態，臺灣被區隔得很清楚，假設：如果財物（器物）被長期借用而不歸還，居於財物所有權與經營能力的重視，旁人即使不說出來，譚氏的中肯，選擇不愧於心，對於臺灣的功能、貢獻。當時，譚氏留意的評估，面對全體華人，誠懇地勸勉華人，必須睜亮眼睛，清醒不要矇矓睡態，被西方人錯誤的招引以為與西方人是同類，譚氏已認知西方人的真面目，與西方人的意見早有分歧，所以，引證了當時最近報導的傳言，華人所受之苦已到了盡頭處，西方人的美言：列強的模糊焦點，雖將殲滅他們的朝廷，主因為拯救他們的人民，指出歐美諸國家，總以套好的招數，藉口倚仗正義的美名，行搶奪資產的事實，揭穿西方人他們好話說盡惡事作絕的真面目。華人如果不好自為之，即將降臨的禍害多到數不盡，到達頂點「其禍可勝言哉。」〔註114〕激烈的言論，長足表現了他澎湃洶湧愛國主義者的擁護。對於封建專制主義和封建倫常，在舊中國當時的史況下，激烈的反封建專制主義的層次上，有它突出的進步性。

參、愛國的知識分子

一、青年才俊典型

　　青年才俊傳統知識份子的典型，從少年的譚嗣同，青年才俊、年少有為如譚氏，與長官黃遵憲及團隊群組們「當時為政的摯友們，在譚氏出生那一年，細數（江西南昌）義寧陳寶箴已三十五歲，（安徽石埭）池州楊文會已二十八歲，（湖南）長沙皮錫瑞已十三歲，（廣東）梅縣黃遵憲已十五歲，（湖南）新化鄒代鈞已十二歲，（廣東）南海康有為九歲，（浙江）錢塘汪康年九歲，（北京）順天府徐仁鑄二歲，（江蘇）吳縣江標九歲，（浙江）平陽宋恕〔註115〕三歲。」〔註116〕以嗣同與宋恕的情誼，他們認同歐土的宗教改革論及中土孔教改革及中土孔教改革者的出現，宋恕自許為中土的馬丁路德，托孔子之古，進行變法。嗣同與宋恕一脈相承的理念，他們共同討論取代民權的觀念。宗教路

〔註114〕〈仁學〉三十三，《譚嗣同全集》，頁58～60。
〔註115〕宋恕（1862～1910），又名宋衡，浙江省平陽縣人。清朝教育家、學者。東甌三先生之一（另外兩位是陳虬、陳黻宸）。
〔註116〕譚訓聰，《清譚復生先生嗣同年譜》，頁2～3。

徑上，主張要用華嚴、法相二宗，改良舊法。

傳統下的殉道者，學者張朋園評估「年齡愈青（輕）愈激進、愈是冒險犯難的典型，追蹤知識分子發生決定性影響的年齡，是他們的青年時代，四十五歲之前，無論中西，似乎很少例外，戊戌變法時康有為有四十二歲，辛亥革命時孫中山、梁啟超分別四十六歲、四十歲，這正是一個領導者的成熟年齡，而赴湯蹈火的志士們，剛在二十至三十歲之間，譚嗣同殉國犧牲時是三十四歲，傳統下的殉道者。革命黨殺身成仁的陸皓東、史堅如、陳天華、林覺民、徐錫麟、秋瑾、鄒容、吳樾等人，不過二十四、五歲。」

溫和的立憲派人物，平均年齡是四十歲。五四運動的領導人物，蔡元培屬較年長四十一歲，陳獨秀卅八歲，胡適廿六歲，錢玄同卅歲，劉復廿八歲，傅斯年、羅家倫廿二歲。從年齡看來，知識分子的激進或穩健，在他們愈是年輕，愈是有冒險犯難的精神，年歲愈是增長，愈是趨於穩健，甚而退回保守。「黃遵憲在卅五歲時，以民主為大同的理想，四十五歲時，要求漸進，提倡君民共主。」〔註117〕因年齡的成長，公事處理呈現了穩健的趨勢。

檢視知識分子進取態度的三個階段，依學者張朋園分析「知識分子對於當時的政治和社會所採取的態度，區分以抗議（protest）、離心（alienation）、和退場（withdraw）三種狀況。當知識分子他們不滿於現實時，則抗議（protest）要求改革；在抗議不順遂，則產生離心（alienation）進而自樹旗幟，從事理想的社政運動，如果抗議與離心運動均不獲得實現時，往往頓萌退隱之念，不再過問世事，抗議和離心是積極的，退場是消極的。」〔註118〕知識分子的積極進取，譚氏的前階段、前烈的批判及抗議要求改革與進而離心從事理想的社政運動，以傳統道德中的實踐精神為出發點，治世救世的精神而行動，譚氏以任俠氣慨走上刑場，壯烈犧牲，殉道為退場。

二、知識分子文字敘述的影響力

關於晚清革命中文字敘述的成長得以發揮了極大的影響力，學者王汎森強調「它之所以有力，因為古典文字空間的學理中包藏著最激烈極端的思想，譚氏思想的主軸是愛國，熱愛家國他自由選擇或拒斥各種經濟文化、政治資源。在保國、愛種的掙扎下，他的經歷及對於傳統內容所承受的攪亂，本來中

〔註117〕張朋園，〈清末民初的知識份子〉《思與言》，第 7 卷第 3 期，1969.09，頁 1～5。

〔註118〕張朋園，〈清末民初的知識份子〉，頁 1～5。

國傳統文化的複雜性及而且充滿緊張性，又在列強外力威逼之下，更促成了大環境的重組與變化。晚清時代的維新運動主題，各方擁護者不同的想法，有的真正信仰古典時代的文化價值，有的是對現實不滿，以『主題』為武器來對抗當下的現代，而因『知識來源』有限的情況下，『主題』對他們而言是思想轉換的一個象徵，有的因為傳統的壓力太大，或思想極度自由的空間，尋找了一個駐點，當時大多真誠地相信他們所擁護的主張，經過時間的淘洗，及加上每個人的個性因素使然，於是，不同的發展紛紛呈現，有些即成為激烈的反傳統者，有些則始終持保守態度。」〔註119〕以譚氏信仰中國古典時代經濟文化的價值，他選擇擁護的主題，拓展於變法的實踐。

　　湖南新政的洗禮，地方自治的經營，黃遵憲按察史帶給譚嗣同的互動與影響，作為啟蒙思想家和政治改革家，在戊戌維新運動中的作用與影響，理論上，日本明治維新模式的思潮發展提供了譚氏重要的思想資源。在實踐上，譚氏歷練學識的豐富和鮮明的個性在維新運動中扮演了獨特的角色，具創新性與具體實踐。以言救國，時務學堂的創設醞釀於1897年初，正式成立於1897年11月，堪稱中國境內學校的嚆矢，創辦時務學堂是湖南新政中文改革方面的重要措施，而譚嗣同是主要策劃者之一，廢科舉、育人才、開民智以造就維新自強之基。這是維新派一條重要的改革思路。

三、日不暇給與目不暇給的操作

　　譚氏積極協辦陳寶箴巡撫辦理鐵路、礦山、船等近代工業，措意於文教改革，時務學堂時代延聘師資（《時務報》准放梁啟超、李維格入湘襄助新政），黃遵憲托請在南京的譚嗣同代為說項。同樣，保衛局與地方自治，建立君主立憲政體是黃遵憲政治理想的終極目標，地方自治是他們共同實現這一理想的必由之路，保衛局設置是藉以實施其地方自治構想的具體舉措。保衛局是一種「官民合辦，官紳合作，紳民共同參與」的治安管理機構，是維新派用以興民權、倡自治的重要載體。譚氏以「保衛局特一切政事之起點，而治地方之大權也。」一言迴盪於湖南新政之大局。學者黃升任評述「黃遵憲『日不暇給』的傳說，追溯當初，湖南新政期間，黃遵憲身兼數職，黃曾向友人信函稱：『弟仍屬梟篆〔註120〕，兼保衛局、遷善所、課吏館及學會、學堂各事，殊覺日不

───────────────

〔註119〕 王汎森，《章太炎的思想：兼論其對儒學傳統的衝擊》，頁序2～3。
〔註120〕 梟是標準、法度；「梟篆」，係是一省的按察使司的公章，梟臺衙門的公章。

暇給。」〔註121〕譚氏在湖南新政常相左右,辦理有端緒的教育、警察、司法等方面的經濟改革治理。長官的日不暇給,後來學界對譚氏的目不暇給的觀感,其實,譚嗣同的管理條理愈來愈有系統,譚氏與長官黃遵憲及團隊群組於湖南新政史冊上篳路藍縷之功,同享榮光。

四、變法思想的共通性與創造性

檢視譚氏變法的特質,依學者評述「綜合變法論的意見,法之當變,其中的苦心巧接,『托古改制』,以積極求變的變局思想,認為中英鴉片戰爭,開三千年國史未有之變局,局勢既已改變,理應求應變之道,否則無以自存。但如何應變,則各有不同的主張。」〔註122〕大致而言,變法論者,在政治的主張是溫和的漸進式改良派;思想上,多屬融滙中、西文化的勸和論,其所抱持的改革理想與實際作法大要,主張知識實用論、推崇上古借以貴今、抱持進步史觀、採和平、漸進的改革手段、主張透過商戰、兵戰、學戰,追求中國富強與世界大同、民主議會之設立,培育民力、民智、民德,民強以為變革之基礎。

學者評述「以變法內容的共通性,譚氏思想有其創造性,追溯事實,是晚清學風及同治初年以來四十年變法思想薰陶下的產物,如果沒有晚清思想的孕育,馮桂芬以降變法論者三四十年來長期探索、累積,譚嗣同的變法思想將不會如此完備。」〔註123〕確認譚氏在變法思想的完備。他對西方的認識,除了來自當時有限的翻譯書籍外,來自當時前輩的影響,尤其是在變法當中具體的興革事項,譚嗣同幾乎承襲了先輩的心智遺產。以及學者對「譚氏殉難激勵革命黨人的堅強鬥志,包括孫中山領導《興中會》時期,將譚氏視為早期的『革命同志』,譚氏在革命黨人的心目中占有崇高的地位,激勵革命黨人反清鬥爭的思想。」〔註124〕譚氏是中國近代歷史上意義很特殊的思想家,他偉大的愛國情懷浩氣長存。

五、中國近代歷史的迴響

學者湯志鈞對「『戊戌六君子』在外患日逼,國勢危急的情況下,在頑固

〔註121〕黃升任,《黃遵憲評傳》,頁 408。
〔註122〕參見王爾敏,《晚清政治思想史論》、《中國近代思想史論》。同前註 50,王樾（1990）,頁 134～135。
〔註123〕參見汪祖榮,《晚清變法思想析論》。同前註 50,王樾（1990）,頁 134～135。
〔註124〕李慶忠,〈如何理解譚嗣同的殉難〉《歷史教學》,第 23 期（總第 612 期）,2010,頁 62～65。

派、洋務派的對外屈辱賣國，對內鎮壓人民的情況下，謂眾人皆醉，舉世皆濁，他們能呼籲變法、參贊政事，卻因而犧牲，使廣大民眾進一步認識清政府的殘酷，當時的歷史條件，激起一定的作用。」〔註125〕從後續民眾看待中國近代歷史的軌跡，產生具體的迴響。

從史學家陶菊隱評論「六君子到六君子，以『六君子』是好聽的名稱，歷史上所稱為『六君子』的族群排序：第一批，唐朝玄宗時代的陳宜中等；第二批，宋朝甯宗時有太學生周端朝等；第三批，明朝僖宗時楊漣、左光斗等為魏忠賢所害；第四批，明朝東林黨政治人物，周起元、繆昌期、周順昌等；這些人士的中華魂及熱血形象，為國家和民族留存了凜然的正氣，以血、以淚撰寫寶貴的史篇。第五批，即最後一批的『六君子』，清朝光緒維新之變的譚嗣同、楊銳、劉光第、楊深秀、康廣仁等殉國，他們雖然因時代關係，囿於『忠君報國』的舊觀念，但因為這次的事件後，國人曉然清室的不足與作為，一時崛起的志士仁人，由維新狂熱轉變到革命激流，志士們於菜市口法場行刑的血也不是白流。」〔註126〕中華魂與熱血形象及凜然正氣，為國家和民族留存血淚交織的史篇。

〔註125〕湯志鈞，《戊戌變法史論叢》（新北：谷風，1986），頁378。
〔註126〕陶菊隱，《菊隱叢談六君子傳》（臺北：仲文，1985），頁1～2。

第五章　譚嗣同的變法維新及其實踐

　　譚嗣同是百年以前戊戌維新變法的人物，探討他變法維新的實踐事業，首先，規畫賣田——企圖賣地，與列強談判，爭取及協商兩相調和之道，精確預算編列，排除寺廟的淫祭〔註1〕，實施保護經濟的策略。第二，在以民權帶動經濟發展，選擇仕紳階級作為社會的中堅，培育紳權作為促進民權的手段。第三，譚氏在戊戌維新中的經濟政策，依譚氏變法革新，勞心構思，愛國心志貢獻變法精策：其1，籌經費，節其侈費，供正用及就地籌財之舉。其2，利變法之用，興機器，燃料能源使用具科學觀。其3，嚴變法之衛，格致新法，建言「宜專設一學」集中勤勉製造，專業與智慧財產的維護。其4，蒐求人才的務實主義，規畫行政團隊主張「一藝一事」。第四，譚氏理想中的洋務運動的倡議，對洋務運動的追求民族自立富強，經營數十年，興辦大批工業，中國社會擁有近代文明的氣息，拓展企業文明精神與職涯競爭力。譚氏思想的受西學的影響，豐富他的理論知識，在推廣產業，譚氏有其目標管理的策略，循序漸進積極而節奏激進。

第一節　變法經費

　　譚氏變法維新所闡釋的觀念，學者苗建榮以「夷夏觀念；進化觀念；仁通觀念；日新觀念。譚氏有不同程度地受到了西學的影響。」〔註2〕觀察譚

〔註1〕淫祭，意指過度的祭祀，不合禮法的祭祀。

〔註2〕苗建榮《西方科學與晚清維新儒學的建構：以康有為、梁啟超、譚嗣同為例》（濟南市：山東大學科學技術哲學博士學位論文，2019），頁155。

氏實踐政事展現他經濟思想的特質。譚氏的思維脈絡，建立理念到追求理想，己身舊學的養分，修正的勇氣，體認家國的定位，通商啟動，仁通拿捏的實況，及經濟實踐扼重開礦的啟動。譚氏理念的蛻變，在甲午戰爭之前與之後不同的進程，從未進入全民族思想出發，學者李澤厚以「譚氏顯得五花八門，因多次考驗，激起不同的作用，其中蘊含中國的傳統因素及來自西方科技的元素。」〔註3〕學者何衛東以「壯遊名山巨川、經歷非凡的世家公子，養成了俠傲骨與叱吒風雲。」〔註4〕譚氏於百日維新變法內在、外在的特質，與實踐的政事表現得風起雲湧，讓人目不暇給的觀感。

壹、變法圖強政事的實踐

　　譚氏的思維其於根基舊學的養分，於〈治言（序）〉表述其修正的勇氣，〔註5〕邊做邊學 Learning by doing 的意涵。譚氏及長，就任公職，因應時代的變遷，目睹西方世界，拜交通、電信科技進步之賜，把玩地球於股掌之間，全球化策略的定位，建言在上位者提倡獎勵工藝，惠澤商人，製造快速，貨物繁榮，尤更扼重開礦的事業。思維謹慎處事，「仁」字載舟覆舟，拿捏的智慧，「通商」僅為機制啟動之始，計算得失與比較，明白於仁與通的執行，視實況而定，屬於機動派的典型。

貳、譚嗣同賣田的企圖

　　清點國家的財務從《南京條約》加上《馬關條約》國庫支應具體的數據，譚氏痛心於條約的割地與賠款。譚氏於〈思緯氤氳臺短書——報貝元徵〉〔註6〕信件表達他對時勢籌劃的願景。

一、籌措經費策略的選定

　　販賣田地的企圖，要籌措變法的經費，他販賣田地（國土）規畫，條約上，視割地其禍害為淺；而賠償款項已訂又增，視其禍害較為深，賠款總數

〔註3〕李澤厚，《中國近代思想史論》（合肥：安徽文藝出版社，1994），頁 186～187。
〔註4〕何衛東，〈譚嗣同評傳〉《梁啟超評傳》（南京：南京大學出版社，2005），頁 492。
〔註5〕〈治言（序）〉，《譚嗣同全集》，頁 103。
〔註6〕〈思緯氤氳臺短書——報貝元徵〉，《譚嗣同全集》，此處譚氏主張「與其欠錢，不如賣田」，頁 406～408。

龐雜賠兵費二萬萬兩，又議增三千萬兩，極重視國庫具體支應；全民張羅，要括盡民財，計繳歲餉、利息……，多重壓力及尋求紓解對策「與其欠錢，不如賣田」的思惟。面對困境的發聲頻頻提出毀約拒絕履行的建議，譚氏已比對了對方的說法，是列強援引「或貿易經濟合作皆沾有利益」之例而群起效尤，中國小民如何堪受其苦，是直接合計四百兆人民的身家性命而滅亡，指出將是全國人民連連的禍患，即使聖人出現也無能為力，執意條約必毀，而有其安排的道理。

　　譚氏評估企圖販賣田地的步驟，從國土的範圍，評估利益，預算控管含計戍守軍費預算的編列，控管及執行，以籌措變法的經費，乃有豐厚利益的角度進行。首先，就外在條件，國土範圍計外蒙古、新疆、西藏、青海，其土地廣大寒冷貧瘠，毫無利益於中國。其次，經費支應項目控管，反而每年戍守邊疆的花費數百萬金。內在變數的盤算：第 1，列強的垂涎，國土連接集中，久為英、俄二國垂涎；第 2，一旦引來爭奪，衡度中國的軍力，最終不能防守，不如就今分賣給二國，還可締結其歡心，而穩坐獲得厚利。再其次，以單價（單位）x 出售全面積=總和，即算出的總數支應，估計賠款的數額、支付條約償賠款之外，尚有剩餘的額款，剩餘款可支以應變法的經費；而變法經費的籌措早已是譚氏的心頭大事。以兩害相權取其輕的原則，與列強談判準備，譚氏以少取值的原則，兩害相權取其輕，權衡輕重得失，選擇為害較輕的項目去進行，註明了請歸兩國保護 10 年限制的但書。

二、談判籌碼與條件提出

　　譚氏加註帝國列強保護年限，不自亂陣腳，直接拒絕了列強對鐵路交通要道由列強保護的要求，譚氏提出籌碼與條件。以十年的緩兵之策爭取空間，在企圖含有空間的彈性，他評估在英、俄兩國的相互猜忌，倚賴中國為遮擋，中國轉而居處重要地位，新疆、西藏土地緊密為鄰，英、俄兩國各自鞏固自己的邊境，沒有閒暇侵犯中國。譚氏評估危機與轉機，顯示他衡量的策略。

　　再觀察英、俄兩國的居心，即使列強想侵犯中國，譚氏假設列強的經營：內外蒙古、新疆、西藏、青海等廣大而寒冷貧瘠的區域，治理政事如農務、礦務、商務、鐵路等類屬，估計十年以後，開始有微少的條理秩序；這為中國爭取的緩兵的策略，對中國而言，可獲得十年的空檔，足夠中國自強運作之用。

　　譚氏與列強的談判，評估金錢、財物，含有價值的海陸交通工具、武器、機械……數量的換算與抵押，按列強日本、英國、俄國，依據情況，斟酌事理，從實際情況出發對已發生的事情或問題作出合乎情理的處理，促求與對方兩相調和，平等地位之道「兩劑其平，所謂絜矩之道也。」〔註7〕以中國的道德規範作提議。

三、追求中國誠信篤敬傳統之道

　　依譚氏的評估，觀察他的認知與執行意志的堅決，有其堅強、執善固執的一面。

　　西方列強不講「仁」的事例，與列強談判協商，學者李國祁評述「在中國歷史前有曾國藩、後有郭嵩燾。當年，兩江總督曾國藩（1811～1872），接觸外交問題，以曾國藩的外交認知，是與洋人往來交涉必須持以「誠信篤敬」，誠信的外交套以儒家主張的對個人的誠信態度，應用之於外交，曾國藩他說：夷務本難措施，然根本不外孔子『忠信篤敬』四字，與洋人交際，孔子忠敬以行蠻陌，勾踐卑遜以驕吳人，二義均不可少……，以孔子為範例。

　　但是，歷史被證明，曾國藩是不了解在國與國之間的關係，及國與個人之間，並不完全相同，兩者的機制是明顯有所區別；另外，郭嵩燾（1818～1891），是中國第一位駐外外交官，在英國遭遇的困境，郭在英國對人態度的誠懇，雖有很好的個人聲譽，但以「誠信」，也無法解決中、英之間重大的爭端。在李鴻章（1823～1901）時期，李也承認：郭嵩燾是當時中國辦理外交的高手；由曾國藩、郭嵩燾採用中國儒家所主張的誠信辦理外交的失敗史事，已窺知儒家的思想與源自西方科技的近代化，的確有不能完全整合之處。」學者李國祁再評述「以曾國藩的保留，當時的西方精猛的現代化武器——槍砲已輸入中國，李鴻章因為在上海與洋人並肩共抗太平軍，使淮軍能得風氣之先，採用槍砲（現代化武器）。李一再函致曾國藩，建議湘軍亦大量採用西方新武器，甚至曾已購贈若干新武器。但曾氏始終不肯大量採用，緣在中國近代化的問題上，相較曾國藩的積極程度遠遠遜於李鴻章，在曾國藩的心目中信仰中國道統的永恆性，是極其堅固難移的。在保守與近代化之間，曾國藩模式是緩慢地移向近代化，對保守的傳統的眷念。」〔註8〕曾國藩眷念儒家的永恆；以譚氏的擇

〔註7〕　〈思緯氤氳臺短書——報貝元徵〉，《譚嗣同全集》，頁408。
〔註8〕　李國祁，〈自強運動時期人物比較析論——曾國藩與左宗棠〉《臺灣師大歷史學報》，第39期，2008.06，頁17～56。

善，憑藉孔子『忠信篤敬』的招牌，是不可變動的，是所向無敵的，是譚氏持定為堅毅、固執的信念。

譚氏的熱血，愛國心切，敢於提出籌碼談判對議的勇氣，但在寺觀廟宇慶典祭祀不列入預算（預算款項禁止淫祀）的排除。依學者陶用舒歸納「譚嗣同愛國主義思想的特色，譚氏愛國主義思想之中，主張民主平等，反對皇權；主張改革變法，贊成革命；反對帝國主義侵略，積極學習西方先進等；在這裡，植基於中國古代愛國主義範疇與拓展，已經走進中國近代愛國主義的主題。而帝國主義者（列強）以武力侵占中國領土，劃分勢力範圍使臺灣、東三省、雲南、廣西、山東等地為列強們所控制，帝國主義者（列強）的目的，不僅是略奪財富，而是要建立殖民統治、滅亡中國，因此，反對列強侵略的嚴重性與緊迫性，是中國古代所無法相比擬的。」〔註9〕譚氏跨越中國古代引領進入了中國近代，推促導引時代進步的思想家。

依譚訓聰（譚氏的兼祧孫）敘述，從長輩致貝元徵先生的書信，書信提及要點九大項，而在第九大項之內，再細分四個小項為：「善於運用，不可擾民；講求新方，不可落伍；籌足款項禁止淫祀；留意教育培養人才。」〔註10〕等，是譚氏信守的理念，籌集錢財為推展全國的經濟事業，力求國家整體的進步。比對譚訓聰〔註11〕對其先祖父譚氏變法要點的九大項，如表5-1。

譚氏對於預算規範的原則，尊重民意的空間，以民眾為重心，不干擾民眾；執行任務，講求新方法及順應新潮流；金錢的用度，精打細算，講求效益；留意培育人才種子計畫，是其預算經濟的黃金法則。

〔註9〕陶用舒，〈譚嗣同愛國主義思想的特色〉《湖南教育學院學報》，第 17 卷第 4 期，1999.08，頁 38～41。

〔註10〕譚訓聰，《清譚復生先生嗣同年譜》（臺北：臺灣商務，1980），頁 16～17。

〔註11〕譚訓聰，《清譚復生先生嗣同年譜》，頁 10～11。訓聰父傳煒（清光緒甲申年秀才，畢業於上海法政大學別科，曾一度任湖南省公署諮議官，年僅三十，早卒。）譚嗣同遇難後，嗣同的父親譚繼洵正式把他二哥之子譚傳煒過繼給他，算是「兼祧」。譚嗣同的妻子李閏撫養孩子，在養青年病故後，撫養兩個孫子，她活到六十歲才病故。〈kknews.cc/history/5ne5x66.html〉。檢索日期：2020.05.10。

學者鍾純純評述「譚氏的《平等與富民：早期宗法禮制思想析略》，譚氏爭取『兼祧，繼別為宗』的倡民權、與民生，將富民與民生問題置於禮教之先，呈現情禮並蓄人文色彩。」父親譚繼洵正式把「兼祧／承繼祖先的香火。」他二哥的兒子譚傳煒過繼給他。實質意義上，對譚氏而言，回饋了他，自家兒孫對他的福報。

表 5-1　譚嗣同《致貝元徵》變法要點九大項

	事項	說明
一	與貝元徵質詢Q&A：「假定洋務的技術尚未精確，如何圖謀變法的治理？」譚氏引述衡陽王子道器論，認為無其道，即無其器。	譚氏主張的路徑，形而上的道，形而下的器。指精神及物質文明。以精神為先導。
二	倫常為治國原則，具有相維相繫的功用，秦朝以後尊君卑臣，倫常因此破壞。	五倫常道的綱紀的觀念與規範
三	時代變遷，理法亦當有變遷，需突破，不可仍守故轍。	順應時代的變遷
四	評述今日之洋務運動失敗之主因，一不講求實際，一主持不得其人。	評述洋務運動的關鍵
五	今日應注意「富而後教」四字，經濟和政治應雙管齊下。	關注的要領
六	「有利必興，有害必除」，一切求實，不宜作偽。	意願與決心
七	倡議言八股之弊害，清初顧亭林悼時文之害，不減秦代之焚書。	清代樸學始祖，譚氏對顧亭林的君統戀棧，不思脫其軛〔註12〕有所建言。
八	主張在瀏陽設立算學格致館之用心。	湖南新政地方自治的建樹
九	變法當注意者：1. 善於運用，不可擾民；2. 講求新方，不可落伍；3. 籌足款項禁止淫祀；4. 留意教育培養人才。	推展變法的精策

資料來源：譚訓聰，《清譚復生先生嗣同年譜》（臺北：臺灣商務，1980），頁 16～17。

四、謀求中國自立富強選擇均衡策略

固然大陸學者印永清指出西方列強不講求「仁」的事例，〔註13〕但是，當年譚氏的談判企圖賣地的經費，或交換帝國主義者的保護，謀取西方列強的預算配置，其愛國心切，敢於提出籌碼與對議的勇氣。注重「籌變法經費」的運用，他執行經費花在刀口上的優先順序，排除寺觀廟宇慶典祭祀，淫祭不予列入經費預算。販賣田地（國土）為賠款事項傷神，以儒家學派講求傳統的保守之道，譚氏花了很大的心力在營救「誠信篤敬國家信義」的主題。學者姜華評

〔註12〕〈仁學〉三十一，《譚嗣同全集》，頁 56。
〔註13〕印永清，《仁學：走出不仁的中世紀》（河南鄭州：中州古籍出版社，1998），頁 274～275。

述「在通過對維新派以至整個國家近代、現代『心力』說的反思，一定要科學地認識人的意識能動性，要積極發揮人的主觀意識的能動性，並充分尊重客觀的規律，從中國現有的國情出發，腳踏實地進行中國社會經濟主義的現代化建設。只有這樣，才能最終實現延續了一百多年來的中國人（維新派）的夢想，使中國成為一個獨立、民主、富強、現代化的偉大中國。」〔註14〕其啟示及學習，目標建立尊重客觀規律情勢及主觀實踐活動的協同並行，是策略的質與量並重。

學者鍾啟順以「有關譚氏的經濟思想帶有強烈的謀求自立富強，民族解放的愛國性質，從維護國家，民族權益出發，極力倡導與外人競爭。礦務他強調『今之礦務商務，已成為中西不兩立不並存之勢』，中國必先自開其礦，以圖富強，始能制人。不然，人人將奪我之礦，以制我矣；多創外匯，增強中國經濟競爭實力。為實施保護經濟的策略的構想。」〔註15〕譚氏抵禦強敵的外侮、及商務拓展外匯，籌措內部經費，增強國際的競爭實力等面向有具體的貢獻。

譚氏與列強談判角力的空間的預設，選擇自己的策略而獲益的前題，他規劃得到一種均衡的類型。應用「賽局理論」，那許均衡（Nash equilibrium）」〔註16〕選擇最適均衡策略。譚氏憑中國舊學傳統根底，歷練機動的空間，挑戰選擇的智慧，企圖販賣田地（國土），精確預算編列；與外人角力，敢於爭取及促求兩相調和之道，祭以道德規範，實施保護經濟的策略思想是突出的進步性。

第二節　以民權帶動經濟發展

民權發展的策劃，譚氏推動改革事業，需要社會力量的支持，他選擇仕紳階級作為社會的中堅，培育紳權作為促進民權推動的手段，從事改革事業的進程。從改革事業財力聯合、礦產業架構的淘金地段管理聯合策略制定。

〔註14〕姜華，〈試論戊戌時期維新派的『心力』說〉《求是學刊，紀念戊戌變法一百周年》，1998.05，頁36～39。

〔註15〕鍾啟順，〈關於譚嗣同經濟思想的幾個問題〉《湖南省政法管理幹部學院學報（原名法學學刊）》，第18卷第2期，2002.12，頁179～182。

〔註16〕Hal R. Varian 著，劉楚俊、洪啟嘉譯，《現代個體經濟學》（臺北：茂昌，2000），頁380～381。「那許均衡」（Nash Equilibrium）。

壹、培育紳權促進民權推動

一、改革事業紳商持股財力聯合

培育紳權，從礦務產業及賑災事業的人力組織佈署

（一）湖南辦礦，其道有六，其中第四項的標準；

第四項礦務准許紳商持股，鼓勵商民聯合積極推動礦務。

（二）瀏陽賑災，辦賑十二條規，執行條規

第二條、主管職務，由局遴選鄉紳為首；

第七條、業務執行核查待賑戶口，鄉紳擔任查核工作支援；

第九條、業務人力管理，運夫住宿安排由鄉紳提供住宿空間；

第十一條，淘金地段管理，鄉紳為行政會同人力之一，聯合制定計劃和策略。

二、變法主張人力管理結構，納入紳首推動「一藝一事」專才

譚氏人力、財力智庫的建置，及議院民主制度的推動，採行責任制，目標就近取材，以各府州縣的紳首，取紳首有行政能力，包括倡議廢寺觀、有財政能力的，集股開礦置辦機器、專才「一藝一事」；鼓勵兼跨領域的興利諸事，激勵士氣，及增加職務，以配合及服從命令特別尊寵，任命其進入議院擔任議員的職務，民主國家制度的推動，依次排比秩序的維護，公權力行使，官方予以協助、保護，積極促進使命達成，為維新運動來提供物質條件和經濟支援。以實業救國培育實業人才，促成國家經濟的整體發展。譚氏觀察世界各國均在競逐實利，以實業國家發展的重要工作，落實人力、財力智庫的建置。

譚氏爭取民權發展的同時，以心力挽劫，挽救普世萬民的劫難；逐利本國，無損各國；推展萬國公理智愚皆可授法；列強相習，信義被迂緩，病夫要自強；選賢立天子，企望信義恢復；觀察國際事務，處理及維護利權；利權掌握，美國倡議事例；直抒中國商務困境與推促自強救國；中國君主愚民，嚴重耗蝕群眾凝聚力、注意力。強調法為人用，不至人為法用，關注民生，農、工、兵、傭，職場經濟的動態。

三、推廣中國強盛之道的智慧

譚氏運用佛法宣揚心力說，以心挽劫的宏願，以解救本國、解救西國及普世含有生命的都超度的法則；以耶教的天國觀，平等對待普世萬國的民眾，稱無國，可也。在無國之國，立一法、創一教，必符合萬國的基本公理，使智者

愚者皆可傳授法理。

（一）道力精進公平對待萬民注重普世有利

　　立一法的策略，採「柏拉圖最適」方式，無損各國但皆有利，以心力挽劫，憑藉宗教大愛的胸襟挽救普世萬民的劫難，逐利於本國，無損於各國「立一法，不惟利於本國，必無損於各國，使皆有利。」〔註17〕譚氏計畫，要求資源分配的理想狀態，而不使任何其他人受損。其執行的環節，顧及保護全民生活的策略。創一教的藍圖，譚氏創設一教派，可以施行於本國，合於萬國之公理，彈性範圍設定的寬度，愚智皆可傳授其法條，蘊含開放式的寓意。

　　譚氏推廣本土型的運動，以仁、恕、誠及絜矩（道德）儒家模式的規範，保存傳統文化的機制，最大彈性的設定，智愚皆可傳授法條，整合原有文化有價值的要素和新的成份組織起來創建新的人文經濟體系。

　　譚氏指出列強環伺，輾轉把信義看成迂腐遲緩，而且互相傳習蔚成惡風，中國的信義被迂緩，呼籲病夫要自強，守舊的中國人感恩的心被玩弄，譚氏痛心以愚公具有堅忍毅力是為愚昧的，環顧週遭的景象險境環生，被蹂躪的歐、亞兩洲，深感地球的戰爭為禍害的苦果已到了盡頭；致使衰退的路徑雖不一樣，被扣上病夫的標籤，以中國為首，清點土耳其、阿富汗、波斯、朝鮮等，四海之內「所號為病夫者。」〔註18〕好勝心強大如譚氏，拒絕被貼「病夫」標籤效應，以為不榮譽，儆惕而自我激勵。

（二）商戰民權目標爭取信義恢復

　　要恢復中國固有的信義，譚氏的建言在中國廢除糾葛的君權制，推選國家賢明之士，選賢與能，人人自主，固存的信義得以恢復；觀察國際事務，處理及維護利權，護衛國土，抵制列強入侵的野心，俄厚鄰薄的觀察，鐵路開發及利權維護的議題，譚氏表示「俄厚鄰薄」的看法，係當年的中外歷史諸多的事件，指出列強的假面具，譚氏掛慮以鄰為壑的災禍，注重修築歐、亞兩洲東西大鐵路，修築鐵路，地處交通要道，獨厚於俄國，澆薄於鄰國，事關東、西商旅出入要徑的大事件。

（三）企求以中國商務經濟發展的利基為主題

　　譚氏盤存俄國所獲鐵路之利，共計二十利，按強鄰俄國將獲鐵路二十利的

〔註17〕〈仁學〉四十四，《譚嗣同全集》，頁 75。
〔註18〕〈仁學〉四十四，《譚嗣同全集》，頁 75。

清單，以譚氏的學科背景，陳述內容涵括：遠近、難易、遲速、險夷、天時、物產、僻繁、驅使、工價、重輕、公私、義利、好惡、得失、招股、償息、成本、獲利、興廢、功敗等，二十利（摘自〈仁學〉四十四），具有企業管理的概念。列舉二十利的項目，以護衛國土，抵制俄國入侵的野心，承襲鄭觀應前賢的《盛世危言》的智慧及精神，並且發揚光大，對問題意識的敏銳，展現於中國近代歷史與世界歷史的舞台。

譚氏具體提供社經重要問題的決策，以仁政保護國內太平，消弭觸發的兵端；拯救弱國、扶植劫後的人民的義舉，總括：國際商務、盤存利源的智謀，杜絕後患的勇功，相信實效等同於二十利，指出強鄰俄國的野心與實方向，愈益有增強的氣勢。

（四）推算列強的利權

譚氏洞悉列強環伺，以仁政、義舉、智謀、勇功的名目，掌握利權，列強心機深沉，遲遲不予行動的拖延，逐項點出英、法……等十三國列權（殖民帝國主義），肩負國際商務的職責，引美國倡民主的事例，商務的預算經費，修築萬餘里的大鐵路具勳德，西方列強不作進行，英、美、日鼎足成三強，以不必別為弭兵之費的藉口拖延，指出利權掌握在列強手中。列強配合文宣的公諸報端的擴散升溫，日本《國民雜誌》、英倫《泰晤士報》的報導列強公告如何便利的消息的表象，其實蘊藏讓中華門戶洞開的隱憂，譚氏為中國商務的困境，顯然遭受列強的強力介入，籲請務必要注重環節的銜接及強調責任的歸屬。

四、中國自強救國責之在己的重要性

譚氏以自強救國之責維繫在自己的重要性使命感，指出列強各自有其出發點，但最可惜未有敲擊於主旨之上，擔心眾生業力的消散，中外有同心的氛圍，強力呼籲。

（一）名之自強鴻圖展望自強中國刻不容緩

謹慎切記，不需以復仇雪恥的說法來擾亂自己策劃的鴻圖，了解自強的要義發展的鴻圖，責任在自己而不在他人。穩住民心，慎重朝著大方向前進，中國謀自強之道，遭受外侮的苦難，在被凌虐的風雨襲擊之後，譚氏透過深切的評估，沈痛的轉念，發憤的雄心，事在人為，泯除怨由，專心一意督導責任，鎖定合併心力的志向，專求於己的自強之道。

轉念化干戈為金玉，援引耶學、管子、佛家建言精髓，轉化詆毀，化干戈

為正面能量，規畫救國遠景，爰引耶學『視敵如友』、管學『人棄我取、因禍為福、轉敗為功』、佛學「密宗，宏於咒力，咒非他，用心專耳」、孔學『民可使由之，不可使知之』師取耶、管、佛、孔，各家言論的精華為指導的良方而努力執行。利用耶學、管學、佛學、孔學等為來改革社會風氣，來教化民眾的工具。

（二）譚氏中國自強策略

對自強的定義、操作、環節的注重、目標的鎖定，自主管理，心動即要行動，破除占卜習性，駕繁馭簡，呈現近代企業管理得出「標準作業流程」的模式，確認製作公式的認定，謹慎，以占卜為檢測工具之一，很明顯，不需要再以占卜，徒然過濾一道手續，變衣冠可以毅然行動。體會文化之消長，興創日常生活起居繁簡動線得到的比例公式的實體運算。譚氏以執行是王道，否則是亡道「行之則王，否則亡」〔註19〕。積極奮進，從根本洞察凡人的惰，興建政事的意願表態，關切流程的檢討與強烈的建議，是以啟迪民智的企求。

（三）法為人用不至人為法用

譚氏指出核心關鍵在生活化，啟動教化民眾的建議，繁簡之明辨，更新從言語、國律入手，便民導向，民眾應當掌握駕馭的技術，而不是被技術所奴役，強調法條是提供人民參考運用，不至於人民被法條所僵化，發揮生活的智慧；以及日常生活運用的靈巧，服裝與工作職業的特殊性與適當性，農夫的、工人的、戰士的、商業僕役用的，因為工作性質的不同，在服裝配置選項的不同……種種的指正，而在當下尚未有人士提出論據而深深沈地感嘆，譚氏的非常注重言語的運用、衣物的穿著、國律的更新，衡量的變通，後續的影響與差異，以及機制的設定。環節的注重，工作中講求服飾配合作息及工作場合的節奏，了解各職場農耕田、工機器、兵戰事、傭職場動態，譚氏痛心不適當衣著、坐姿、事理前後的順序顛倒，質疑為何沒有人推動革新改變制度。

譚氏探討認知的模式，中國君權的愚民之治，嚴重耗蝕群眾的凝聚力注意力，愚民之治，施行苛政，耗弱天下的能量，以禮制與俗約，苛煩的政令，繁重的賦役，使臣民大眾無暇與君權對抗；民眾積久難返，忘記除舊更新的志願。譚氏指出中國士民的沒有意願變法，是疲於奔命，生活的正能量被切割、被耗蝕，事多任重，漸次之間深深浸泡侵入骨髓，被牽著鼻子，執行除舊更新自我

〔註19〕〈仁學〉四十四，《譚嗣同全集》，頁 75。

沒有能力；群眾的凝聚力、注意力被嚴重耗蝕。是以譚氏極為痛心民眾沒有成長的空間，因此極力催促改善。

貳、變法變髮（處髮）之道

譚氏肯定日本人的強盛，變法始於衣冠，明白先務之急，中國有急切之改變，姑且不論是北方夷狄鄙陋的習俗，對於現實生活的民眾是大大的不方便，譚氏以古今中外的舉證。譚氏評鑑「全髮、全薙、半剪、半薙」四種類型，以「半剪」兩利的護腦又輕便為優選。以「半薙」兩害的前無蔽護腦，後長髮垂辮的重累為非優選，而尊重選擇「處髮之道凡四，……明者自能辨之，無俟煩言而解矣。」〔註20〕

一、推動變革衣冠及護髮之道

譚氏推導起居空間，變衣冠及護髮之道，日本人強盛，變法始於衣冠，兩利與兩害之中，展現繁必滯，簡必靈的論調，從教化的深淺，管理的機制及國律的變通等提供參考；受愚民政策，國家情勢，被繁文縟節所拖累，農、工、軍、商等職場功能各異，在痛惜相關內耗之能量；舉證護髮之道，西制「半剪」護腦減輕拖累，得兩種便利。蒙古、韃靼制半薙，沒有蔽護前腦，繁重長髮垂辮拖累於後腦，得兩種弊害。提供給在場聽眾的自行選擇。用意實用性上，學者張世瑛評述「以率先對剪辮提出頗為理論性的探討，經嚴謹的比較，剪辮有最完整看法的是譚嗣同。當年在處髮、護髮的議題，梁啟超談論得最少，但是已經行動（身體力行），在 1911 年，梁啟超應林獻堂〔註21〕之邀來臺訪視，約有三個星期的行程，當時梁氏的髮型，已是「半剪」的西制。

晚清維新派人士對剪辮問題的態度為議題，維新派發表了剪辮的言論，甲午戰後，國內朝野上下充滿要求改革圖強的聲音，晚清人士關於剪辮爭議諸種的理由與動機，譚嗣同對於剪辮的看法，提出建議，西方男子的髮型『半剪』有其優勢。在維新派中，康有為是注意剪辮易服課題的人士，維新變法時提出『請斷髮易服改元摺』，這是史上第一次有人將剪辮一事納入廟堂之上討論。

晚清維新派人士對剪辮問題的態度為議題，維新派發表了剪辮的言論，甲午戰後，國內朝野上下充滿要求改革圖強的聲音，晚清人士關於剪辮爭議諸種

〔註20〕〈仁學〉四十四，《譚嗣同全集》，頁 80。
〔註21〕林獻堂，是經歷清領、日治、戰後時期三代的臺灣地方領袖，有「台灣議會之父」之稱。

的理由與動機，譚嗣同對於剪辮的看法，提出建議，西方男子的髮型『半剪』有其優勢。在維新派中，康有為是注意剪辮易服課題的人士，維新變法時提出『請斷髮易服改元摺』，這是史上第一次有人將剪辮一事納入廟堂之上討論。梁啟超是對蓄髮問題談得最少的一位，卻是維新派的身體力行。

梁啟超他在維新變法失敗後，亡命日本，依據梁在光緒25年（1899）3月24日，梁與妻子李蕙仙的家書內文提及「寄來照像一片，衣冠雖異，肝膽不移。」而在1900年，他遊歷夏威夷及澳大利亞時，從照片觀知，「梁已經是西裝革履小分頭的西化外表了，可以確定的是，最遲在1899年底前，梁啟超已經剪去辮子。」〔註22〕譚氏於戊戌維新運動殉國，未克選取剪去辮子蓄留西制「半剪」護腦的髮型。

請參考圖5-1譚嗣同的變法（變髮）處髮之道：『半剪』『半薙』比較圖。

二、真人物的智慧

自清以來的「真人物」唯復生一人足當之的盛名，從學者評「有感譚嗣同接觸西方知識有限，他竭力從宗教、哲學、政治、經濟的思想層面闡釋中西方關於平等的思想，抨擊箝制人思想的君主專制和綱常倫理，繼而宣揚民權。他的激進思想所體現出來，他急切的救國之心和深厚的愛國情懷，融會中西方思想觀念的過程之中。以當時中國所處的國內與國際形勢密切相關，從更裡層次的意義而言，其時代背景造就的是更多像譚嗣同一樣具有烈士精神與批判意識的人，他們具有更豐富的情感和強烈的愛國情緒，我們不能以現代人的觀念去看待和評價他，甚至苛責他們為救國圖存所作出的努力。譚氏撰著作品之中固然存在某些問題和缺陷，但是其中表達出來的鋒芒畢露的主張和充滿智慧的觀點，他的撰著作品仍然具有很高的學術價值和現實意義。」〔註23〕

自有清以來的「真人物」，譚氏精神的偉大，藉由解讀譚學的撰著作品，他一次次的遭受衝擊及衝決網羅的意志。回首戊戌維新政變，首流血以激勵天下之動者，自清以來『真人物』，唯復生一人足當之而已，同意學者熊十力的肯定，當時的清之季世，宋學已稍稍復蘇，戊戌政變，首流血以激天下之動者，譚復生嗣同。復生船山學也。復生精研船山，其精神偉大，實由所感受於船山

〔註22〕張世瑛，〈清末民初的剪辮風潮及其所反映的社會心態〉，《國史館館刊》，第22期，2009.12，頁1～56。

〔註23〕葉樂樂，〈譚嗣同《仁學》中的平等思想研究〉《天水師範學報》，第37卷第1期，2017.01，頁96～99。

者深刻。熊十力先生嘗與友人林宰平、梁漱溟談論，自清朝以來『真人物』，唯有復生一人足擔當之而已。惟可惜其學術尚未到達成熟。譚氏的感觸世界的變化已然急劇，一稟烈士精神與批判意識，孜孜矻矻勤勉不懈地探求新知，營建新知救國的大計。

圖 5-1　譚嗣同的變法（變髮）處髮之道：「半剪」「半薙」比較圖

（闕）	（闕）		
譚嗣同「半剪」	康有為「半剪」	梁啟超「半剪」	孫逸仙「半剪」〔註24〕
譚嗣同「半薙」	康有為「半薙」	梁啟超「半薙」〔註25〕	孫逸仙「半薙」〔註26〕

圖片來源：譚嗣同「半薙」、康有為「半薙」、梁啟超「半剪」，圖片摘自 google 網路資料，檢索日期：2019.03.03。

　　學者熊十力追溯「譚氏的際遇，結識康梁，銳意新聞專業。及公務需前往南京，於楊文會居士請益佛學。譚氏漸進的成長，他的經世規模愈大。自許志願愈宏。以譚氏的年輕氣盛與愛國心切，知識見解雖不免失於浮雜。譚學作品的篇章，仍有補足的空間。假設復生如不英年早喪，其成就必卓然可觀。」〔註27〕譚氏選

〔註24〕孫逸仙『半剪』，Marie-ClaireBergere（白吉爾）原撰，溫洽溢譯，《SunYat-sen 孫逸仙》（臺北，時報文化，2010），頁封面。

〔註25〕梁啟超『半薙』，王國梁，《廣東人是天下人之眼》（北京，團結出版社，2009），頁 97。

〔註26〕孫逸仙『半薙』，光緒 5 年（1879），國父少年時首次赴檀香山的船上（繪圖）；劉悅姒主編，《國父革命史畫》（臺北，國父紀念館，1995），頁 014。

〔註27〕熊十力，《讀經示要》（臺北：明文書局，1987），頁 508～509。

擇的路，時光雖已無法倒流，他最後的從容就義、但是衝決網羅、積極進取、精誠提升、愛國情懷，毅力魄力，大愛的熱誠與慈悲，贏得普照人間的光輝。

第三節　戊戌維新中的經濟政策

在維新運動關鍵時期，譚氏思索國事，第一、是天下之道喪失了權威，須重建秩序；第二、是天下之道仍存有權威，面臨著新的挑戰。考量之一，要求訴諸武力，摧毀陳腐的價值體系，以期為重建價值中心構築新的基石；另一種考量則要求訴諸變革，調整現有的儒教體系，從而平衡權威之內的緊張。譚氏的維新修築工程的構思在翻轉於舊傳統的家國與社會。以譚氏的特殊性，當時一些重要的思想潮流，如民族主義與中西體用的學說，透過他的理念綴補中國早期知識份子為史學家所疏忽思想，他發抒獨特的心聲，面對時局，深感傳統秩序的動搖崩潰，危機重重，尋求定位及搶救先機的愛國行動。

壹、譚氏變法貢獻精策

變法革新的勞心構思，依譚氏變法革新於〈思緯氤氳臺短書──報貝元徵〉書信〔註28〕表明愛國心志，貢獻四個精策：第一，籌措經費，節其侈費，供正用及就地籌財之舉。第二，利變法之用，興機器，燃料能源使用具科學觀。第三，嚴變法之衛，格致新法，建言「宜專設一學」集中勤勉製造，專業與智慧財產的維護。第四，蒐求人才的務實主義，行政團隊「一藝一事」的規畫。

一、籌變法的經費

譚氏表示籌措變法之費用，除了販賣國有土地提供國家鉅大的用途之外，派用在政事、教育項目下，排除了多而侈奢的寺觀廟宇費用，以財物沒有白白虛擲，沒有白白游盪的手，寓意物盡其用，人盡其才的原則；宮廷廟宇可以作議室殿堂或學堂、洽公處所等使用，寓意地盡其利的原則。極很不認同以黃佩豹人士兩次在西藏為禮佛極盡奢華的事例，而民眾百姓們的知識素養的對自己的財富沒有為自己使用的優先，沒有自我保護而且不懂善用的觀念；家園被外鄰入侵凶狡強悍的佔據，行徑像寇兵而強行盜糧，種種弊害不容想像，追問執政者何在，而被責怪收藏財物不謹慎，仕女衣著太暴露，容易引起壞人的邪

〔註28〕〈思緯氤氳臺短書──報貝元徵〉，《譚嗣同全集》──譚氏傾箱倒篋變法求新尤有精策──，頁 427～430。

惡心思的教訓。要有大中國的財富、強項好好規劃的企圖,譚多層次的擔心,縝密的見地,企求民生、民智、民強,最終謀求致國家最大的財富的目標。

二、利變法的運用

興機器,燃料使用,展現譚氏的科學觀與成本經濟觀,有利變法的運用,機器的創興,如果僅止依賴火力發電的煤炭石油,所消耗的能源,使用眾多而勢必枯竭展現他的科學觀及成本經濟觀。

(一)譚氏的科學觀

譚氏的構想來自觀察中國境內的四川火井及各省溫泉狀況,交通運輸燃料使用地熱、使用電氣,火力發電、水力發電及海潮發電,拓展科技發達的宏大規劃。

(二)譚氏成本經濟觀

肯定譚氏先進的科學觀,從《無限豐富的海洋能(2012)》〔註29〕例證可考,1966年投入使用執行的時點,譚氏於1898年已高科技的能源理念,領先展現。

三、嚴變法的衛護
(一)軍事備備目標援引電學科技之新法

譚氏嚴陣以待,西方武器船堅砲利,預見更有新物駕凌其上,甲船槍炮會因而作廢,譚的師承涂啟先老師引戰具的酷烈為深惡痛決,但對西方嘗試以電氣槍炮模式設計,在英國人瑪格森已有創例及規模,當時,薛福成副都御史與外敵交鋒,譚以慶幸西方武器尚未達到終極精良,所以,中國軍備從事精進與研發的推動,將可以達到天下無敵的境界,與西方的競爭比賽,程度可以超越西方。

(二)技術專業建言氣學電學宜專設一學

譚氏對電氣學科技〔註30〕,國家所能抵禦的不只槍炮機械,擔心軍備策略無專人管理,防備西方人對我國要求加上這個條件,建言宜排他,適宜專門設置一門學科的研議,勤勉製造,能量引爆,奮力爭取,積極充滿動力,莫讓

〔註29〕薛中華等著,《無限豐富的海洋能〔電子書〕》(蘭州:甘肅科學技術出版社,2012)。

〔註30〕電氣學,電機工程學(ElectricalEngineering)係大能量的電力系統,如電能傳輸、重電機械、馬達。電力工程師著重於電能的傳輸。

西人在我國的先前，避免被宰制：譚氏的倡議，在專業與智慧財產權的維護，防禦機械船堅炮利的威力，防止被西方人搶奪了領先權及知識專業功能的強化及效能的提升。

（三）講求自然資源經濟學

按「自然資源經濟學」，西方十七世紀的威廉‧配第，〔註31〕為範例，配第的名言為「土地為財富之母，勞動為財富之父」是資源價值論的最早萌芽。西方經濟領域學者專家的接力，時序隨著十八世紀到了二十世紀初，專家學者如亞當斯密、傑文斯、李嘉圖、馬歇爾等經濟學家的主張，從自由市場的「稀缺」層面研究了經濟與自然資源的關係，並得到比較一致的結論：自然資源的稀少的缺口，在通過市場的價格機制得到解決。

人類從二十世紀的初期，自然資源經濟學有兩個發展的主題發展，其一、以自然資源學結合經濟學，從經濟學系統研究自然資源學；其二、以純經濟學角度研究優化自然資源的配置為主題。譚嗣同推動及優化自然資源的配置帶動的策略礦業領域譚氏的名言「上焉者，獎工藝，惠商賈，速製造，蓄貨物，而尤拒重於開礦。」〔註32〕套上中國礦產業資源價值論的萌芽，戊戌維新運動的人物，從經濟學系統研究自然資源學領域的主題；其次，以純經濟學角度研究優化自然資源的配置為主題。本研究以模式的適用性及譚氏在「自然資源經濟學」的角色，及建言「氣學、電學宜專設一學」，研究自然資源學領域專業，核心功能上有稱職的表現。

四、徵求變法的人才

譚氏徵求人才策略，譚氏採行務實主義，人力納入各府州縣的紳首，注重擔任要務的人才，要求維新人才，優先順序，革新遴選人才的舊制度，改變學校，改變科舉的方式，創辦之始注重人才具有擔任要務的能力。

（一）人力結構

人力管理結構納入各府州縣的紳首，人力財力智庫的建置及議院民主制度的推動，採行責任制，目標就近取材；邀請有行政能力者任務為倡議廢寺觀；財力富有的，集股開礦置辦機器、集中專才「一藝一事」，鼓勵推廣跨入政事

〔註31〕威廉‧配第（William Petty，1623～1687）英國古典政治經濟學之父，統計學門創始人，首位的宏觀經濟學者。自1662至1674期間，著有《賦稅論》、《貨幣略論》等專書。
〔註32〕〈仁學〉二十三，《譚嗣同全集》，頁45。

領域的興利諸事，民主國家制度的推動，依次排比秩序的維護，公權力行使，官方予協助、保護，積極促進使命達成，為維新運動來提供物質條件和經濟支援。軍務管理，譚氏對於軍隊事務人力管理的積極，套用建置的實務主義，開礦產業人力的責成，民主制度的倡議；財力的集股開礦，加機器設備，礦務鄉紳之首「一藝一事」專才專用，激發亮點，興利於諸種事務，慰勉及獎勵，進入國會殿堂，為國奮進燃燒動能，國家施以保護政策，俾使進入民主政治，從現代國家發展的趨勢，促成任務的構想秩序建立。以民權展開經濟的發展的目標。

（二）革命鬥士的自強之道

譚嗣同的經濟思想內涵及實踐的政事，學者顏德如的假設「譚氏對自己死後會獲得『革命鬥士』的稱號，將會如何的回應。回顧譚氏短暫的一生當中，大部分是在學人的生涯中渡過的，當時適值民族危亡空前高漲時，他對他自己的救國思想作出調適，尋求解答現實中的存在焦慮與精神緊張：思索天下之道是否仍具有昔日華夏的權威，歸納出答案的大要：第一、假設是天下之道喪失了權威，就亟須重建秩序的策略；第二、假設是天下之道仍然存有權威，但面臨著新的挑戰。前者要求訴諸武力，摧毀陳腐的價值體系，以期為重建價值中心構築新的基石；後者要求訴諸變革，調整現有的儒教體系，平衡權威的內在緊張。」〔註33〕譚氏中國自強之道，救國整體運作，施以最佳策略的執行。

（三）歷史的意象

對湖南新政湖湘文化的肯定，依學者彭平一評核「湖南新政維新運動的條件，湖南人士的推考驗，檢驗『真正固守舊傳統之人士很多，而真正維新行動之人亦不少』；維新的風氣，人傑地靈，放眼全天下，湖南是賢才的聚集地。學術的任務，肩負王船山的遺風需予保存，具有任俠膽識崇高的志節，與跨國遠東日本薩摩長門藩士行止的互相輝映；國境之內鄉里的先賢前輩的智慧，計魏默深（魏源）、郭筠仙、曾劼剛（曾紀澤）諸先生，境內倡議推動西方科學。兩年以來的建樹，官員與鄉紳聯合，長官與民眾團結一心，百廢具舉，卓越優異於其他時日，強盛天下而保衛中國的，非湖南人莫屬。人力團隊，譚嗣同、康有為、梁啟超等行政群組的架構上，結合了外地和本土的維新運動的仁人志士，把湖南當成『腹地自立』第一優選的行政省份。長官們黃遵憲、江標、徐仁鑄

〔註33〕顏德如（2000.05），〈論譚嗣同思想的內在邏輯〉，《河北學刊》，頁 106～109。

等具有明顯維新志向的官員，湖南省紳士譚嗣同、熊希齡等相繼應和，專以提倡實學，深層喚起意志力，興起政治脈絡完成地方自治政體。維新志士的耕耘，多有建樹，計人文培育創立時務學堂，以培養維新人才：創組南學會以立議院的根基；出版事業創《湘學報》、《湘報》機構以宣傳維新理論；地方自治政體創開保衛局，維護社會秩序及安全；創開保衛局，維護社會秩序及安全；策略建樹具體。」〔註34〕以及湖南佐新政，瀏陽持賑務，譚氏處事原則井井有條。

（四）救國英雄的淑世情懷

譚氏是戊戌維新運動殉國的主角，他一生的短暫，其學術思想都在成長階段，特殊的心路成長，在面臨亡國滅種、傳統文化瀕臨於崩解的雙重危機刺激下，基於自覺而企圖開創一套新思想體系以心挽劫的努力，以及其學說所呈現的批判精神、淑世情懷、超越意識的深刻感人，對中國近代歷史從晚清到五四（1890 年代至 1930 年代）發生多方面的影響。對現代中國青年性格之塑造及某些政治人物的經濟思想。時空的差距，他的政濟思想，以現在較嚴謹的學術尺寸作評估，就他經濟專業的園圃，真摯新芽萌發、耕耘的去除蕪雜、釐清矛盾、凌亂的辛勞；學者王樾評述「時代背景、歷史發展的脈絡中去觀察、分析，對他當時對社會思想啟蒙的文化意義及懷抱的悲情、一生奮鬥的慎重與莊嚴予以肯定之外，不能只將他侷限於一個參與變法的政治人物的角度來看待，而應發掘他經濟思想的特殊性，歷史意義及對後世多方面的影響及貢獻。」〔註35〕摘譚氏倡議與貢獻：

1. 科技專業與智慧財產的維護

為防禦西人船堅炮利的威力，防止被西方列強們搶奪了領先權及功能強化及效能提升。譚氏對電氣學科技，所能抵禦的不只槍炮，擔心軍備策略無專人管理，防備西方人對中國要求加上這個條件，建言排他「宜專設一學」的研議，勤勉製造，能量引爆，奮力爭取，積極充滿動力，莫讓西人在中國的先前，避免被宰制。

2. 譚氏預算編列與協商

譚與列強們的談判，敢於爭取及協商兩相調和之道。以民權發展帶動經濟的發展，援引耶學、管子、佛家的精髓，譚氏轉化詆毀，化干戈為正面能量，

〔註34〕彭平一、馬田，〈論湖南維新運動中的『湖南自保』和『文明排外』策略①〉，《湖南工業大學學報（社科版）》，第 16 卷第 1 期》，2011.02，頁 118～123。

〔註35〕王樾，《譚嗣同變法思想研究》（臺北：臺灣學生，1990），頁 139。

經世濟國的策略規劃，肯定他救國圖存的努力及表達鋒芒畢露的主張和充滿智慧的前瞻性與創新性的提升。

　　3. 開礦產業人力的責成

　　民主制度的倡議，財力的集股開礦，加機器設備，鄉紳「一藝一事」專才專用，興利於諸種事務，慰勉及獎勵，進入國會殿堂，為國奮進燃燒，國家施以保護政策，進入民主政治，拓展現代國家發展的趨勢，更顯現出其建設性的見地。

第四節　譚嗣同理想中的洋務運動

　　譚氏觀察洋務運動的人物與事件，譚氏企求的人才，具洋務理念的得以振興，視洋務為有用之學，得有效率。學者討論「譚氏出生時間與洋務運動的交集，雖他未直接參與這場聖戰，但是譚氏在大量閱讀在關洋務思想方面的書籍，已被洋務思潮深深的衝擊與影響。」〔註36〕

壹、洋務運動述略

　　洋務運動的歷程、意象，以自強、求富、中學為體、西學為用為口號，檢視洋務派的四大名臣的功勳。

一、洋務運動的歷程

　　洋務運動又稱自強運動，是十九世紀 60 到 90 年代，清政府洋務派官員以「師夷長技以自強」為口號，「自強」、「求富」為目的，「中學為體、西學為用」的理論基礎，展開全國的變革運動。該運動自清咸豐 10 年（1861）年底開始，至光緒 21 年（1895）大致告終，持續約 35 年。按目標的不同，洋務運動可分為前期、後期兩個階段。在兩次英法聯軍失利、太平天國起義後，清廷上層為應對內憂外患形成「洋務派」與「守舊派」〔註37〕兩種陣營。

〔註36〕劉紀榮，〈淺議譚嗣同《治言》的思想傾向〉《貴州師範大學學報（社科版）》，第 4 期（總 100 期），2000，頁 83～85。

〔註37〕趣歷史（2016/11/26），〈洋務運動失敗的標誌與教訓〉《每日頭條》，〈https://kknews.cc/history/zmk8ajg.html〉。檢索日期：2020.05.31。
　　守舊派主張「祖宗」定下來的規矩是不可以改變的，高唱立國之道，尚禮儀不尚權謀，根本之圖，在人心不在技術。守舊派還主張：以忠信為甲胄，禮儀為干櫓。意思是用忠誠和誠信作為防禦，用道德秩序做武器。洋務運動的政治產生兩種派系，有了明顯的不同政治意見。

二、洋務派的代表人物

洋務派是在第二次鴉片戰爭以後、特別是在鎮壓太平天國運動的過程中逐漸形成壯大的統治階級內部的一個政治派別。洋務派招牌「師夷長技以自強」、「中學為體、西學為用」，在中央的主要代表是以恭親王奕訢、瓜爾佳—文祥為代表的滿族宗親貴族官員，在地方以曾國藩、李鴻章、左宗棠、張之洞為代表的漢族官員，這四位代表的功勳，參考如表 5-2，晚清四大名臣的功勳、特色各有不同。譚氏於〈思緯氤氳臺短書：報貝元徵〉〔註38〕信件中，抨擊洋務的原始禍害者為李鴻章（合肥聰明人），以李合肥執政的貪位戀權，美其名冤屈其才華，表達看法，對曾國藩父子對洋務的熟稔，一步一腳印親身閱歷心得豐富；以左宗棠較晚得官較晚顯達，表現得沈穩通達樂觀，得民眾的好印象且維持長久的時日。

人物的檢核，譚氏肯定曾國藩的親力親為。左宗棠的沈穩。譚氏稱張之洞為香帥。洋務範圍的主張摹習列強的工業技術和商業模式，使用官辦、官督商辦、官商合辦等模式發展近代工業，以獲得強大的軍事裝備、增加國庫收入、增強國力，維護清政府統治。洋務運動是近代中國第一次大規模模仿，實施西式工業化的運動，是一場維護封建皇權的前提下，由上到下的改良運動。洋務運動引進大量西方十八世紀以後的科學技術成果，引入大量各類西文譯著文獻，培養第一批留學童生，打開西學之門。學習近現代公司體制興建一大批工業及化學企業，開啟日後中國工業發展和現代化之路。

三、檢測譚氏的觀察系統

洋務運動技術專業知識，譚氏負有圖存救亡（國富救國）和思想啟蒙（知識經世）的雙重使命，檢核洋務運動，技術專業知識入手。譚氏的觀感「以洋務之術未精，埋下變法圖治的種子，對洋務運動失敗之主因，一不講求實際，一主持不得其人。」〔註39〕對中國所以萎靡不振不振，係士大夫徒然抱持虛偽驕傲，無當之憤激，乃未予察核為至極之理。要建立共識（溝通），為當變不當變的入口。譚氏之求好心切而指責，對天下人才未予珍惜，反而全部進入了頑鈍貪苦詐騙的田地，是以他質問了當政者的聰明才對洋務的治理，他非常不滿意，質問「中國數十年來，何嘗有洋務哉？」交通工具輪船、

〔註38〕〈思緯氤氳臺短書——報貝元徵〉，《譚嗣同全集》，此處討論洋務運動的原始禍害，頁 402～403。

〔註39〕譚訓聰，《清譚復生先生嗣同年譜》，頁 16～17。

火車、科技的電線，軍備的槍礮、水雷以及工業的織布機、鍊鐵諸機器而已，屬於末學。對洋務要求的法度政令的美善完備，抱憾「曾未夢見」〔註40〕，指出根本與枝葉的不同，他以洋務具體規模為宏大的樹木，而洋務的態勢只是表現於規模的枝與葉，並非最主要的根與本。以小枝小葉訪求大根大本的效用，何為不絕無哉。譚氏講求不惟是物件枝葉的表層，需探究意義根本的裡層，洋務運動的行之有年，對科技的講求，以西法傳入中國的，應當以軍備槍炮最優先，順序其次是交通工具的輪船，指出洋務執行項目、該執行現狀沒有達到科技要求的標準。

四、譚氏的企求人才條件

具洋務的理念得以振興，洋務視為有用之學，獲得高效率的提升。舉以洋錢事例，湖北建銀元局等，擔憂「中國舉事，著著落後，……方更堅持舊說」〔註41〕，及四川教案，牽涉多國、……要求呼籲朝廷管理命官務必到位，預見約束官員的需要，因被西方人譏評湖南人粗糙野蠻沒有教化，而且全體民眾的童騃智慧尚未開啟，諸多的質疑點，懇以嚴格的建言。具有危機意識、及瞻望的目標，當時，譚氏選擇的途徑，在啟迪民智，以技術、價值、信念，規範，為共同遵守的要素。

表 5-2　中國晚清四大名臣

編號	晚清四大名臣的功勳
一	曾國藩（1811～1872），湖南長沙府湘鄉人，被譽為晚清四大名臣之首，洋務派的領頭人物，在他主張下，誕生中國的第一艘輪船，第一所兵工門類的學堂，組織翻譯第一批西方的文化書籍，安排第一批前往美國深造的留學生。曾國藩對中國近代化有不可磨滅的貢獻。曾國藩有「曾剃頭」之稱，這個稱呼是曾國藩對敵人殘忍的一面，則留有功功過過的空間。
二	左宗棠（1812～1885），湖南湘陰人，晚清軍事家、政治家。擊敗太平天國，平定陝甘回亂、收復新疆。相傳他帶領大軍進駐新疆之時，叮囑士兵帶上自己的棺材，旨在不收復新疆誓死不歸，士兵們誓死效勞。平定伊犁叛亂，收復新疆，是左將軍不可磨滅的功績，左宗棠是一代肱骨。有此一說：「天下不可一日無湖南，湖南不可一日無左宗棠」。
三	李鴻章（1823～1901）人稱李中堂，安徽合肥人，外號為「李合肥」。北洋水師掌管人，洋務運動領頭者。李鴻章代表清政府簽署近代不平等條約，《馬關

〔註40〕〈思緯氤氳臺短書——報貝元徵〉，《譚嗣同全集》，頁 397。
〔註41〕〈思緯氤氳臺短書——報貝元徵〉，《譚嗣同全集》，頁 400。

	條約》《辛丑條約》等等，令中國人痛心疾首。值得一提，李鴻章的思想在當時中國很是前衛，他的洋務運動未能救中國於水火，卻一定程度為中國近代化打下地基。國際上的傳說，甚至有人將李鴻章、俾斯麥、格蘭特三人並成為「十九世紀三大世界偉人」。
四	張之洞（1837～1909）人稱「張香帥」，直隸天津南皮（今河北南皮）人，晚清重臣。曾任山西巡撫、兩廣總督、湖廣總督、兩江總督（多次署理，從未實授）、軍機大臣等職，官至體仁閣大學士。張之洞早年一度是清流派健將，後成為洋務派的主要代表人物，大力倡導「中學為體，西學為用」。他注重教育和治安，主導了中國近代的警察制度，對清末教育和社會發展有很大的影響。還曾創辦漢陽鐵廠、大冶鐵礦、湖北槍砲廠等。在文教上，武漢大學、南京大學的前身，是張之洞創辦的自強學堂、三江師範學堂留下的種子；在工業上，張之洞創辦大冶鐵礦、漢陽鐵廠等等。政治上倡導「中學為體，西學為用，中體西用」的主張。

資料來源：汝之秀（2018/09/21），〈李鴻章，曾國藩，左宗棠，張之洞四位人士的職位排序〉《每日頭條》〈https://kknews.cc/zh-tw/history/ze256xg.html〉。檢索日期：2020.05.31。

五、解析理想主義的心態

　　譚氏關懷國事，投身政治，最後加入康梁的變法運動，他的思想與當時許多的知識份子有著很重要的不同，知識份子倡議的出發點往往是富國強兵為主的民族主義；譚嗣同理想的原動力，聚焦是傳統儒家的經世濟用的理想。

　　譚氏理想主義的心態，依學者評述「近代中國思想變遷的脈絡，這些思想變遷發生在 1895 到 1925 年間，居處所謂中國歷史的轉型期，表層上，意識形態的形形色色以及思想氛圍瞬息萬變的前題。

　　學者指出「常常被忽略的是在那千變萬化的思潮當中，且名為『社會政治理想主義』（socio-political idealism），簡稱『理想主義心態』（idealism temper／syndrome）。理想主義心態是日益深重的大難臨頭的危機感與危機意識。在走過 1895 年沈痛的中國，面臨日益猖狂的帝國主義及更為頻仍的外來侵略，列強勢力範圍的劃分，造成中國被瓜分的恐懼心理，政治經濟和社會文化秩序的崩潰，排山倒海而來，帶給中國知識份子嚴重的危機感；」處於「轉型時期，各種思想流派或直接或間接地應運而生，這些思潮都帶著濃厚的群體意識，期望把中國從這種危機之中解救出來。」﹝註42﹞理想主義者他們嚮往著一個未來的中國，並追尋通向那個目標的途徑，這個群體意識有 1. 表現在危機意識、有 2. 矚望目標及有 3. 選擇途徑的命運的結構三重奏（triparitite structure）。為

﹝註42﹞張灝，《幽暗意識與民主傳統》（臺北：聯經，1989），頁 122～124。

了掌控結構三重奏，學者張灝的主張，必須仔細檢視這個轉型時期由不同思潮影響而成的囑望目標及選擇途徑的概念，最令群體意識屬意目的是它對未來的殷切的期望，這個未來意識也許是來傳統本身的予人希望的精神資源，回歸了儒家生生不息的宇宙觀，以及來自宗教領域各宗各派的理論，譚學利用「歷史唯物論」作為探究的方法論之一。

譚氏對於理想主義的懷抱，他善用心力及分析治理教化的盛況，從農本思想出發，地球的治理，必定重視農業學為進退，套用孟子「予豈好辯，予不得已」的招牌，指出治理使安定之道，並未盡妥善之處，他觀察人口成長與土地使用、作物產出、及不敷使用的現象，治理天下的亂象，譚氏的思惟從重商主義提升到重農主義，採寓兵於農模式，多產能的原則，一再擔心有所缺口，預作彌補的改善策略，寓含「物暢其流」的雛型：接續變法主張「人盡其才，物盡其用，地盡其利」是以，國父當年曾上李鴻章書，提到救國四大綱領，即「人能盡其才，地能盡其利，物能盡其用，貨能暢其流」不同的項目。綜觀全局及保治之道，譚氏持以坦蕩蕩的對待。對照學者指出「與曾經走在時代潮流的洋務派官僚，後續官僚大多數思想停滯不前，時代潮流衝擊下，與官僚的落伍譚氏的表現大不相同，因為，在當時的現實社會，他遇有新的考察，或接受新人、新事物的衝擊，他的勇於實踐革新，與時代潮流的脈動成長，進而更上一層樓。在戊戌維開始，他的積極投入，為此獻出他年輕的生命，是他獨特理想的人格的顯現。」[註43]譚氏勇於實踐革新獻出年輕的生命追求變法救國的理想。

貳、洋務運動需要變革

譚氏對洋務運動變革的項目，首先從衣冠入手的順序逐一進行

一、變革的順序

（一）變革衣冠

以衣冠變革，是洋務根本的一端。

（二）變革學校

教育宣稱尤其為正人心的始基為變革學校。推廣全民教育，設兵學校、瞽學校、女學校（小兒得於母教），學校屬性分類清楚。

[註43] 劉紀榮，〈淺議譚嗣同《治言》的思想傾向〉，頁 83～85。

（三）變革用人制度變革，建議專長與分派服務的機構結合

取用西方法條「學校科舉的合而為一」模式，中國通過科考的舉人、進士，擢拔人才按其專業去分派服務的機關，如（1）礦學—煤務，（2）公法—使臣，（3）農桑—農部，（4）醫學—醫院，（5）商務—商官等。

二、培養「務實」「正派」的指標

（一）因應「變官制」，官員上下垂直動線「務實」標準「下以實獻，上以實求」

（二）「正」指標，校正在位官員的心態以「正」，確立服務的方針

（三）層次的要求，養民、衛民、教民為一切根本之法，「端正」天下之人心

（四）變化官員氣質

憂心洋務的推行與變法的效率；憂患意識裡，唯恐臣子→士民的惡性循環，校正官吏的觀念，化除其桀驁（兇悍倔強）變化氣質。

（五）登庸其賢才

採用「賢才登庸（舉用人才），如西人所稱『聯合力』，係為時勢。」〔註44〕師取西洋人官員（選賢達人才）策略，是順應時代的潮流。

當時中國的實況，民心耗弱冷淡與不振作。康、梁、譚等人以思想家所具有的深遠、敏銳的眼光，看到幾千年來的封建專制統治，嚴重地禁錮了民眾的思想，在天命王權、三綱五常等封建思想的長期束縛下，多數民眾養成了聽天由命的心理及一種甘心受奴役、受箝制的奴隸性，從而失去了獨立自由的意志，對國家與社會的事務的冷漠、麻木、缺乏熱忱與獻身精神，總是居於旁觀者的立場，所以，譚氏堅持以強心為要務，舉用賢才專才與專業的聯合力，這是時勢趨使的。

三、全民強心為第一要務

民心耗弱與民族精神的萎靡不振是當時維新派所面對的一個嚴重社會現實。而且不只是一般民眾，連士大夫等階層的知識分子也是如此。因此，如何「強心」就成為維新派思想家所要迫切解決的一項重要任務。他們認為：中國的救亡振興要靠自強，自強首在國人的自強其心。志士們大力呼籲國人「激勵

〔註44〕〈思緯氤氳臺短書——報貝元徵〉，《譚嗣同全集》，此處討論舉用人才，舉賢才任用，任用選賢才為聯合力，頁406。

其心力」,「增長其心力」。

四、譚氏調適的期許

歷史定位,譚氏成為調適式的殉道的儒家,光緒皇帝是現代化的先驅者和獨立富強大業的獻身者,回顧譚氏一方面大力鼓吹復聖人之道,是回歸到原儒的純正的思想天地裡,因為,他相信他成功地改鑄了「仁」,貫通了內聖外王之道;在另一方面,他是清醒地認識到,當權者也以儒教的正統體系的最高監護人自居,自己所呼籲的聖人之道是否符合當政者的利益需要呢?或者二者之間所維護的「道」是否具有內在統一性?既然可以「假耶穌之名,復欲行孔子之實」,那麼,假現實的權力上層來復聖人之道,符合了譚氏內在的實用主義取向。激發譚氏的自我期許的戰鬥力。

學者評定「譚氏之所以在現實中走向依靠君主專制的調和式的權力之路,在他思想上反專制與破名教在現實中的陷於兩難反映。實質上,譚氏思想中的實用主義傾向一直壓制著其高遠的烏托邦精神。這並非表明他借自儒家的核心概念仁論來發揮了儒家思想裡的功利倫理,相反,他將仁論置於一種無所不包的至大、至精至廣、至微之境界。為了擺脫『仁』被置於虛空而無極的困境,祭出孔子自任儒教教主的招牌,冀圖藉由仁論之道,施行與當政者奉為圭臬的儒教體系調和起來,復聖人之道也顯得名正言順,譚氏變革的期許「吾甚祝孔教之有路德也。」〔註45〕

五、調適方式殉道的儒家典型

學者以「譚氏挑戰自己的戰鬥力,任何妄想移動當權者所宗奉的儒教體系基石的每一小步的變革,都會遭到激烈地反對,除非權力上層自主地移動權力的砝碼,以期平衡生存壓力與精神困惑之間的緊張。譚氏一旦意識到來自上層變革的一絲曙光,激活他堅信『天下有道』的道德自覺與責任自主,體現於作為傳統儒家『天下興亡,匹夫有責』的道德操守與殉道精神。再探討譚氏這一代儒家學人,對於時勢的典型的人文精神的著墨,關注『人』的存在的思考,對『人』的價值、『人』的生存意義;對人類命運、人類痛苦與解脫的思維及探索。正是在這種意義上,譚氏是一位調適方式的殉道儒家。」〔註46〕對於譚氏的挑戰毅力、意志的典型,頌讚其崇高的歷史定位。

〔註45〕〈仁學〉三十,《譚嗣同全集》,頁 54～55。
〔註46〕顏德如(2000.05),〈論譚嗣同思想的內在邏輯〉,頁 106～109。

參、譚氏對學術的關注

　　譚氏關注學術的精神、積極、時程的把握，於〈上歐陽瓣薑師書之四〉〔註47〕請示；其所蘊藏的企業精神。他的滿腔熱血（激進）、注重人力、邀請聯合執行的機制，他滿腔熱血強調的目標，施行全天性的論壇，奉獻與燃燒，導出他寶貴的心得：

一、國事非面談不能盡的機制

　　譚氏處事節奏積極奮進，曾言「不然滿腔熱血不知灑向何地」。擬邀佛塵共商，作竟日談，有數端不能不預先約定。以嚴謹的面談製作預先約定表程。要點提示，含不宜重覆、主題集中、範圍、簡潔、精華摘輯及尊重原則等表列順序。請參見表 5-3 譚嗣同《歐陽瓣薑師書》面談預先約定表。

二、譚學領域的光緒皇帝

　　依歷史專欄推估「如果這位光緒皇帝所推行的改革維新獲得成功，清朝將會是那一種模式。戊戌維新變法一役失敗，但是，光緒皇帝邁開中國走資本主義道路的第一步，這是光緒皇帝完成的一大歷史偉業。光緒皇帝會是中國走向現代化的先驅者和獨立富強大業的獻身者，是古代帝王裡唯一一個嘗試學習西方先進，銳意改變當朝落後面貌的皇帝了。」〔註48〕戊戌維新銳意改革運動失敗的後續延展，是帶給時代強烈的衝擊。

　　當時，光緒帝親自接見由親近大臣張蔭桓推薦的大日本帝國總理大臣伊藤博文，並接受其提供的改革方針。看待日本的明治維新的時代重大意義，它是當時亞洲眾推行改革的國家之中，少數甚至可以說唯一成功改革的國家之一。

表 5-3　譚嗣同《歐陽瓣薑師書》面談預先約定表

編號	面談預先約定順序	重點提示
一	以前所言一切謗議，彼此均已剖明，從此一筆勾銷，不必深論，免使近於爭論是非。	不宜重覆
二	係專講明學問宗旨	主題集中

〔註47〕〈上歐陽瓣薑師書四〉，《譚嗣同全集》，頁 303～304。
〔註48〕河洛源-歷史（2017/06/28），〈光緒皇帝的一生：活在慈禧的陰影下，完成一項歷史偉業〉《每日頭條》，〈https://kknews.cc/history/4m5blr3.html〉。檢索時間 2019.01.01。

三	所言既長，頗消時刻，不識能不厭倦否？	範圍鎖定
四	學問宗旨要從源頭說起，不免有寬泛之語，	整體簡潔
五	有應駁〔註49〕者，請暫用筆錄記，俟說完時一總指駁，使其講時得以一氣貫注庶畢其詞。	精華摘輯
六	來講之意，宗旨既明，志氣相通，以後即有異同，各不相礙，其餘是非事亦不，不辨自明。	尊重異同
七	來講係剖明自己之志願，並非強人從己。	尊重意願

　　就譚氏的學習心態的穩重，學與問重點的聚焦的集中，鎖定的範圍，計劃核心動態，異同的尊重，過濾的機制，所云如何，（請示師長）望示為荷。

　　資料來源：本研究整理自〈上歐陽瓣薑師書—四〉《譚嗣同全集》，頁303～304。

三、對照譚府訓聰的記事〔註50〕

　　彗星的隕落，康南海先生六哀詩，弔戊戌年殉難六君子，悼念詩有五古詩長句，對譚氏（復生）黃金一般的歲月壯烈與忠貞，冒冒迴盪在人間。

（一）譚氏生涯階段的氣勢

1. 復生的湖南新政的民權，變法百務興；〔註51〕

2. 南學會時期以言救世、戊戌維新時期的啟迪民智；〔註52〕

3. 后黨氣勢逼人死地

　　煌煌十七日，新政煥庚庚。……開罪慈禧太后……欲救無可營。東國哀良臣。……上言念聖主（光緒皇帝），下言念先生（父親大人譚繼洵），兩者皆已矣，誓死延待刑。慷慨厲氣猛，從容就義輕，竟無三字獄，遂以誅董承！是以俠肝義膽、德義高尚，盪氣迴腸。

（二）依清史稿敘明章京稱旨

　　章京嗣同建議獨多的特色，光緒24年（1898），譚氏召入都，四人同被授命，〔註53〕奏對稱旨，每召對，嗣同建議獨多。〔註54〕職務為擬旨，規定：必

〔註49〕駁，雜亂。中國古代，漢代臣屬對朝廷決策有異議而上書，稱為「駁議」。

〔註50〕同前註10，譚訓聰（1980），頁50～52。

〔註51〕節錄康南海先生六哀詩-1。

〔註52〕節錄康南海先生六哀詩-2。

〔註53〕光緒24年4月，譚氏得徐致靖（翰林院侍讀學士）推薦，召入都（北京軍機處），奏對稱旨，擢四品卿，官銜軍機章京，與林旭、楊銳、劉光第，參與新政，時號「軍機四卿」。

〔註54〕楊家駱主編，《清史稿卷464》（臺北：鼎文，1981），頁12746。

載明前朝故事，流程動線將親詣頤和園請命太后。

肆、譚學研究的推廣

一、統計數字表層的呈現

在《八十年來的譚嗣同研究》，據學者統計，乍看來洋洋灑灑，但其中真正有價值的學術論文只有數十篇而已，究其原因，首先，有相當數量在歌功頌德，並非以平實的學術態度去看待譚嗣同的歷史地位。另外，並未能接觸到問題的核心。第三，有很多文章在成文之初，已曾作出貢獻，解決過問題，相對學術價值已減弱。〔註55〕而及梁啟超的論述《譚嗣同傳》的持保留的態度。

八十年來的譚嗣同研究，梁啟超的《譚嗣同傳》，是否完全可信？答案是否定的，因為值得商榷計有幾處，包含譚嗣同去新疆、與劉錦棠的共事因緣，譚嗣同與康有為老師的初見面時點、譚嗣同與強學會的相不相干、譚嗣同死前留言「不有死者，無以酬聖主」與「民貴君輕」相抵觸、及譚嗣同的《獄中題壁詩》。等的保留空間。數字表層的呈現，猶有裡層的學術意義值得探析。

二、典故的確認

1. 譚嗣同成了文抄公

按作家安豐林的報導：

「近日，連雲港電視台播出了連續劇《保鑣情人保鑣》，說的是明朝的事，其中一角色信口吟出了『我自橫刀向天笑，去留肝膽兩昆侖』。這是清代戊戌六君子之一的譚嗣同《獄中題壁》詩中的末兩句，電視的劇中人，在明朝就吟出此詩，這是清代戊戌六君子之一的譚嗣同《獄中題壁》詩中的末兩句，電視的劇中人，在明朝就吟出此詩，那麼幾百年後的譚嗣同豈不成了文抄公。」〔註56〕

是以見證了名人的典故與成語的引用，是造成傳統戲劇的高潮與最閃亮的誘因。

2. 俠肝義膽、德義高尚

普遍性與特殊性之爭，確定中國史事流轉，留傳民間故事類型的兩種思路：清朝譚嗣同其候刑時，據說曾題詩「望門投止思張儉，忍死須臾待杜根。

〔註55〕陳善偉，〈八十年來的譚嗣同研究〉《中國文化研究所學報，第15卷，1984》，頁139～152。

〔註56〕安豐林，〈譚嗣同成了文抄公〉《語絲》，2019，頁10～35。

我自橫刀向天笑，去留肝膽兩崑崙。」譚嗣同唐烜《留庵日鈔》中發現的。而據史學家黃彰健考證，原詩應為「望門投趾憐張儉，直諫陳書愧杜根。」對於譚嗣同留下這首詩，猜測的兩崑崙？地圖的崑崙山嗎？一座崑崙山，數量拓展的兩崑崙；解答設定在譚嗣同「兩崑崙」的指兩個人。一位就是變法導師康有為；一位則是大刀王五（王正誼）。大刀王正誼的俠肝義膽、德義高尚、支持維新、靖赴國難。與譚嗣同兄弟相稱，他傳授譚武藝刀劍之法，二人深厚的友誼。戊戌變法，正誼對譚的奉獻衣食住行和保安工作的大義凜然。」〔註57〕是以譚氏的故事永恒的傳承。

3. 譚氏的勇敢留待時間去證明

　　讀者朱偉，談《湘菜與譚嗣同的家書》，有關生活品質及腦力的激盪。〔註58〕譚氏仍然受歡迎。讀者余世存思索「『中國的變革』自譚嗣同等一批志士開始，評估譚嗣同的選擇，歸納是中國變革的精神、方式、代價的全面呈現，直到今天，質疑他的犧牲是否有差錯。讀者們以捨我、鮮血、犧牲，才華洋溢、義薄雲天，真實的一刻，惋惜譚嗣同死得不值。」〔註59〕，學習譚氏將答案交給沈默。以及中學生的報告，張德文的問題：「譚嗣同的流血值得嗎」〔註60〕，檢視譚氏的壯烈勇敢淋漓盡致，譚氏的思維細膩幽微隱晦，百般的學術動態，留給歷史時間去證明他的現代意義。

三、檢驗湖南新政的品質

　　譚學與湖湘文化、湘學精髓的傑出貢獻群組的代表，同時，譚的弘揚湘學，促進湘學的近代轉型的舵手。譚學核心的群體團隊帶來中國社會近代文明的氣息。

（一）形成以譚嗣同為核心的大才群體團隊

　　譚氏留心軍務、賑務，圖存救亡（國富救國）和思想啟蒙（知識濟世）的雙重使命，於進度上，湖南是落後於洋務運動，但是在湖南新政上又超前於各省，譚氏等維新思想家把開拓民智作為實現資產階級民主政的前提條件，採取

〔註57〕 慕楓歌歌讀文史（2015/05/06），〈我自橫刀向天笑，去留肝膽兩崑崙〉《每日頭條》，〈https://kknews.cc/history/yzak3b.html〉。檢索日期：2020.01.03。

〔註58〕 朱偉，〈湘菜與譚嗣同的家書〉《三聯生活周刊》，2005.12，頁25。

〔註59〕 余世存，〈值不值得譚嗣同〉《大民小國》，（南京：江蘇文藝出版社，2012），頁20。

〔註60〕 張德文，〈譚嗣同的流血值得嗎？:《譚嗣同》評價性閱讀課堂實錄〉《中學語文教學》，第5期，1998，頁36～39。

的實際措施，湖湘文化近代化的過程中，逐漸形成以譚嗣同為核心的大才群體，譚嗣同的特殊經歷，很特別的，他多年在全國漫遊，接觸甚廣，見聞頗多，思想激進，尤其是對正在興起的維新變法思潮感受頗深，因此，他在湖南推動變法，影響一批人，如唐才常、劉善涵、劉人熙、樊錐等，甚至熊希齡、皮錫瑞、畢華年等，都以其共同的政治思想傾向，構成一個新的文化人群，這個群體的產生，反過來又使湖湘文化的風氣大開，議論一變，短短幾年間，湖湘文化發生質的飛躍。」〔註61〕湖南省政的經濟成長史，從開始的經濟貧富有所落差，經過追趕效應，樂見群體的文化經濟迎頭趕上的景象。

　　湖南人士書生救國的模式，觀察曾國藩（晚清時期的重臣、名臣和功臣，湘軍創始人和領袖）區屬傳統「人臣」的路徑。回首譚嗣同以身殉道的悲壯，湘學「經世致用」精神在傳統道路上的動力，開創湖湘志士新的救國的康莊大道。

（二）中國社會近代文明的氣息

　　自強求富推廣帶動文明氣息，學者周輝湘肯定「洋務運動『自強求富』為口號，根本目的還是為了民族自立富強，洋務派苦心經營數十年，興辦了一大批工業，在中國社會出現近代文明的氣息。」〔註62〕喜見中國社會擁有近代文明的氣息，拓展企業文明精神與職涯競爭力。

表 5-4　八十年來的譚嗣同研究統計表 1904～1984

主　題	篇　數	主　題	篇　數	合　計
大刀王五	3	唯心	6	
以太	1	唯物	6	
年譜	4	詩文	16	
改良主義	6	傳記	21	
佛學	5	經濟	2	
政治思想	12	維新	1	
哲學思想	41	學會	1	
秘密會社	2	譚夫人	4	

〔註61〕周輝湘，〈湖湘文化的近代化與湖南社會的進步〉《衡陽師範學院學報（社會科學）》，2002.02，頁 67～72。
〔註62〕鍾啟順，〈關於譚嗣同經濟思想的幾個問題〉，頁 179～182。

仁學	11	臺灣	2	
梁啟超	7	一般思想	17	
烈士	4	著作	48	
小計	96		124	220

資料來源：陳善偉，〈八十年來的譚嗣同研究〉，《中國文化研究所學報，第 15 卷，1984》，頁 139～152。

第六章　譚學經濟思想及其實踐之時代意義

　　譚學經濟思想的傳承，開中國經濟思想發展史的多元引導的風格，以農立國精神出發，開發礦務產業資源，他的軍力管理採寓兵於農、寓兵於商、寓兵於礦創新性，他在中國經濟歷史是意義特殊的思想家。湖南維新運動推廣產業經濟工程，變法維新實踐的影響，與列強談判，爭取及協商兩相調和之道。以民權帶動經濟發展，戊戌維新的經濟政策其目標管理的策略，循序漸進積極而節奏激進。

第一節　譚學經濟思想的傳承

　　譚學在中國近代經濟發展的傳承，宗教領域對普世的影響

一、開中國經濟思想發展史的多元引導風格

　　有關經濟思想發展的歷史階段為（1）萌芽及早期經濟思想階段：奴隸社會、封建社會。（2）系統經濟思想和經濟學說的出現階段：十五世紀末從重商主義經濟思想和學說開始。（3）政治經濟學正式成為系統的獨立學科階段：十八世紀以亞當・斯密（Adam Smith，1723～1790）追求國富理論等等歷史進程接續。追溯譚嗣同學思的來時路，其中，衝決中國的封建社會的網羅，為時代潮流的重商主義經濟的策略，中國傳統的以農立國精神出發，開發礦務產業資源，他的軍力管理，採寓兵於農、於商、於礦的創新性與多元功能的引導風格。

二、中國經濟歷史意義特殊的思想家

學者對「譚氏殉難激勵革命黨人的堅強鬥志，包括孫中山領導《興中會》時期，將譚氏視為早期的『革命同志』，譚氏在革命黨人的心目中占有崇高的地位，激勵革命黨人反清鬥爭的思想。」〔註1〕譚氏是中國近代經濟歷史上意義很特殊的思想家，他偉大的愛國情懷浩氣長存。

三、與梁啟超經濟思想的互動

梁啟超與譚嗣同的願景的交集

（一）持以科學研究精神，態度務實態度，探討問題真相，尋求最佳解決方案為職志

（二）數據思維周密，綜理政事的表現「以哲人的思辨、詩人的激情、史家的秉直、經濟學家的周密」〔註2〕的模式

（三）創新律

打破傳統、突破常理的方法創造出令人意想不到的驚奇效果。

（四）求變律託古制新，追求真理、努力探討、研究新東西幹勁充沛

（五）傳教與救世並行

梁啟超的救國事業，以傳教與救世並行注重，宗教（佛教）為梁啟超闡揚政經理念之利器，梁啟超行文採用「法門、無量、莊嚴、不可思議」等宗教之詞句，增加說服力與活化的效用。

譚氏的佛學元素佛教元素更是具體，計『威力』『奮迅』『勇猛』『大無畏』『大雄』等原則為效率的法則，擷取獅子外型的形象，言語上要求亨通顯著，修為行止要求大方和諧共同的景象。

四、宗教領域與唯識宗的關係

（一）歐陽竟無以「菩薩行」為社會經濟政治改良的實踐動力

譚氏以佛學唯識論為基礎，建立近代哲學體系的事業，後續由章太炎完成。章太炎的種姓及轉俗成真思想皆與唯識相關聯，在中國佛學史上，唯識一支的暢盛動態，有其轉折成長的歷程，譚氏以唯識的微生滅（量變）的思想作為社會政治改良主義的理論依據，歐陽竟無以「菩薩行」作為社會經濟政治改

〔註1〕李慶忠，〈如何理解譚嗣同的殉難〉《歷史教學》，第 23 期（總第 612 期），2010，頁 62～65。

〔註2〕陳錫宗，陳占標，《一代宗師梁啟超傳奇》（臺北：新潮社，1994），前言 1～3。

良的實踐動力。

（二）章太炎改造的「革命宗教」具有救世安定社會的意義

以維繫行動者的革命道德，後續推展出個體主義與相對主義的色彩，章氏改造的革命宗教具有救世與安定社會的意義，延伸了探求革命宗教文化貢獻救世意義與社會安定的旨趣。

第二節　實踐事業的影響

壹、湖南新政治理事業的影響

一、保衛局的管理得宜

譚氏遵從長官黃遵憲作為保衛局的總辦，政事上，黃為保衛局擬訂章程，為使士紳理解並積極參與這一新政，協助多次召集紳士於保衛局反復引喻，終日不倦。籌款事項上，多方面的努力，譚氏協助陳寶箴巡撫的熱心支持，和唐才常等維新志士的共同參與，1898 年春，保衛局在長沙正式開辦，保衛局的總編制人力配置，在維護社會治安，保護商民，懲辦罪犯等方面發揮了積極的作用。戊戌政變之後，幾乎所有新政都被廢止，唯獨保衛局却得以保留（按梁啟超的撰文宣稱：巍然獨存），保衛局在湖南新政之中是最有成效，最有影響的舉措之一，在開啟近代中國警察制度現代化進程，保衛局碩果居蓽路藍縷之功。

二、湖南維新運動推廣產業經濟工程

湖南地方自治，主張縣級辦礦權；售礦權、利區分，設成本；遍與洋人交流，伸民權、開放持股商民聯合鼓勵礦務推動；持股比例及借貸機制及礦沙業務歸縣局等編入法制。在湖南新政的執行，發生轉向一個重要的標志（湖南新政層面的轉向），從近代工業，開礦、辦廠、修路、造船等器物層面的改革出發，繼而轉向以「民主、民權」思想為指導的政教層面改革的擴展。知識產業經濟工程的建置及後續影響，譚氏的居間斡旋於智囊團隊，厥功不可沒。湖南新政行政團隊的力行耕耘，著有佳績。

貳、變法維新實踐的影響

一、規畫賣出──企圖賣地

與列強談判，爭取及協商兩相調和之道，精確預算編列，排除寺廟的淫

祭〔註3〕，實施保護經濟的策略。

二、在以民權帶動經濟發展

選擇仕紳階級作為社會的中堅，培育紳權作為促進民權的手段。

三、譚氏在戊戌維新中的經濟政策

依譚氏變法革新，勞心構思，愛國心志貢獻變法精策：

（一）籌經費，節其侈費，供正用及就地籌財之舉。典範垂訓。

（二）利變法之用，興機器，燃料能源使用具科學觀。

（三）嚴變法之衛，格致新法，建言「宜專設一學」集中勤勉製造，專業與智慧財產的維護。

（四）蒐求人才的務實主義，規畫行政團隊主張「一藝一事」。譚氏理想中的洋務運動的倡議，對洋務運動的追求民族自立富強，經營數十年，興辦大批工業，中國社會擁有近代文明的氣息。

譚學拓展企業文明精神與職涯競爭力。譚氏思想的受西學的影響，豐富他的理論知識，在推廣產業，其目標管理的策略，循序漸進積極而節奏激進。

參、對社會菁英分子的影響

一、戊戌維新的景況

當時的社會菁英體認到，中國所面對的難題不只是西方的技術、產業與文化的優勢；問題同時存在於中國的傳統體制之中，這是需要從中國根本的制度上去做改變，因此改變的願望便成為推動十九與二十世紀中國思想史的要素之一。

二、為儒家思想改革意義重大

儒家思想改革重點在中國內部的革新，當時支持儒家思想改革的革命者有曾國藩、左宗棠與李鴻章……等，他們深信改革後的儒家規範能夠有效的安內攘外。

三、百日維新為國家倫理及全民幸福的追求

根據金德曼博士的理解，當時清朝所進行的百日維新，就是一次中國重要的儒家思想的改革運動，改革者認為重新詮釋儒家經典並配合新的經驗，如此

〔註3〕淫祭，意指過度的祭祀，不合禮法的祭祀。

一來人們才能認識到儒家思想的典範，而不是死守傳統，經歷數個發展階段，終於達到儒家所欲傳達的和諧，沒有階級之分的大同世界。這些革新者關注的並不只是孔子或儒家思想究竟成就了什麼，更重的是在遇到問題時如何因應，包括如何解決當前西方勢力的擴張，能夠提供什麼行動；在國家倫理方面，革新者也特別強調天命，也就是君主是上天給的使命，君主只是一個權力的載體，而這個權力的行使是以人民的幸福為先決條件等。

四、表層進行改革的失敗，裡層的孫文主義持續進行

這個儒家思想並未替清朝帶來太多正面的改變，金德曼認為「這並不是因為儒家思想改革的失敗，而是在於清朝並未徹底地實施改革後的儒家思想，同時革新運動並不如預期的順利推動，導致上層進行改革的失敗，而從下層的孫文主義持續進行。」〔註4〕質性研究表裡的結合，上層下層使命任務時空的銜接。

五、維新派論變革特點

一個是「變」一個是「新」，譚嗣同的「革故鼎新」。他的形象與特質，為愛國情懷、重商主義傾向及幽暗意識，追求理想，激勵的言論為主要訴求。透過階段式進展，主動爭取，天行健日新又新。而以衝決網羅，是代表了維新變法時期最勇敢的言論；譚嗣同思想遠遠走在時代的前頭，犧牲於戊戌變法事業。

〔註4〕黃靖蓉、許惠貞，《從孫中山到摩根索：德國學者金德曼研究中國的學思歷程》（臺北：臺大政治系中國中心，2014），頁48。

第七章　結論與建議

　　從譚氏思想成學演變的過渡時期，以科技領域及仁學創新性是近期受到注重的議題，首先，對於譚氏在（1）出版實踐活動〔註1〕、以及（2）報刊民史、國口說〔註2〕是更進一步研討的議題，由於這兩宗作品的出版者，適是湖南省境內的學術單位，已然歸納出湖南人（在地人）越來越關注湖南事（在地事）的傾向。

　　其次，本研究對大中國近代歷史新陳代謝的更新作用，變與不變的衝決網羅的指標。〔註3〕以及李提摩太境外人士論證的持平性，是具有價值與意義。

　　譚氏衝決中國的封建社會的網羅，曾以時代潮流的重商主義為經濟發展策略的理論依據；在中國傳統的以農立國精神，藉以為據點，開發中國礦務產業資源很豐富；他的軍事人力運用的建置，採用寓兵於農、寓兵於商、寓兵於礦的創新與多元功能，是他的領導風格之一。

第一節　研究發現

　　譚氏在參與戊戌維新運動殉國，譚氏他一生的短暫，學術思想都在成長階段，本論文研究發現，他的經濟成長的路徑及經濟思想之旨趣，序列如下：

〔註1〕黃靖蓉、許惠貞，《從孫中山到摩根索：德國學者金德曼研究中國的學思歷程》（臺北：臺大政治系中國中心，2014），頁48。
〔註2〕李濱〈再論譚嗣同的報刊民史國口說〉《湖南師範大學社會科學學報》，第1期，2019，頁147～151。
〔註3〕陳旭麓，《近代中國社會的新陳代謝》（上海：上海人民出版社，1992），頁166～171。

壹、經濟成長的路徑

總體經濟成長範例，個體經濟成長以言救世的宣求，學成長之路，從重商主義的傾向出發，商戰與振興商務實踐事業推展具有近代企業管理的理念，推動永續學習及不斷創新的理念，資源分配要求優勢策略，新局扭轉地球之運，寄望自苦向甘的美善

一、譚學總體經濟的內生成長模式

對中國傳統封建社會導出內生成長模式不勞訪求外力，譚氏關注民眾的一技之長，以惜時意涵，中國歷史人物，藉治水有功的大禹（惜寸光陰），東晉名將陶侃（惜分光陰），全國上有天子下有庶民，全民工作圖，都是惜時的好景象。加上他深深感嘆國家被迫害，深感亡國滅種的危機，藉用孔子的大智慧，熟年（七十歲）從心所欲的光環「善財證果，惜時之義，極之成佛成聖而莫能外。」〔註4〕譚氏極致的修煉「成佛成聖」為圓滿的證果，解讀其內生變數（Endogenous Variables）動力的成長，不勞借助於外力，成長可以救國、可以救種，深層內化的功夫，內在的修練與技能培養，蘊含有形及無形資本的累積。譚學對封建傳統的具有強烈批判，青春勇者所無畏懼的意義。

二、個體經濟成長以言救世的宣求

知識濟世上，相互尊重的胸襟，以能力用於世，品德成於己，譚氏回歸儒家的視野，在知識的傳導與互動，對生命成長經驗，體現隨遇而安及相互尊重的胸襟。存異求同的法則：萬物各有領域，持定『求同存異』法則，尊重差異，避免誤會產生猜疑，有限的生命付出心血，經營事務的美好，坦率謀求優質的信度與效度。

三、產學成長之路，從重商主義的傾向出發

在改良派維新思想，發展民族資本主義工商業的經濟要求，與從王韜、馬建中……以至到九十年的康有為、譚嗣同、梁啟超等，整個十九世紀，改良派經濟方面的思想主張，接續一種近乎資產階級重商主義的傾向，著眼在商品的貿易流程出發，看到資本主義家經濟的外表和現象，摸索建立系統的或理論的經濟思想，這些具體意見及辦法反映當時民族資本主義的發展要求，具有抵抗外國經濟侵略，希望祖國富強的愛國先進的特性。這些思想的後續，在當時社

〔註4〕〈仁學〉二十四，《譚嗣同全集》，頁47。

會是留下深刻的影響。」譚氏走在近代中國經濟的成長路，勇於擔任承先啟後的推手。

四、商戰與振興商務實踐推展具有近代企業管理理念的推導

譚氏企求自由、平等，生命週期的循環，務求運作的通暢，譚氏的經濟資本主義，以他的理想建構要挽救中國的危亡必須使中國的變法運動成功，改善中國的政治制度與經濟，主張以大規模的生產方式來發展中國的工業、商業和農業為專業的起手式。

認識到帝國主義者的經濟侵略，足以滅亡中國，因而主張振興商務與外國進行商戰，以抵制他們的經濟侵略而使中國富足。譚氏認識到要擺脫列強的經濟侵略，重振華夏雄風，借助譚氏豐富的聯合力，活動力充沛，實踐事業推展具有近代企業管理理念的推導，展現不一樣的產業的學術風氣。

五、社會演進文明的提升根基於永續學習及不斷創新

譚氏密切關注的，國家當務之急，有不可延遲的軍務、有不可容緩的賑務；認知西方人的科技與效率，有輪船、有鐵路，一天可加倍速度趕十數天的路程，一年可迅速趕辦十數年的事務，加上電線、郵政、機器製造，如虎添翼，工作簡易，文字便捷，一世成就抵達數十世的成就，延年永命與科技進步的關係。延年益壽的門道，人類社會演進的歷史與文明的提升根基於永續學習及不斷創新的激盪。

六、與盛宣懷交流產學的激盪

與當代人物盛宣懷的交流，及體認與西方人（國外）「通商」相仁蒙利之道，彼我之「仁」講求均衡之道，評述中國之礦的優勢，財富追求均等，圖謀國家整體經濟的進步。當年，譚氏赴湘開礦，接觸湖南煤礦，與盛宣懷的交流是圍繞開發湖南煤礦而展開的。從經濟活動的角度產業互動，湖南新政之行為譚氏贏得一道評析的巡禮。

譚氏指出；中國貧富不均的社會決不是理想的社會，沒有貧富貴賤的對立的社會經濟平等，主張國內全民財富均等。自強之道，理財篇，情況有所均衡而不致於困乏，遭遇財力不足時的設定，先求自己財力的寬仁與富足，節省了對方施仁於我的思惟。立意良善、具前瞻性的經營手法，熱忱積極，使發揮預期效果。

七、資源分配要求柏拉圖最適策略

（一）「立一法、設一教」採取「柏拉圖最適」

為其資源分配的一種理想狀態。立一法，不惟利於本國，必無損於各國，使皆有利；創一教的藍圖，譚氏創一教可行於本國推及萬國，創建教派的理想，彈性功能廣大的範疇，廣及愚智皆可傳授。

（二）賣地實戰策略與策劃列強談判清單

在優勢策略要求的多少數據，實戰預先操演，最適策略的評估，均衡策略的選項明細條列與執行。

八、新局扭轉地球之運，自苦向甘的美善

從譚氏撰著作品〈仁學〉自敘，他珍惜體認知識新知都尚未萌發新芽，一片荒蕪加上沒有入口，無從感悟，民眾之間彼此溝通的困難，但是寄望新局的扭轉，有新的學術因相互競爭而學風興盛，民眾知識啟蒙漸漸開啟之勢，他已知道地球的運轉「自苦向甘」情況將好轉的體認，他自省慚愧及設想作品閱讀，他的作品尚未滿足群眾，可閱讀有聆聽者，了解可獲知譚氏為誰撰著，撰著作品推廣的程度將如何，不是他可以憂慮、擔心「非所敢患也矣」〔註5〕大愛還諸大地。

貳、經濟思想之旨趣

一、拓展機器工業的成長的民生提升，伸紳權與民權帶動經濟發展

（一）「惜」

1. 惜時觀念，拓展機器工業的成長

譚氏他出身官宦之家，儒學為其思想的核心之一，惜時的意義，以賢人治水的大禹珍惜寸光陰、毅力過人搬磚的陶侃將軍珍惜分光陰的範例，全民總體，上自日理萬機的天子，下至有一技之長的庶民，建立大眾全體對「惜時」認知並注意到庶民技術的存在，觀察他經營的核心。

2. 推動保衛局建置與鄉紳有財，官吏有權「真官之智在─惜─治地方之大權」。

（二）三不一沒有

譚氏積極呼籲國人的作為，呼籲國人的心理建設，擴展當權及庶民的全民教育，拓廣救世的大愛，譚氏指出國人不包裝，不開發，不統整，沒有核心的

〔註5〕〈仁學自敘〉，《譚嗣同全集》，頁4～5。

癥結，急切呼籲務求解救之道。

（三）譚學名言尤扼重於開礦

譚嗣同的名言「為今之策，上焉者，獎工藝，惠商賈，速製造，蕃貨物，而尤扼重於開礦。」〔註6〕在中國礦產業資源價值論的萌芽，功能位居的領航角色的真人物。

譚學思想，對照在傳統中國倒很少出現的「動」與「新」，是活水源頭，策勵的活力；更重要的，譚氏與西方的機緣，將西方在近代世界位居的主宰地位，歸因於有這種活力、願力與心力的存在。走過表層的評估與裡層的粹勵的來時路，譚氏慎重地感嘆，人生自始，剛健奮發，自強不息，最後難免不圓滿的地方；世間的流轉與客觀的事實，祈願依然遍地充滿佛法喜樂的境界。

第二節　後續研究建議

壹、譚學推廣與創新

一、譚學研究以經濟領域為聚焦

（一）學術論文的增能

按統計數字的呈現《八十年來的譚嗣同研究》，據學者陳善偉統計，譚學研究資料自 1904 年至 1984 年，累計 80 年以來計 220 篇，乍看來洋洋灑灑，但其中真正有價值的學術論文只有數十篇而已，究其原因約為：

（1）有相當數量在歌功頌德，並非以平實的學術態度去看待譚嗣同的歷史地位。（2）並未能接觸到問題的核心。（3）有很多文章在成文之初曾作出貢獻。以上即是第一個八十年係自 1904 年至 1984 年的統計的狀態。1985 年之後的近年，對譚學研究的建議：以經濟領域專業的聚焦，再則，以科技新知研究、或知識文化出版事業同時為值得探討的導向。

（二）表裡如一的探究

在表層的激昂，廿世紀初以來，中國大陸的革命正統論助長梁啟超氏看法的持久影響力，誇大了譚學理念的表層的激昂，而忽視了裡層的思想拓展與內在邏輯。學者墨子刻曾經討論「在追尋思想文化的影響時，表面上最容易看到的東西並不是最本質的東西。」除了破除被誇大的效應，需要探索譚學的裡層

〔註6〕〈仁學〉二十三，《譚嗣同全集》，頁45。

蘊含實際精髓所在的必要性。

即譚學經世觀「表裡如一」的探求，樂見從宗教領域的視野已有一項啟動。

（三）與東洋學者研究範疇的交集與後續銜接的願景

關注民權拓展與民治思想及推動經濟的發展，日本學者島田氏《中國革命の先驅者たち》（東京：筑摩書房，1965），以《仁學》具「明明白白的革命思想」。論者表示譚撰著作品之《仁學》是十九世紀末中國的人權宣言。

譚氏已認識到民權觀念是當時的國際道德與君權制度不能相容，廢除婦女纏足的政策「纏足之酷毒，尤殺機之暴著者也。〈仁學〉十」及對專制政治下的人民只是國家安全的被動主體「民與國已分為二，吾不知除民之外，國果何有？〈仁學〉三十二」他們看到人民們沒有享受國民的待遇，而要人民們愛國，實是要人民們服從以保國為名的君主權威。「民」與「國」二元對立的公式，抨擊君權「君主之禍，所以烈矣。〈仁學〉三十六」中國沿襲君主制正面交鋒，譚氏留下民權與政治實現的課題，關注民權，拓展的民治思想，對於後續以民權帶動經濟發展的願景。謂之：舉世的美礦值得回顧與逐項探勘。

請參考本研究第二章譚氏經濟思想的演變脈絡、第三節譚氏宗教經世觀—伍之三—。

二、譚學經濟倫理思想的探討

探討譚學經濟倫理思想表述的豐富性，譚嗣同作為近代中國著名的維新派思想家，在追求變法圖強的社會理想的路徑中，腦力激盪形成了更為豐富的經濟倫理思想。譚氏以『仁─通』為哲學基礎，從價值論和社會發展的角度對資本主義民族工商業的發展做了系統的倫理辯護，提出『申民權，抑官權』和『均貧富』的經濟平等觀。他一反中國傳統社會的『崇儉黜奢』，顯明地提出『崇奢黜儉』的主張，在近代消費倫理觀念的變革上產生了不小的影響。譚氏以理論的立場上，勇敢淋漓盡致地提出他不一樣的見地，展現的專業高度。

三、學術價值和現實意義

譚嗣同撰著作品，其時代背景造就的是更多像譚嗣同一樣具有烈士精神與批判意識的人，他們具有更豐富的情感和強烈的愛國情緒，我們不能以現代人的觀念去看待和評價他，甚至苛責他們為救國圖存所作出的努力。譚氏撰著作品之中固然存在某些問題和缺陷，但是其中表達出來的鋒芒畢露的主張和充滿智慧的觀點，他的撰著作品仍然具有很高的學術價值和現實意義。

參考文獻

壹、中文部份

一、中文專書

1. 戶外生活編輯部大陸旅遊製作群編。1993。《廣東》。臺北：戶外生活。
2. 戶外生活編輯部大陸旅遊製作群編。1993。《湖北・湖南》。臺北：戶外生活。
3. 毛以亨，1975。《梁啟超》。新北：華世出版社。
4. 王汎森，2012。《章太炎的思想兼論其對儒學思想的衝擊》。上海：上海人民出版社。
5. 王汎森，2010。《章太炎的思想：兼論其對儒學傳統的衝擊》。新北：花木蘭文化出版社。
6. 王樾，1990。《譚嗣同變法思想研究》。臺北：臺灣學生書局。
7. 王國梁，2009。《廣東人是天下人之眼》。北京，團結出版社。
8. 王曉波編，1978。《現代中國思想家　第二輯　王韜　張之洞　鄭觀應　譚嗣同　章太炎》。臺北：巨人出版社。
9. 中室牧子，2016。《教育經濟學：用「科學數據」破除教育迷思》。臺北：三采文化事業公司。
10. 孔祥吉，1988。《戊戌維新運動新探》。長沙：湖南人民出版社。
11. 印永清，1998。《仁學：走出不仁的中世紀》。河南鄭州：中州古籍出版社。

12. 汪叔子、張求會，2005。《陳寶箴集》。北京：中華書局。

13. 李喜所，2008。《中國近代史：告別帝制》。臺北：三民書局。

14. 李澤厚，2002。《中國近代思想史論》。臺北：三民書局。

15. 李澤厚，1996。《中國近代思想史論：李澤厚論著集》。臺北：三民書局。

16. 李澤厚，1989。《李澤厚文集：當代思潮與中國智慧》。臺北：風雲時代出版公司。

17. 李澤厚，2014。《李澤厚對話集：廿一世紀（二）》。北京：中華書局。

18. 余英時，1992。《中國歷史轉型時期的知識份子》。臺北：聯經出版事業公司。

19. 邵循正，1985。《邵循正歷史論文集》。北京：北京大學出版社。

20. 孟祥才，1999。《梁啟超傳》。臺北：風雲時代出版公司。

21. 孟祥瑞，2009。《到「西方」寫中國大歷史，黃仁宇的微觀經驗與他的中國學社群》。臺北：臺大政治系中國中心。

22. 林載爵，1999。《嚴復、康有為、譚嗣同、吳敬恒》。臺北：臺灣商務印書館。

23. 茅家琦，2001。《孫中山評傳》。南京：南京大學出版社。

24. 易惠莉，1998。《鄭應觀評傳》。南京：南京大學出版社。

25. 姜相求，金泰成譯，龐君豪編輯，2014。《嗨，馬克思再見啦　資本主義》。新北：暖暖屋文化出版社。

26. 馬洪林，2005。《康有為評傳》。南京：南京大學出版社。

27. 胡珠生，1993。《宋恕集（全二冊）》。北京：中華書局。

28. 胡寄窗，1998。《中國經濟思想史導論》。臺北：五南圖書公司。

29. 胡適，1986。《五十年來中國之文學》。臺北：遠流出版社。

30. 盛邦和，1987。《黃遵憲史學研究》。江蘇：江蘇古籍出版社。

31. 陶菊隱，1985。《菊隱叢談六君子傳》。臺北：仲文出版社。

32. 張東蓀，1988。《知識與文化》。臺北：仲信出版社。

33. 張灝，1992。《再論中國共產主義思想的起源》。臺北：聯經出版事業公司。

34. 張灝，2006。《危機中的中國知識份子：尋求秩序與意義》。北京：新星出版社。

35. 張灝，1988。《烈士精神與批判意識》。臺北：聯經出版事業公司。

36. 張灝，1993。《梁啟超與中國思想的過渡 1890～1907》。南京：江蘇人民出版社。

37. 張灝，1989。《幽暗意識與民主傳統》。臺北：聯經出版事業公司。

38. 張灝，周陽山編，1980。《近代中國思想人物論：晚清思想》。臺北：時報文化出版事業公司。

39. 黃升任，2006。《黃遵憲評傳》。南京：南京大學出版社。

40. 黃克武，1994。《一個被放棄的選擇：梁啟超調適思想之研究》。臺北：中研院近代史研究所。

41. 黃靖蓉、許惠貞。2014。《從孫中山到摩根索：德國學者金德曼研究中國的學思歷程》，臺北：臺大政治系中國中心。

42. 菊地秀明著，廖怡錚譯。2017。《末代王朝與近代中國：晚清與中華民國》，臺北：臺灣商務印書館。

43. 陳明郎，2000。《總體經濟學》。臺北：雙葉書廊。

44. 陳旭麓，1992。《近代中國社會的新陳代謝》。上海：上海人民出版社。

45. 陳錫宗，陳占標，1994。《一代宗師梁啟超傳奇》。臺北：新潮社。

46. 張守鈞，2000。《個體經濟理論與應用上冊》。臺北：全英出版社。

47. 湯志鈞，1986。《戊戌變法史論叢》。新北：谷風出版社。

48. 傅佩榮，2011。《一本就通：西方哲學史》。臺北：聯經出版事業公司。

49. 傅佩榮，2005。《孔子的生活智慧：真誠與圓滿》。臺北：洪建全基金會。

50. 傅佩榮，2010。《我讀易經》。北京：北京理工大學出版社。

51. 傅佩榮，2006。《拓展生命的深度與寬度》。臺北：天下遠見文化出版公司。

52. 傅佩榮，2017。《傅佩榮的易經入門課》。臺北：九歌出版社。

53. 傅佩榮，2005。《解讀易經：新世紀繼往開來的思想經典》。臺北：立緒文化事業公司。

54. 楊一峯，1959。《譚嗣同》。臺北：中央文物供應社。

55. 楊小凱，2003。《發展經濟學：超邊際與邊際分析》。北京：社會科學文獻出版社。

56. 楊家駱，1981。《清史稿卷 464》。臺北：鼎文出版社。

57. 趙慎修，1993。《譚嗣同》。天津：新蕾出版社。

58. 賴建誠、蘇鵬元，2017。《教堂經濟學：宗教史上的競爭策略》。臺北：貓

頭鷹出版社。

59. 熊十力，1987。《讀經示要》。臺北：明文書局。

60. 蔣廣華、何衛東，2005。《梁啟超評傳·譚嗣同傳》。南京：南京大學出版社。

61. 錢穆，1957。《中國近三百年學術史（下）》。臺北：商務印書館。

62. 錢穆，2019（5 版）。《中國歷代政治得失》。臺北：東大出版社。

63. 劉大年，1987。《劉大年史學論文選集》。北京：人民出版社。

64. 劉悅妏，1995。《國父革命史畫》。臺北，國父紀念館。

65. 鍾文榮，2014。《拜拜經濟學：有拜有保庇？大廟小廟香火盛背後的經濟性與趣味性》。臺北：時報文化出版事業公司。

66. 譚訓聰，1980。《清譚復生先生嗣同年譜》。臺北：臺灣商務印書館。

67. 譚偉倫，2002。《樂昌縣的傳統經濟宗族與宗教文化》。香港：國際客家學會。

68. 譚嗣同，1977（臺一版）。《譚嗣同全集》。臺北：華世出版社。

69. 饒秀華等，1998。《經濟學原理》。臺北：臺灣東華書局。

70. David Harvey 著，李隆生等譯。2000。《資本社會的 17 個矛盾》。臺北：聯經出版事業公司。

71. Hal R. Varian 著，劉楚俊、洪啟嘉譯。2000。《現代個體經濟學》。臺北：茂昌圖書公司。

72. Joseph R. Levenson 著，劉偉、劉麗、姜鐵軍譯。1987。《梁啟超與中國近代思想》。新北：谷風出版社。

73. Marie-Claire Bergere（白吉爾）原撰，溫洽溢譯。2010。《Sun Yat-sen 孫逸仙》。臺北：時報文化。

74. Wight, J . T.著，呂諶譯，1970。《圖解力學》。臺北：臺灣商務印書館。

二、中文期刊

1. 小野川秀美著、李永熾譯，（19xx）。〈譚嗣同的變革論：及其形成過程〉，《大陸雜誌》，第 38 卷第 10 期，頁 333～340。

2. 王耀宗，1996。〈一九七九年後中國社會學發展的四種特色〉，《專題研究論文集》，頁 1～12。

3. 安豐林，（2019）。〈譚嗣同成了文抄公〉，《語絲》，頁 10～35。

4. 朱偉，（2005.02）。〈湘菜與譚嗣同的家書〉，《三聯生活周刊》，頁 25。

5. 朱義祿，（1999）。〈西方科學與維新思想：論康有為、嚴復、譚嗣同的變革思想〉，《學習與探索》，第 2 期／總 121 期，頁 1～2。

6. 李娟紅，（2009）。〈淺析譚嗣同在維新變法時期的政治理想〉，《歷史研究》，頁 28～29。

7. 李國祈，（2008.06）。〈自強運動時期人物比較析論──曾國藩與左宗棠〉，《臺灣師大歷史學報》，頁 17～56。

8. 李慶忠，（2010）。〈如何理解譚嗣同的殉難〉，《歷史教學》，第 23 期（總第 612 期），頁 62～65。

9. 李濱，（2019）。〈再論譚嗣同的報刊民史國口說〉，《湖南師範大學社會科學學報》，第 1 期，頁 147～151。

10. 肖玲，（1997.04）。〈譚嗣同科技形象初論〉，《南京社會科學──歷史研究》，總第 98 期，頁 44～50。

11. 何磊，（1996）。〈從追求科學走向獻身變法的譚嗣同〉，《雲南師範大學哲學社會科學學報》，第 2 卷第 5 期，頁 53～58。

12. 余世存，（2012）。〈值不值得譚嗣同〉，《大民小國》，頁 20。

13. 林其昌，（2000）。〈試析譚嗣同的近代工業觀〉，《南寧職業技術學院學報》，第 5 卷第 3，期，頁 27～31。

14. 周中之，（2016）。〈譚嗣同經濟倫理思想探究〉，《船山學刊》，第 5 期，頁 1～2。

15. 周輝湘，（2002.02）。〈湖湘文化的近代化與湖南社會的進步〉，《衡陽師範學院學報（社會科學）》，頁 67～72。

16. 姜華，（1998.05）。〈試論戊戌時期維新派的『心力』說〉，《求是學刊，紀念戊戌變法一百周年》，頁 36～39。

17. 徐振亞，（2000）。〈譚嗣同科學思想淺析〉《中國科技史料》，第 21 卷第 3 期，頁 228～234。

18. 唐春玉，（2019.05）。〈論譚嗣同的仁學創新〉，《井岡山大學學報（社科版）》，第 40 卷第 3 期，頁 62～68。

19. 凌鴻勛，（1966）。〈盛宣懷與中國鐵路（上）〉，《傳記文學》，第 9 卷第 4 期，頁 18～20。

20. 黃少卿，（2001.12）。〈譚嗣同為何酷愛自然科學〉，《滄州師範專科學校學報》，第 17 卷第 4 期，頁 28～30。

21. 黃得時，（1967.05）。〈譚嗣同與臺灣〉，《傳記文學》，第 10 卷第 5 期，五月號，頁 72～75。

22. 陶用舒，（1999.08）。〈譚嗣同愛國主義思想的特色〉《湖南教育學院學報》，第 17 卷第 4 期，頁 38～41。

23. 張玉亮，（2019.04）。〈出版實踐活動的當下啟示〉，《湖南科技學院學報》，第 40 卷第 4 期，頁 30～33。

24. 張守軍，（1999）。〈譚嗣同的經濟思想〉，《東北財經大學學報》，第 1 期／總第 1 期，頁 84～90。

25. 張世瑛，（2009.12）。〈清末民初的剪辮風潮及其所反映的社會心態〉，《國史館館刊》，第 22 期，頁 1～56。

26. 張朋園，（1969.09），〈清末明初的知識份子〉，《思與言》，第 7 卷第 3 期，頁 1～5。

27. 張啟雄，（2013.03）。〈東西國際秩序原理的差異：宗藩體系對殖民體系〉，《中央研究院近代史研究所集刊》，第 79 期，頁 139～152。

28. 張德文，（1998.05）。〈譚嗣同的流血值得嗎？：《譚嗣同》評價性閱讀課堂實錄〉，《中學語文教學》，1998 年第 5 期，頁 36～39。

29. 陳善偉，（1984）。〈八十年來的譚嗣同研究〉，《中國文化研究所學報》，第 15 卷，頁 139～152。

30. 彭平一、馬田，（2011.02）。〈論湖南維新運動中的『湖南自保』和『文明排外』策略①〉，《湖南工業大學學報（社科版）》，第 16 卷第 1 期，頁 118～123。

31. 葉樂樂，（2017.01）。〈譚嗣同《仁學》中的平等思想研究〉，《天水師範學報》，第 37 卷第 1 期，頁 96～99。

32. 趙世瑋，（2010.06）。〈譚嗣同師弟關係考辨〉，《文與哲》，第 16 期，頁 441～492。

33. 鄭鳳嬌，（2015）。〈論譚嗣同及其《仁學》對蔡和森和救國思想的影響〉，《湘潮》，第 3 期（總第 452 期），頁 325～328。

34. 劉紀榮，（2000）。〈淺議譚嗣同《治言》的思想傾向〉，《貴州師範大學學報（社科版）》，2000 年第 4 期（總 100 期），頁 83～85。

35. 蕭致治、劉振華，（1998）。〈評戊戌維新中的譚嗣同〉，《武漢大學學報—

—哲學社科版》，第 4 期，總第 237 期，頁 104～110。

36. 鍾啟順，（2002.12）。〈關於譚嗣同經濟思想的幾個問題〉，《湖南省政法管理幹部學院學報（原名《法學學刊》）》，第 18 卷第 2 期，頁 179～182。

37. 鍾艷艷，（2020）。〈平等與富民：譚嗣同早期宗法禮制思想析略〉，《天府新論》，頁 36～42。

38. 顏德如，（2000.05）。〈論譚嗣同思想的內在邏輯〉，《河北學刊》，頁 106～109。

39. 魏義霞，（2016）。〈論譚嗣同對傳統文化的態度——以老子、荀子和韓愈為例〉，《中共福建省委黨校學報》，2016 年第 12 期，頁 1～2。

40. 龔明才，（1994.01）。〈譚嗣同經濟思想芻議〉，《益陽師專學報》，第 15 卷第 1 期，頁 98～101。

三、學位論文

1. 王仲城，2016。《論譚嗣同的「仁學」精神及其價值》。杭州：中共浙江省委黨校哲學碩士論文。

2. 王樾，2004。《晚清佛學與近代政治思潮——以《大同書》、《仁學》、《齊物論釋》為核心之析論》。新北：淡江大學中國文學系博士論文。

3. 王繼學，2010。《墨學對晚清民國社會發展的影響》。濟南：山東大學中國古代文學博士論文。

4. 苗建榮，2019。《西方科學與晚清維新儒學的建構：以康有為、梁啟超、譚嗣同為例》。濟南：山東大學科學技術哲學博士學位論文。

5. 曾銘璋，2018。《梁啟超學術思想研究》。高雄：高雄師範大學國文研究所博士論文。

6. 曾建誌，2000。《「北京法源寺」救國思想對民族教育重建之研究》。高雄：高雄師範大學國文研究所碩士論文。

7. 張婷婷，2013。《中國近代維新派啟蒙思想研究》。哈爾濱：黑龍江大學中國哲學論文。

8. 羅來瑋，2017。《譚嗣同思想研究》。哈爾濱：黑龍江大學中國哲學博士論文。

9. 謝貴文，1999。《譚嗣同「仁學」思想研究》。高雄：中山大學國文研究所碩士論文。

10. 羅美云，2000。《試論「仁學」的啟蒙精神》。河北保定：河北大學中國哲學碩士論文。

四、網際網路

1. 中華副刊（2014/06/09），〈吳昭明筆下的老台南〉《府城今昔》，〈http://search.cdns.com.tw/readfile.exe?0,0,37144,44690,%A5M〉。檢索日期：2015.08.01。

2. 史趣（2017/12/09），〈新金山在哪？〉《每日頭條》，〈https://71a.xyz/9WXOrV〉。檢索日期：2020.01.02。

3. 余杰（2018/12/03），〈湖南人與現代中國〉《充滿自信的「湖南民族主義」，為何救不了近代中國？》，<https://www.thenewslens.com/article/109271〉。檢索日期：2019.09.01。

4. 河洛源—歷史（2017/06/28），〈光緒皇帝的一生：活在慈禧的陰影下，完成一項歷史偉業〉《每日頭條》，〈https://kknews.cc/history/4m5blr3.html〉。檢索日期：2019.01.01。

5. 林海（2019/08/07），〈「湘報」催生首家近代警察局〉《搜狐》。〈https://www-sohu-com.translate.goog/a/332079473_99923264?_x_tr_sl=zh-CN&_x_tr_tl=zh-TW&_x_tr_hl=zh-TW&_x_tr_pto=sc〉。檢索日期：2020.6.12。

6. 馬琳、李謙盛（2014/08/05），〈淺析維新派報刊的歷史作用及其主要貢獻〉《今傳媒》。〈http://media.people.com.cn/BIG5/n/2014/0805/c387273-25404265.html〉，檢索日期：2020.07.21。

7. 周行之，《譚嗣同的「仁學」與佛學》：國立成功大學中文系教授專文。〈http://wwwold.hfu.edu.tw/~lbc/BC/4TH/BC0404.HTM〉。檢索日期：2019.04.03。

8. 翁聖峰，（中國研究者亦有梁啟超至臺的詩歌研究，如白少帆，〈海桑吟——梁啟超辛亥臺灣之旅〉《百年潮》，2001年第4期，頁77～78。朱雙一，〈梁啟超臺灣之行對殖民現代性的觀察〉，20頁）〈https://wwwacc.ntl.edu.tw/public/Attachment/32815155084.pdf〉。檢索日期：2018.04.03。

9. 黃強（2016/08/27），〈古代科舉很繁榮——竟然沒有地方教育行政部門——太奇了〉《每日頭條》。〈https://kknews.cc/history/mbe5np.html〉。檢索日期：2019.03.13。

10. 聖印法師，〈日日日出——菜根譚的智慧 I〉《七葉佛教書舍》，網路《奇

摩知識》。檢索日期：2019.11.07。

11. 湖南在線（2016/10/21），〈戊戌變法時「湖南幫」如何引領維新風潮？〉《每日頭條》。〈https://kknews.cc/history/qzjb3g.html〉。檢索日期：2020.05.14。

12. 傳統論（2018/03/19），〈我自橫刀向天笑，去留肝膽兩崑崙！反封俠儒：譚嗣同〉《每日頭條》，〈https://kknews.cc/history/zk64j8p.html〉。檢索日期：2019.07.01。

13. 漫者談歷史（2018/07/24），〈「瀏陽二傑」譚嗣同、唐才常〉《每日頭條》。〈https://kknews.cc/history/3oamzq3.html〉。檢索日期；2020.01.02。

14. 趣歷史（2016/11/26）〈洋務運動失敗的標誌與教訓〉《每日頭條》，〈https://kknews.cc/history/zmk8ajg.html〉。檢索日期：2020.05.31。

15. 慕楓歌歌讀文史（2015/05/06），〈我自橫刀向天笑，去留肝膽兩崑崙〉《每日頭條》〈https://kknews.cc/history/yzak3b.html〉。檢索日期：2020.01.03。

16. 劉翠溶，1992，《明清時期家族人口與社會經濟變遷》，臺北：中央研究院經濟研究所，〈https://scholars.lib.ntu.edu.tw/handle/123456789/5053〉。檢索日期：2019.09.01。

貳、英文部份

一、專書

1. Wilbur, C. Martin (Clarence Martin), 1976. *Sun Yat-sen Frustrasted patraiot.* New-York: CUP.

補充說明　中文版

作者：Wilbur, C. Martin (Clarence Martin)

　　　　威爾伯‧C‧馬丁（Clarence Martin）

出版年：1976

書名：Sun Yat-sen Frustrasted patraiot.

　　　　孫中山失意的愛國者

出版地：New-York

　　　　紐約

出版者：CUP. Columbia University Press,

　　　　哥倫比亞大學出版社。

附錄：譚嗣同辦賑十二條規（全文版）

一曰：縣城設立籌賑總局，一切均由總辦作主。凡在局辦事者，均聽候總辦指揮，無事不得擅自出入。每日所辦之事皆有課程，不得違誤。如有不遵，由總辦請官究辦。

二曰：四鄉各設籌賑分局，由總局遴選各本鄉紳士為其首領，以下辦事諸人，由該首領告知總局指名選派。如須更動，自由該首領作主，仍須報明總局存案。如有不遵首領指揮者，可由首領告知總局請官究辦。首領辦事不力，則由總局更換。」

三曰：由官指派富家子弟每家幾人入局辦事，須年在二十以上者，聽候總局及分局酌用。如抗違不到，即查拿究辦。或不待指派自願入局者，可往總局及分局報名。遇按畝派捐等事，準免十分之二。

四曰：由官清查城鄉各公款，無論何項核算，實存銀錢若干，予限掃數交出，由總局動用。

五曰：由官查明城鄉現存穀米共若干，交總局撥用。其為私買之穀，則由總局出券作為借項。如有囤穀待價等情弊，一經查出，立即充公。

六曰：由官按照糧冊，歲收田租在五百石以上者，計畝派捐，或田租不及五百石而別有生計者，仍不得邀免。凡鋪戶及紙槽等生業，則查照每年稅釐之數，按分數抽捐。遇屬廟宇祠堂之產業，既為公業，非關一家之生計，尤應倍捐。

七曰：由被災之各團各境紳首詳查待賑戶口，分別極貧、次貧，造冊送分局，而彙總於總局。總局不時派人按冊覆查，如有冒濫，立即請官將該戶照

例嚴懲，並密查倡首逃荒滋事之人，嚴予懲辦。

八曰：總局出期票，自十千至一千，至五百，至二百，至一百錢止，限光緒二十二年五六月來局兌錢。更籌借現銀往湖北兌換銀元，自一元至五角，至二角，至一角，至半角止，每元定價錢一千文，此係湖北銀元局會商東南各省督撫奏定之價。」

九曰：

（1）招集災民往省轉運錢穀等項。分為西鄉、北鄉二路，每路以十里或二十里為一鋪。每鋪就招左近災民實係極貧之戶者充當運夫。即以本地紳士數人為督運，首士即在該鋪居住，運夫共若干，皆歸其管轄。每五十人為一隊，隊有隊長；每十人為一棚，棚有棚長。如有滋擾紊亂等事，首士責隊長，隊長責棚長，棚長責運夫。情節較重者，準由首士捆送總局或分局懲辦。

（2）「2-1 運夫在鋪，由本境紳士暫借民屋，或搭棚廠，以為住宿之地，往省時，或運煤，或運金沙等貨，一鋪遞運一鋪，下鋪復行接運，至本縣界上為止。由省運錢穀回縣亦然。至出縣界後，更無鋪遞，須一徑運至省城，沿途由總局或分局派勇隨同押運。省城宜派紳士長行駐紮（行動辦公室），以便照料一切。」

「2-2 運夫每日工食，除火食外酌給工錢一二十文。總局及分局不時派人往來沿途查察，如有不實不安靜各情弊，惟該督運首士是問。」

十曰：開辦南鄉煤礦，擇白煤、油煤兩宗，招左近災民開挖。即用災民運往江口，遠或二三四十里不等，由江口僱船運出淥口，赴湘潭湖北鐵政局采買委員處銷售。平時淥〔註1〕水盛漲，每百斤煤可贏錢四五十文不等，今僅多費數十里之陸運，仍可敷本，則售煤後即運錢穀回縣，可以源源不絕。至編列礦夫之法，與上款運夫同。如果礦苗甚旺，亦可令災民運赴縣城，再由西鄉或北鄉接運往省。地方紳士有能出資興辦煤礦，以工代賑者，能照此章辦理，即免按畝派捐。」

十一曰：

（1）淘挖西鄉河中金沙。今西鄉淘金者聚眾極多，勢不能禁，此天地自然之利，亦救荒之上策，更無庸議禁，但不為之編定章程，

〔註1〕淥，清澈。

則日後可慮之事正多。

（２）應就淘金之地公舉淘者一人為首，其餘皆歸其管轄，由其指定地段某起某止。上流（游）下流無礙渠壩之地可以<u>多占</u>，左右兩岸無礙廬墓者亦可<u>指占</u>。惟業主須公議準其分成若干。此項業主亦應出而會同為首之人監督淘挖等事。地段既定，則由總局派就近之紳士會同為首之人將諸人夫造冊編伍。十人為一棚，有棚長管轄之；十棚為一隊，有隊長管轄之。某隊淘某處，均須派定；如金盡須改易其處，由為首之人調動，但不得出所定地段之外。如欲出所定地段或改易地段，應報明總局選派紳士踏勘地勢有無妨礙，再行酌辦，並由總局派人專駐查察，是否均能安分。

（３）嚴立章程、……爭霸欺朦及滋事等弊捆送拿辦：

每日出金沙若干，彙交為首之人，代為嚴立章程，酌照分數抽厘若干，餘照時價由總局兌換錢穀，公平分給。如有爭霸欺朦及滋事等弊，在為首之人，則由總局立即拿辦另舉，餘人則責成為首之人捆送總局。

十二曰：以上諸務並舉，則災民有業者居多。餘老弱婦女則由各本團、本境紳士計口放賑。

又擬嚴禁災民逃荒告示曰（另）：